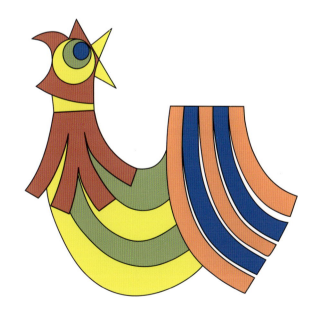

HeimSuchungen

15 Jahre Europäischer Dorferneuerungspreis im Spiegel der Zeit

Herausgeber:
Theres Friewald-Hofbauer
Europäische ARGE Landentwicklung und Dorferneuerung

Idee: Matthias Reichenbach-Klinke
Konzept: Theres Friewald-Hofbauer, Peter Schawerda
Redaktion: Theres Friewald-Hofbauer, Elisabeth Rodler
Layout und Satz: Michaela Hickersberger, Elisabeth Rodler
Titelfoto: Doris Hofbauer
Druck: Druckerei Janetschek, A-3860 Heidenreichstein, Brunfeldstraße 2
Herausgeber: Theres Friewald-Hofbauer
Europäische ARGE Landentwicklung und Dorferneuerung, A-1010 Wien, Franz Josefs-Kai 13
www.landentwicklung.org

ISBN: 3-9501869-4-8

Herzlichen Dank für die freundliche Unterstützung durch:
Freistaat Bayern
Land Hessen
Bundesland Niederösterreich
OÖ. Verein für Entwicklungsförderung
Gemeinde Beckerich
Gemeinde Dorfbeuern
Gemeinde Illschwang
Gemeinde Kirchlinteln
Stadtgemeinde Schrattenthal
Gemeinde Steinbach an der Steyr
Gemeinde Ummendorf
Regionalplanungsgemeinschaft Biosphärenpark Großes Walsertal

Fotos: Wettbewerbsteilnehmer, JurorInnen, Guy Hoffmann, Johann Turek, Archiv Biosphärenpark Management Großes Walsertal, Archiv Europäische ARGE Landentwicklung und Dorferneuerung

© Europäische ARGE Landentwicklung und Dorferneuerung, Oktober 2005

Inhalt

HeimSuchungen. HeimFindungen　　8
Erwin Pröll

preisWERT

Dorfbeuern – 1. Europäischer Dorferneuerungspreis 1990　　12
Karl Paradeiser

Illschwang – 2. Europäischer Dorferneuerungspreis 1992　　22
Gabriele von Grunelius/Siegfried Holler

Steinbach an der Steyr – 3. Europäischer Dorferneuerungspreis 1994　　30
Karl Sieghartsleitner

Beckerich – 4. Europäischer Dorferneuerungspreis 1996　　42
Myriam Schiltz

Obermarkersdorf – 5. Europäischer Dorferneuerungspreis 1998　　50
Werner Grolly

Kirchlinteln – 6. Europäischer Dorferneuerungspreis 2000　　58
Georg Böttner/Gerd Freese

Großes Walsertal – 7. Europäischer Dorferneuerungspreis 2002　　66
Birgit Reutz-Hornsteiner

Ummendorf – 8. Europäischer Dorferneuerungspreis 2004　　76
Reinhard Falke

beachtensWERT

Europäischer Dorferneuerungspreis – Intentionen & Entwicklungen des Wettbewerbs 86
Matthias Reichenbach-Klinke

Landschaft, Siedeln und Bauen 100
Alfons Dworsky

Umwelt & Wirtschaft, Gestern & Morgen – Pole einer Einheit 108
Marija Markeš

Ohne Land(wirt)schaft geht gar nix! 118
Charles Konnen/Peter Schawerda/Theres Friewald-Hofbauer

Identitäten entdecken und stärken 126
Carlo Lejeune

Der Mensch und das Dorf 134
Heike Roos

Tradition plus Innovation? Oder Innovation vor Tradition? 140
Peter Schawerda

„Ohne meine Bürger geht gar nix!" Bürgerbeteiligung als Erfolgsgarant 150
Nikolaus Juen

Geburt eines Beteiligungsprozesses in der Dorferneuerung 154
Peter Schawerda

Zukunft für das Land im regionalen Kontext. Das Land hat aufgeholt 158
Josef Attenberger

Über die Dörfer ... ErFahrungen 168
Johanna Schmidt-Grohe

Ländlicher Raum. Schicksalsraum 180
Theres Friewald-Hofbauer

erwähnensWERT

Jury der Europäischen Dorferneuerungspreise 1990 – 2004   191

Beurteilungskriterien der Europäischen Dorferneuerungspreise 1990 – 2004   198

Ergebnisse der Europäischen Dorferneuerungspreise 1990 – 2004   205

Wettbewerbsteilnehmer der Europäischen Dorferneuerungspreise 1990 – 2004   210

Europäische ARGE Landentwicklung und Dorferneuerung   218

HeimSuchungen. HeimFindungen

Erwin Pröll

Heimsuchungen. Die ländlichen Räume wissen ein Lied davon zu singen. Denn vieles, allzu vieles ist in den vergangenen Jahrzehnten über Europas Dörfer hereingebrochen, das tiefe Spuren hinterlassen hat – wirtschaftliche und politische Aushöhlung, maßlose Eingriffe in den Natur- und Landschaftshaushalt, starke Orientierungen an städtischen Leitbildern, tiefgreifende Veränderungen der Sozioökonomie und letztlich auch sehr kontroverse Einschätzungen des ländlichen Raumes – von totaler Ablehnung bis zu glorifizierender Wertschätzung. Und doch gab es vielerorts Menschen, die darauf nicht mit Scheuklappen, Resignation oder Flucht reagierten, sondern den Heimsuchungen die Stirn boten und zur bewussten Gestaltung und Entwicklung ihres Lebensraumes aufgebrochen sind.

1990, ein Jahr nach ihrer offiziellen Konstituierung, hat die Europäische ARGE Landentwicklung und Dorferneuerung erstmals einen Wettbewerb um den Europäischen Dorferneuerungspreis ausgelobt, um die sich in immer mehr europäischen Regionen regenden Pflänzchen der Eigeninitiative und des Engagements für die ländliche Lebenswelt „vor den Vorhang" zu bitten. Und bereits dieser erste Bewerb zeigte: Die Pflänzchen hatten bereits reiche Frucht getragen – aus kleinen punktuellen Maßnahmen waren qualitätsvolle, umfassende Projekte und Prozesse geworden, vorbildlich und nachahmenswert. Ein Eindruck, der sich beim nächsten Wettbewerb 1992 vertiefte und das JurorInnengremium beim 3. Europäischen Dorferneuerungspreis dazu veranlasste, nicht nur eine kleine, ausgewählte Gruppe von Dörfern zu besichtigen, sondern jede teilnehmende Gemeinde durch eine Bewertungskommission „heimzusuchen".

Ein Weg, von dem bis heute, trotz ständig wachsender Beteiligung und immer größerer geographischer Dimensionen, nicht abgewichen wurde, stellten die JurorInnen doch fest, dass schriftliche Einreichungsunterlagen, mögen sie auch noch so professionell und aussagekräftig gestaltet sein, bestenfalls ein Abbild der Wirklichkeit in den Dörfern sein können und nur wenig über so wichtige Aspekte wie Mentalitäten und Stimmungen auszusagen vermögen. Dazu kommt, dass die Diskussion über verfolgte Wege und der Erfahrungsaustausch mit den Betroffenen vor Ort einfach unverzichtbar und bereichernd für die Bewerteten ebenso wie für die Bewertenden sind. Und nicht zuletzt ist der Besuch der Bewertungskommission ein Ausdruck der Wertschätzung und der Ehrerbietung für die Besten einer Region, eines Landes oder eines Staates, denn nur diese waren zu den jeweiligen Wettbewerben zugelassen.

Steter Begleiter der letzten 15 Jahre war der Wandel, ein immer radikaler und rascher vor sich gehender Wandel. Ein Umstand, der auch in der Geschichte des Wettbewerbes um den Europäischen Dorferneuerungspreis, in Kriterien, Motto und Juryzusammensetzung, allem voran aber in den eingereichten Projekten, seinen Niederschlag gefunden hat. Sie gaben und geben immer wieder Zeugnis von der Bereitschaft und der Fähigkeit der Menschen in unseren Dörfern, die Zeichen der Zeit richtig zu deuten und sich den neuen Herausforderungen mit geeigneten Konzepten und Maßnahmen zu stellen.

Die Recherchen zu den „HeimSuchungen" haben eines ganz besonders deutlich gemacht: Die bislang acht Wettbewerbe um den Europäischen Dorferneuerungspreis kannten nur Gewinner. Jeder Teilnehmer profitierte von der Begegnung mit dem und den anderen, lernte aus deren Erfolgen und Fehlern, traf auf neue Ideen, fand zusätzliche Motivation und da und dort auch Gleichgesinnte, die zu Freunden wurden. Und die Sieger, die offiziellen mit Urkunde und Hahn, haben auch im Nachhinein wahre Größe bewiesen, in dem sie sich nicht mit den Lorbeeren zufrieden gaben, sondern den Preis als Impuls, als Auftrag, noch intensiver und noch umsichtiger an Zukunftsentwürfen für ihren Lebensraum zu arbeiten, erkannt und genutzt haben.

So gesehen ist dieses Buch zweierlei, ein wertvolles Zeitdokument, das Einblick in die gewandelten Realitäten, die die ländlichen Räume Europas an der Jahrtausendwende geprägt und gefordert haben, erlaubt, und eine Frohbotschaft, die von der Vitalität, dem Elan und dem Esprit der DorfbewohnerInnen kündet. Von erfolgreichen HeimSuchungen und HeimFindungen.

Erwin Pröll, Landeshauptmann von Niederösterreich, Vorsitzender der Europäischen ARGE Landentwicklung und Dorferneuerung, Wien

HeimSuchungen. HeimFindungen/Erwin Pröll

preisWERT

Dorfbeuern
1. Europäischer Dorferneuerungspreis 1990
Karl Paradeiser

Als der damalige Salzburger Landeshauptmann Wilfried Haslauer am 24. Mai 1985 bei der 1. Regionalkonferenz in Altenmarkt die Dorferneuerungsinitiative ins Leben rief, handelte er ganz und gar nach dem Willen der anwesenden 250 PolitikerInnen, PlanerInnen und FachbeamtInnen, die Fehlentwicklungen in der Raumordnung, bei den Ortsbildern, aber auch in der Gesellschaft festgestellt hatten und bemängelten. Zudem war im Land Salzburg ein immer stärkeres Auseinanderklaffen zwischen armen und reichen Gemeinden sowie zwischen Gemeinden mit Bevölkerungsabnahme und Bevölkerungsexplosion festzustellen. Aus Bayern kamen Erfahrungen von einem dort bereits zehn Jahre laufenden Wirtschaftsprogramm für den ländlichen Raum, das mit einem Milliarden-D-Mark-Budget vor allem der Förderung der Landwirtschaft diente.

Salzburg musste und wollte hier einen anderen Weg gehen. Die finanzielle Situation ließ keine großen Sprünge für neue Förderungen zu. So setzte man hier auf Selbsthilfe, vor allem aber auf eine Änderung des Bewusstseins, auf Eigeninitiative, gute Planung, Öffentlichkeitsarbeit und Bürgerbeteiligung. Der von Erwin Pröll, 1985 Landeshauptmann-Stellvertreter, seit 1992 Landeshauptmann von Niederösterreich, geprägte Spruch „Ohne Musik – kein Geld" hatte auch in Salzburg seine Gültigkeit. So wurden bei der Auswahl der ersten Modellgemeinden die Kriterien Finanzschwäche, geordnete Raumordnung, Bevölkerungsentwicklung, private Initiativen, engagierte Bürgermeister, aufgeschlossene Gemeindevertretung und Bürgerbeteiligung berücksichtigt.

Beim offiziellen Start der Landesaktion 1987 in Michaelbeuern bezeichnete Wilfried Haslauer die Dorf- und Stadterneuerung als eine geistige, kulturelle, soziale und wirtschaftliche Initiative, die eine Verbesserung der Lebensqualität bewirken und alle Landesbürgerinnen und Landesbürger anregen solle, ihre Heimat in einem neuen Bewusstsein zu gestalten. Er zerstreute auch gleich bei den Bürgermeistern die Hoffnung auf neue Fördertöpfe. Gefördert werden sollten im Rahmen der Dorf- und Stadterneuerung nämlich nur Bewusstseinsbildung, Öffentlichkeitsarbeit und gute Planung. In den Richtlinien wurde auf die verschiedenen bestehenden Förderungsinstrumente, vor allem auf den GAF (Gemeindeausgleichfonds), verwiesen. Größter Wert wurde auf eine umfassende und vernetzte Planung gelegt. Diese ideelle und finanzielle Unterstützung der verschiedenen Fachabteilungen verhalf den ersten Modellgemeinden zu einer sehr positiven Entwicklung.

In den vergangenen 20 Jahren hat sich natürlich auch das Verständnis von Dorf- und Stadterneuerung, seit

Gemeindestruktur – Stand 2005

Bevölkerung: 1.400 EinwohnerInnen, 400 Haushalte – Bevölkerungsentwicklung steigend (in den letzten zehn Jahren + 17 Prozent)
Fläche: 1,4 km² ; 560 m Seehöhe
Budget: 1,7 Mio. € ordentlicher Haushalt,
1 Mio. € außerordentlicher Haushalt
Infrastruktur: Schule, Kindergarten, ärztliche Versorgung, Nahversorger, Gastronomie
Arbeit und Wirtschaft: ca. 300 PendlerInnen in die Stadt
Land- und Forstwirtschaft: ca. 50 landwirtschaftliche Betriebe – Grünland, Milchvieh, 65 Prozent Nebenerwerbsbetriebe
Benediktinerabtei Michaelbeuern – Bildung, Kultur, Geschichte, Landwirtschaft, geistiges Zentrum der Region

Umgang mit dem Bestand

- Naturschutzgebiet Oichtenriede – erstmals Vertragsnaturschutz – Entschädigung für Grundbesitzer
- Durch konsequente Raumordnung keine Zersiedelung – 60 Prozent Bauland-Rückwidmung
- Grundzusammenlegungsverfahren
- intakte Ortsbilder – fünf Ortsbildkonzepte – neue Nutzung alter Bausubstanz
- Sanierung des Stiftes, z. B. Abteisaal, Bildungshaus, Kirche, Stiftskellerei, Hauptschule, Landwirtschaft
- Neue Turnhalle im Königsbergerstadl (vorher landwirtschaftlicher Lagerraum)
- Sanierung des ehemaligen Stiftgasthauses (neue Nutzung als Gemeindezentrum) und privater Häuser in der Gemeinde

2003 Gemeindeentwicklung Salzburg genannt, sukzessive verändert und erneuert.

Ökosozialer Weg

Seit 20 Jahren sind die Idee der Dorferneuerung und ein ökosozialer Weg in der Gemeinde Dorfbeuern ein Schwerpunkt der Kommunalpolitik. Die Ernennung zur 1. Modellgemeinde im Bundesland Salzburg im Jahr 1985 war ein erster Höhepunkt. Die Gemeinde hat sich besonders bemüht, die Vernetzungen unseres Lebensraumes zu berücksichtigen, und einen umfassenden Dorferneuerungsplan entwickelt. Dabei wurden neben vielen Projekten vor allem der geistigen Dorferneuerung, der Bürgerbeteiligung und der Öffentlichkeitsarbeit große Bedeutung beigemessen. Bereits bei der 1. Landeskonferenz in Michaelbeuern 1987 wurden die Auswirkungen der guten fachlichen Beratung, der kompetenten Projektbetreuung, aber auch der finanziellen Unterstützung spürbar. Zur direkten finanziellen Hilfe mit € 162.000,– für Planung und Öffentlichkeitsarbeit kamen die Beratung, Unterstützung und Förderung durch die verschiedensten Fachabteilungen. Hervorzuheben ist auch das große Interesse der Medien mit einer intensiven Berichterstattung. Begleitet wurden diese Aktivitäten von Exkursionen, Seminaren und Tagungen, wodurch Sensibilität, Bewusstsein und Interesse für den eigenen Lebensraum sowie die Bereitschaft zu Mitarbeit und Eigeninitiative wuchsen.

Die vorbildliche Raumordnung mit einem räumlichen Entwicklungskonzept und dem Dorferneuerungsplan erntete von vielen Seiten Anerkennung und Zustimmung. Auch die einzelnen Projekte, wie etwa Baulandsicherung, Ortsbildkonzepte, Architektenwettbewerbe, Gestaltung des Gemeindezentrums, Revitalisierung des Benediktinerstiftes, Dorfökologie, Telehaus, Handwerksausstellung und vor allem die Einrichtung einer Schule der Dorf- und Stadterneuerung, wurden mit großem Interesse und Lob bedacht.

Die höchste Wertschätzung erfuhr die Gemeinde Dorfbeuern aber zweifellos mit der Zuerkennung und Verleihung des „1. Europäischen Dorferneuerungspreises" im Jahr 1990. Diese Auszeichnung wurde nicht nur als Bestätigung für die Richtigkeit des eingeschlagenen Weges angesehen, sondern bedeutete für die Gemeindevertretung, für mich als Bürgermeister und die BürgerInnen einen enormen Motivationsschub und Auftrag zugleich. Der Preis hat wesentlich dazu beigetragen, dass der Erneuerungs- und Entwicklungsprozess bis heute anhält und in den darauf folgenden, mittlerweile 15 Jahren eine große Anzahl weiterer Projekte und Veranstaltungen umgesetzt bzw. durchgeführt wurde.

20 Jahre Dorferneuerung haben in Dorfbeuern bis dato von Seiten der Gemeinde, des Stiftes und zahlreicher Privatpersonen eine Gesamtinvestition in Höhe von mehr als 100 Millionen €, das sind 71.000,- € pro Einwohner, ausgelöst. Damit wurde natürlich auch ein nicht unerheblicher wirtschaftlicher Aufschwung erzielt.

Ausgangslage

Die finanzschwache Gemeinde Dorfbeuern mit landwirtschaftlicher Struktur hatte nur geringe Steuereinnahmen von den wenigen Gewerbe- und Handelsbetrieben zu verzeichnen, Industrie und Tourismus fehlten zur Gänze. Durch den Strukturwandel in Landwirtschaft und Gewerbe nahm die Zahl der Betriebe und der Arbeitsplätze ab, wodurch sich eine Entwicklung in Richtung Pendlergemeinde vollzog und die zunehmende Landflucht eine Stagnation der Einwohnerzahl (1.200 EinwohnerInnen) bewirkte.

1983 wurde im Benediktinerstift Michaelbeuern ein neuer Abt gewählt. In kürzester Zeit erstellte Abt Nicolaus Wagner OSB ein Sanierungskonzept für das desolate Stift. Er setzte es in den folgenden Jahren konsequent um, sodass das Baujuwel in neuem Glanz erstrahlte. Gleichzeitig entwickelte es sich immer mehr zu einem geistig-kulturellen Impulsgeber für die Gemeinde.

1984 wurde ich zum neuen Bürgermeister gewählt. Dank der sparsamen Wirtschaftsweise meines Vorgängers konnte ich eine schuldenfreie Gemeinde übernehmen. Von Anfang an bemühte ich mich um eine intensive Bürgerbeteilung und bald entstand eine Aufbruchstimmung, die 1985 die Bestellung Dorfbeuerns zur ersten Modellgemeinde der Salzburger Dorf- und Stadterneuerung bewirkte. Im Folgenden möchte ich an Hand einiger Beispiele die Entwicklung in der Gemeinde aufzeigen.

Raumordnung

Ein geordneter Raum spart Kosten im Bereich der Infrastrukturbereitstellung, also bei Straßen, Wasser, Kanal, Müllabfuhr, Kindergarten- und Schultransport usw., weshalb wir der Raumordnung stets einen hohen Stellenwert beigemessen haben. Gemeinsam mit den BürgerInnen wurde ein qualitätvolles räumliches Entwicklungskonzept erarbeitet, das bis heute als „Leitbild" für die gesamte Gemeinde fungiert und eine zielgerichtete Entwicklung ermöglicht. Mit dem Instrument der „Baulandsicherung", bei dem drei Hektar Baugrund bereitgestellt wurden, und der Ausweisung eines fünf Hektar großen Gewerbegebietes konnten die Grundpreise gedämmt, Erschließungskosten gespart, Betriebserweiterungen und Betriebsansiedlungen ermöglicht sowie die Wirtschaft belebt

Planungen und Konzepte

- Entwicklungskonzept (einzige Gemeinde Salzburgs mit dem Beschluss der Gemeindevertretung, keine Einzelbewilligungen im Grünland zu erteilen)
- Dorferneuerungsprogramm (1. Modellgemeinde Salzburgs)
- Baulandsicherungsmodell Wagnerfeld für Einheimische, drei Hektar
- Fünf Ortsbildkonzepte
- Hauskataster für Michaelbeuern, Dorfbeuern, Vorau und Breitenlohe
- Studie Dorfökologie
- Bebauungsplan Wagnerfeld nach Wettbewerb
- Bebauungsplan Dorfzentrum nach Wettbewerb
- Fernwärmestudie
- Energiekonzept
- Kostenlose Bauberatungsaktion
- Verkehrskonzept für Michaelbeuern
- Teichkläranlage
- Renaturierung der Oichten
- Kostenlose Grünraumberatung
- Sozialstrukturanalyse der Gemeinde
- Familienpark
- Erlebnisdorf

Ortsbild

- Fünf Ortsbildgestaltungen
- Fassadenförderungsaktion
- Verkabelungen (Strom, Telefon, Ortsbeleuchtung, Kabelfernsehen etc.)
- Schaffung neuer Brunnen durch heimische Künstler
- Straßenraumgestaltung
- Sanierung und Erhaltung von 80 Kleindenkmälern
- Kostenlose Bauberatung

werden. Bislang entstanden 13 neue Betriebe und 100 neue Arbeitsplätze.

Ortsbildgestaltung

Fünf Ortsbildkonzepte mit Maßnahmen im Verkehrs- und Energiebereich sowie Grünraum-, Fassaden- und Platzgestaltung ermöglichen eine koordinierte und damit Kosten sparende Versorgung mit Strom, Telekommunikation, Wasser, Ortsbeleuchtung und Fernwärme. Über 300 Objekte, das sind 75 Prozent von insgesamt 400, wurden saniert, renoviert bzw. erneuert und in einem Hauskataster mit ihren architektonischen und geschichtlichen Besonderheiten erfasst.

Die Ortsgestaltungsmaßnahmen trugen wesentlich zu einer Verbesserung der Lebensqualität bei und bewirkten, dass Gastronomie und Handel ein erhöhtes Aufkommen von Urlaubs-, Tages-, Ausflugs-, Seminar- und Tagungsgästen verzeichnen konnten und die Wirtschaft durch öffentliche und private Aufträge belebt wurde. Für die verschiedenen Vereine und Institutionen wurden bedürfnisgerechte Räumlichkeiten und Anlagen geschaffen. Alleine im neuen Gemeindezentrum fanden 20 wichtige Einrichtungen für die Verwaltung und die Gemeinschaft Platz: Gemeindeamt, Standesamt, Post, Feuerwehr, Bauhof, Gemeindesaal, Jugendraum, Bücherei, Kühlhaus, Musikprobenraum, Musikschulwerk, Mehrzwecksaal, Kameradschaftsbund, Wohnung, Feuerwehr-Schulungsraum, öffentliches WC, Telefonzellen, Anschlagtafeln und Trafostation.

Bildung und Kultur

Bildung und Kultur beleben die Wirtschaft und schaffen Arbeitsplätze, wie sich auch in der Gemeinde

Dorfbeuern gezeigt hat. Denn durch die Einrichtung einer öffentlich-rechtlichen Hauptschule, eines Bildungshauses, der Schule der Dorf- und Stadterneuerung und eines Telehaus wurden 42 Arbeitsplätze geschaffen und viele weitere indirekt abgesichert.

An weiteren Initiativen auf diesem Gebiet sind der Ausbau und die Sanierung der Volks- und Hauptschule, des Kindergartens und der Eltern-Kind-Räume zu nennen, wodurch die wichtigsten Bildungseinrichtungen auf den neuesten Stand gebracht wurden. Qualitative Fortschritte wurden dadurch erzielt, dass das Salzburger Bildungswerk und das Katholische Bildungswerk ihr Angebot in der Erwachsenenbildung erweiterten.

Die Verleihung des 1. Europäischen Dorferneuerungspreises bewirkte großes Interesse der Medien, der Politik, der Fachleute und vieler GemeindebürgerInnen aus ganz Europa. Durch große Tagungen wie der 1. Landeskonferenz 1987, der Europäischen Dorfwerkstatt 1992, der Ortsbildmesse 1997, durch Seminare, Exkursionen und anderen Weiterbildungsveranstaltungen wurden seit 1985 rund 100.000 Gäste in unsere Gemeinde bzw. in das Benediktinerstift geführt – mit höchst positiven Auswirkungen auf Gastronomie, Geschäfte und Dienstleistungsunternehmen.

Information, Partizipation, Motivation

Gute Information, Planung und Bürgerbeteiligung sparen Kosten und Frust. Ein Satz, der sich in Dorfbeuern mehrfach, etwa bei der gleichzeitigen bzw. abgestimmten Verlegung von Versorgungsleitungen, bestätigt hat. Sparsame Verwaltung und Eigeninitiative entlasten das Budget, Eigenverantwortlichkeit und Bür-

Ökologie – Energie
- Biotopkartierung im Land Salzburg
- Renaturierung der Oichten
- Naturnaher Ausbau des Lielonbaches
- Schaffung und Erhaltung von Feuchtbiotopen
- Pflanzaktion mit heimischen Bäumen und Sträuchern
- Blumenschmuck
- Pflege von öffentlichen Plätzen in Eigeninitiative
- Fernwärmeversorgung durch Hackschnitzelanlage des Stiftes
- Energiesparmaßnahmen an allen öffentlichen Gebäuden
- Biogasanlage des Stiftes
- Kanalisation für gesamtes Gemeindegebiet
- Hauskataster
- Wertstoffhof – Abfallentsorgung – Mülltrennung

Wirtschaft
Förderung der heimischen Wirtschaft durch Vergabe von Aufträgen für:
- Stiftsanierung und Neubau
- Gemeindezentrum: Sanierung und Neubau
- Handwerksausstellung (Kindergarten und Volksschule)
- Schule der Dorferneuerung (Seminare, Tagungen, Exkursionen etc.)
- Beschäftigungsinitiative arbeitsloser Jugendlicher
- 1. Telehaus in Österreich
- 36 Bauparzellen für Gemeindebürger
- Fünf Hektar großes Gewerbegebiet – Betriebsansiedlungen – Arbeitsplätze
- Kanalbau – gesamtes Gemeindegebiet, 15 km
- Kindergartenbau, Sanierung Volksschule, Turnsaal
- Erlebnisdorf
- Bauernherbst

gerbeteiligung verhindern Prestigeprojekte und decken den wirklichen Bedarf ab. Das gute Vorbild von Gemeinde und Privaten motiviert zur Nachahmung und weckt Ehrgeiz und Stolz. So bewirkten die Initiativen des Stiftes (36,34 Millionen €), der Gemeinde (43,60 Millionen €) sowie von Vereinen und privaten Hausbesitzern (29 Millionen €) eine spürbare Aufbruchstimmung und hundertfache Nachahmung.

Anerkennung des Geleisteten und Erreichten darf niemals zu kurz kommen. Sie entschädigt für vieles, für den Einsatz von Zeit, Energie und Geld, nicht zuletzt auch, wenn sie von den Medien kommt. Eine gezielte Öffentlichkeitsarbeit ist dafür unverzichtbar. Positive Medienberichterstattung und Mundpropaganda erzielen eine hohe Werbewirkung und sind gerade für finanzschwache Gemeinden unbezahlbar. Uns haben sie tausende Gäste gebracht und bei der Bevölkerung neues Selbstbewusstsein und zusätzliche Motivation ausgelöst.

Soziales Denken und Handeln

Gemeinsames Tun schafft ein wirtschaftsfreundliches Klima und fördert die Kommunikation. Bei Aktivitäten wie Handwerksausstellungen, Dorf- und Vereinsfesten, Tagungen und Bildungswochen wurden oftmals aus Konkurrenten Partner und das Verständnis für den anderen wuchs. Bestens bewährt hat sich der Verzicht auf Vereinslokale mit Bewirtung zugunsten des Dorfwirtshauses, das für Geselligkeit und Kommunikation unverzichtbar ist.

Nachbarschaftshilfe und ehrenamtliche Dienste sind unersetzbar, wenn GemeindebürgerInnen von Krankheiten, Unfällen, Katastrophen und anderen schweren

Schicksalsschlägen betroffen sind. Dort, wo diese Dienste nicht mehr reichen, werden in Dorfbeuern professionelle Hilfsleistungen angeboten. Sehr positiven Einfluss auf das soziale Klima nimmt auch das Wirken der Mönche des Benediktinerstiftes. Aber auch Vereine, Schulen und Unternehmen beweisen immer wieder mit Entwicklungshilfeprojekten, Flüchtlingsbetreuung im ehemaligen Jugoslawien oder finanzieller Unterstützung von in Not geratenen Personen und Familien ihre soziale Einstellung.

Visionen und Innovationen

Neben der alltäglichen Arbeit und der Umsetzung von Projekten war es immer wieder notwendig, in Zukunftswerkstätten, Arbeitskreisen und Klausuren Visionen für die Zukunft zu entwickeln und den Mut und die Bereitschaft zu Innovationen aufzubringen, wobei sich insbesondere Abt Nicolaus Wagner OSB und seine Mitbrüder als vorbildlich erwiesen.

Wir erkannten, dass Investitionen in die Umwelt und Energiesparmaßnahmen nicht nur Rohstoffe und Ressourcen sparen, sondern auch die regionale Wirtschaft beleben und die Lebensqualität erhöhen. So wurden durch den Bau einer Hackschnitzelanlage mit Fernwärmenetz und einer Biogasanlage durch das Stift Wertschöpfung in die Region gebracht, Arbeitsplätze in der Landwirtschaft geschaffen und die Umwelt von Hausbrand-Emissionen entlastet.

Eine andere Herausforderung für die Zukunft und große Chance für den ländlichen Raum sahen wir in der Telekommunikation, ermöglicht sie es doch, qualifizierte Arbeitsplätze in die Region zu holen und Standort unabhängig Zugang zum weltweiten Datennetz zu haben. In Michaelbeuern wurde daher 1990

Kultur – Bildung

- Privathauptschule der Benediktinerabtei Michaelbeuern mit Internat, 350 SchülerInnen
- Gründung des Kulturvereines
- Bildungshaus des Stiftes
- Bildungswochen
- Wissenschaftliche Erfassung der 80 Kleindenkmäler
- Einrichtung der Bücherei mit Schwerpunkt Dorferneuerung
- Theater (Dorferneuerungsstück)
- Anfertigung von Hauschroniken
- Auflage des Heimatbuches (Stiftschronik)
- Broschüre „Dorfbeuern 2000"
- Gründung der Schule der Dorf- und Stadterneuerung – von 1986 bis 2003 in Dorfbeuern stationiert
- Gründung des 1. Telehauses in Österreich 1990 – bestand bis 2003

Information – Bürgerbeteiligung – Eigeninitiative

- Dorfzeitungen und Bürgermeisterbriefe (in 20 Jahren 1.600 A4-Seiten)
- Regelmäßige Gemeindeversammlungen
- Arbeitskreise für Entwicklungskonzept, Dorferneuerungskonzept, Ortsbildkonzepte, Landesausstellung, Umwelt, Verkehr, Soziales, Tourismus, Telematik, Erlebnisdorf, Familienpark usw.
- Einbindung des Kindergartens, der Volks- und Hauptschule, Frauen, Jugend und Senioren in Dorferneuerungsprojekte
- Anlage von Archiven (für Fotos, Dias, Videos)
- Schule der Dorf- und Stadterneuerung (Seminare, Tagungen etc.)
- Bildungswerke – Salzburger Bildungswerk, Katholisches Bildungswerk, Bildungswochen

Soziales
- Nachbarschaftshilfe – Hilfe bei Brand, Unfällen, Todesfällen, Katastrophen
- Sozialkreis – ehrenamtliche Hilfe für Hilfsbedürftige – Besuchsdienst usw.
- Pfarre – Gemeinde: gemeinsame Klausur
- Vereine: Unterstützung von sozialen Projekten, Adventmarkt
- Entwicklungshilfe: Ghana-Michaelbeuern/Schule
- Flüchtlingshilfe und Integration – ehemaliges Jugoslawien
- Bauern helfen Bauern

Zusammenarbeit – Partnerschaften

Regionalverband Flachgau-Nord – sieben Gemeinden

EuRegio Salzburg-Berchtesgadener Land-Traunstein, Salzburg/Bayern

Europäische Schulen der Dorferneuerung und Gemeindeentwicklung

Entwicklungshilfe und Partnerschaft mit Schulprojekt in Ghana

Partnerschaft mit NÖ-Dorferneuerungsdorf Erdberg

ein Telehaus gegründet, das 13 Jahre Bestand hatte und fünf qualifizierten Fixangestellten sowie bis zu sechs weiteren Personen Arbeit auf Werkvertragsbasis bot. Schwerpunkte der Telehaus-Tätigkeit waren Schulungen, Dienstleistungen für die Schule der Dorferneuerung, für Firmen, Behörden, Private und Projekte wie etwa das „Erlebnisdorf Michaelbeuern", der „Dorferneuerungs-Lehrweg" und die „Europäische Dorfwerkstatt 1992".

Mit der Gründung der Schule der Dorf- und Stadterneuerung in Michaelbeuern im Jahr 1986 wurde ein für den ländlichen Raum besonders wertvolles Projekt entwickelt. Derzeit gibt es in Europa rund 30 Schulen der Dorferneuerung nach dem Salzburger Muster. In diesen Schulen werden vor allem Motivationsarbeit, Bewusstseinsbildung, Innovation und Kooperation praktiziert. Leider wurde durch die Sparprogramme von Bund und Land eine Verlegung der Schule der Dorf- und Stadterneuerung von Dorfbeuern in die Stadt Salzburg vorgenommen, was auch zur Auflösung des Vereines Telehaus Michaelbeuern führte.

Die Bilanz

Ziel der umfassenden Dorferneuerung war und ist es, eine ganzheitliche und nachhaltige Entwicklung unseres Lebensraumes zu verfolgen. Dies kann jedoch nicht von oben verordnet werden, sondern es ist die Aufgabe der Menschen in den Gemeinden, selbstverantwortlich und mit Unterstützung von Land und Bund an der Erreichung dieses Zieles mitzuwirken. Gelingt es, die BürgerInnen zu motivieren, bleibt der Erfolg nicht aus, wie man auch bei uns sieht.

Ein neues Bewusstsein für Lebensqualität wuchs, die Bürger sind stolz auf ihre Gemeinde. Alltags- und Festkultur sind intakt. Vereine, Bildung, Kultur, Soziales, Gesundheit, Bürgerbeteiligung und Eigeninitiative haben einen hohen Stellenwert. Die Bevölkerungsentwicklung konnte positiv beeinflusst werden. Der Strukturwandel in der Landwirtschaft, in Gewerbe und Dienstleistung wurde bewältigt. Alte Bausubstanz wird neu genutzt, Arbeitsplätze wurden gesichert bzw. geschaffen. Die Gemeindesäckel konnten 2004 trotz der vielen Investitionen schuldenfrei an die neue Gemeindevertretung übergeben werden.

Die Bemühungen der Gemeinde, zukunftsichernde Maßnahmen durch Investitionen in Bildung, Infrastruktur, Nahversorgung, Bau- und Gewerbegrund, Ver- und Entsorgung, Sport- und Freizeiteinrichtungen, öffentlichen Verkehr zu setzen, waren nicht immer auf Dauer erfolgreich.

So machten, trotz großen Engagements der Gemeinde, die europaweiten Trends der Zentralisierung und Rationalisierung vor Dorfbeuern nicht Halt und führten zur Schließung von Bauernhöfen, Kaufhaus, Post, Telehaus, Metzgerei und verschiedenen anderen Gewerbebetrieben, zu einer Reduzierung des öffentlichen Verkehrs und zur Verlegung der Schule der Dorf- und Stadterneuerung in die Stadt Salzburg. Und dennoch: In der Gemeinde Dorfbeuern ist es in 20 Jahren Dorferneuerungsarbeit gelungen, viele Ziele und damit eine deutliche Verbesserung der Lebensqualität zu erreichen.

Karl Paradeiser, von 1984 bis 2004 Bürgermeister der Gemeinde Dorfbeuern

>> *Durch die Dorferneuerung konnte der Bekanntheitsgrad unserer Gemeinde enorm verbessert werden. Dieser Umstand wirkt sich heute umso positiver aus, als dass Michaelbeuern/Dorfbeuern sich als Tourismusort verstärkt positionieren will (Via Nova-Pilgerweg etc.). Die Ortsbildverschönerung und Belebung der Zentren war damals von großer Bedeutung. Die Revitalisierung der Ortskerne war beispielgebend.* <<

Adolf Hinterhauser, seit 2004 Bürgermeister der Gemeinde Dorfbeuern

Illschwang
2. Europäischer Dorferneuerungspreis 1992
Gabriele von Grunelius/Siegfried Holler

Illschwang liegt im waldreichen, landschaftlich reizvollen Hügelland des Oberpfälzer Jura zwischen 380 m und 595 m über dem Meeresspiegel auf beiden Seiten der europäischen Hauptwasserscheide. Der Ort Illschwang zählt rund 650 BürgerInnen und ist Sitz der Gemeinde Illschwang und der Verwaltungsgemeinschaft gleichen Namens. Die Neuordnung der Flur und die Dorferneuerung waren eine gute Grundlage für die weitere wirtschaftliche Entwicklung der Gemeinde.

Durch die Zuerkennung des Europäischen Dorferneuerungspreises 1992 ist der Ort Illschwang zu einem echten Geheimtipp für Urlauber und zu einem beliebten Fremdenverkehrsort geworden.

Ortsgeschichte

Das Pfarrdorf Illschwang kann auf eine seit 1120 schriftlich überlieferte Geschichte als Hofmark des Klosters Reichbach am Regen, als Sitz des Reichenbacher Propstes und als kurpfälzische Enklave im Territorium der Sulzbacher Pfalzgrafen zurückblicken. Es war bis in das 19. Jahrhundert immer wieder Anlass zu kleineren und größeren Konflikten und Auseinandersetzungen. „Ilswanc" wird bereits im 12. Jahrhundert als „geschlossenes Dorf", das heißt als Haufendorf, erwähnt und besitzt bis heute eine gedrängte Anordnung der Hofreiten mit Westoberpfälzer Wohnstallhäusern.

Der Anfang: Wünsche und das Leitbild

In Illschwang hatte es schon vor dem Beginn der Dorferneuerung eine Leitbilddiskussion gegeben, bei der sich Oberziele für den Ort ergaben: Standort eines aufstrebenden Fremdenverkehrs und eines Kleinversorgungszentrums für den engeren Nahbereich bei gleichzeitiger Erfüllung der Funktionen eines gemischten ländlichen Wohnstandorts und Erhaltung der im Ort ansässigen landwirtschaftlichen Nebenerwerbsbetriebe. Dazu hatte die Gemeinde Illschwang ebenfalls schon Jahre vor der Dorferneuerung große Anstrengungen zur Verbesserung ihrer Infrastruktur unternommen. So wurden ein beheiztes Freibad, eine Volksschule, die Kanalisation des Ortes und das Rathaus in der Ortsmitte geschaffen und zwei Baugebiete, überwiegend für den örtlichen Bedarf, ausgewiesen. Seit 1994 sind drei weitere Wohnbaugebiete dazugekommen.

Reibungslos war diese Diskussion zur Dorfentwicklung nicht vonstatten gegangen, nachdem einzelne Entwicklungsperspektiven und mögliche Veränderungen im Ortskern Zielkonflikte auslösten:
- Die Restaurierung der ehemaligen, als Baudenkmal festgesetzten Dorfschmiede und ihre Umnutzung zum Rathaus, eines von fünf im Ort noch erhaltenen Westoberpfälzer Fachwerkhäusern, war eine Pionierleistung des Bürgermeisters zur Rettung des histo-

rischen Ortsbildes; andererseits lief die Erhaltung des Gebäudes allen Forderungen nach einer autogerechten Auffahrt auf den Kirchberg zuwider.
- Die Eintragung des Ortskerns von Illschwang als Ensemble „Kirchberg" in die Denkmalliste und der damit verbundene Erhaltungsanspruch schien mit dem allseitigen Wunsch nach Beseitigung von Engstellen im Ortskern und nach Schaffung größerer Straßenquerschnitte im Widerspruch zu stehen.
- Die Verbesserung der Wohn- und Versorgungsfunktion mit ihren modernen Raum- und Gestaltungsansprüchen galt als gefährdet. Landwirtschaftliche Nebenerwerbsbetriebe im Ort galten kaum mehr als erhaltens- und schützenswerter „Mehrwert" der Dorfgemeinschaft.
- Die mit einer solchen Dorfentwicklung verbundenen Flächenansprüche für das Dorfleben, für Freizeit-, Erholungs- und Versorgungsfunktionen standen dem Erhalt innerörtlicher, ökologisch und historisch wertvoller Freiflächen scheinbar entgegen.

Die BürgerInnen agierten und reagierten in den Informationsveranstaltungen anfänglich zwar zurückhaltend, aber trotzdem interessiert. Als besonders erfolgreich erwiesen sich die darauf folgenden Haus-zu-Haus-Begehungen mit Befragung der BürgerInnen zu ihrem Anwesen und zu ihren Vorstellungen und Wünschen für die Dorferneuerung. Eine Grundsatzdiskussion zur Dorfentwicklung, wie sie planungsmethodisch am Anfang stehen sollte, ließ sich in Illschwang zunächst nicht führen, weil das Interesse ausschließlich auf den konkreten „Wunschzettel" und seine Verwirklichung gerichtet war. Eine umfassende Bestandsaufnahme, eine sehr eingehende Information und die Beteiligung der BürgerInnen am Planungsgeschehen haben sich jedoch als hilfreich erwiesen, um die Bereitschaft zur ganzheitlichen Sicht des eigenen Dorfes und seiner Probleme anzuregen.

Bestandsaufnahme – warum?

Zum damaligen Zeitpunkt, 1983 und 1984, in der Pionierzeit der Entwicklung von Methoden zur Bürgerbeteiligung, wurde in Illschwang mit Erfolg versucht, den Informations- und Erkenntnisstand der BürgerInnen als die Grundlage ihres Mitdenkens und ihrer Mitsprache im Planungsprozess, u. a. durch Darstellung in Karten, Fotos, Plänen und Zeichnungen, zu verbreiten. Besonderes Interesse zeigten sie dabei an historischen Fotos und Bauplänen. Daraus erwuchs dann wie von selbst die Fragestellung: Wie gehen wir mit der Bausubstanz des alten Dorfes um, wie lässt sich der historische Ortskern anpassen?

Die Bestandsaufnahme in Illschwang hat gezeigt, dass die zunächst nicht objektbezogene, sondern ganzheitliche Auseinandersetzung mit dem Dorf, dieses „Kennen- und Liebenlernen" des Dorfes, ein positives Meinungsbild der BewohnerInnen zu den vorhandenen Werten und Eigenarten ihres Lebensraumes recht gut zu entwickeln vermag.

Das Dorf: Denkmal, aber kein Museum!

„Niemand will ein Museum aus Illschwang machen", lautete die Devise, um Befürchtungen der BürgerInnen gegenüber Forderungen abzubauen, die aus der Denkmaleigenschaft des Ensembles Kirchberg erwachsen würden oder könnten. Immerhin legte auch der Gemeindrat Einspruch gegen die seinerzeit noch einzigartige Eintragung des Dorfkerns als Ensemble in die Denkmalliste ein. Tatsächlich ließen sich schwerwiegende Nutzungskonflikte im Dorf nicht übersehen: Die Verkehrswege waren zu eng, die Landwirtschaft von der Aufgabe bedroht, das Dorfbild stellenweise stark gestört. „Orte" der eigenen Identität waren kaum mehr auffindbar, durchgehende Asphaltierungen verwischten den Raumcharakter, die dörflichen Grünbezüge waren mit dem staubfreien Ausbau der 60er-Jahre weitgehend verloren gegangen, die Umwelt bot den Dorfbewohnerinnen kaum noch Anregungen zum Erleben und zur Auseinandersetzung. Die modernen Lebensansprüche des Wohnens, Arbeitens, der Versorgung und Kommunikation im Dorf liefen den überkommenen räumlich-baulichen Strukturen zuwider, was sich als eines der Kernprobleme für die Dorferneuerung erweisen sollte.

Als weiteres wichtiges Problem stellte sich auch die Frage, wie hoch die überkommene Struktur aus Dorfbild, Gebäuden, Straßen, Gassen und Plätzen und schließlich aus natürlichen, zum Teil auch historisch wie ökologisch wertvollen Freiräumen in ihrem Wert denn tatsächlich von den BürgerInnen eingeschätzt wird: Will man das „Historische" überhaupt erhalten, das charakteristische „alte" Dorfbild wiedergewinnen? Und in welcher Weise kann man die zeitgemäßen Bedürfnisse des Wohnens und des Verkehrs berücksichtigen, ohne zu einer historisierenden „Dorffassade" zu gelangen, hinter der sich völlig abweichende Funktionen verbergen und die in Gestalt und Erscheinungsbild gleichsam zur hohlen Form ohne wirklich lebendigen Inhalt verkommen ist?

Ziele- und Wertediskussion zur Dorfentwicklung

PlanerInnen und BürgerInnen in Illschwang befassten sich in ihren Diskussionen zunächst mit den möglichen Zielen der Dorfentwicklung, also mit dem Leitbild des Dorfes, der Frage: Wie wollen wir in unserem Dorf leben? Die Beschaffenheit des Dorfes als Antwort darauf wurde zur methodischen Verdeutlichung in mehrere Ziel-

tabellen eingeordnet, wobei neben den ortsplanerischen Funktionen des Dorfes bislang latente soziokulturelle und sozioökonomische Aspekte des Lebens und Arbeitens im Dorf deutlich sichtbar wurden. Insbesondere die Zielbereiche Handwerk, Gewerbe, öffentliche und private Dienstleistungen sowie Heimatpflege und dörfliches Gemeinschaftsleben gewannen dabei zunehmend an Bedeutung. Als eine Folge davon richteten sich die Bemühungen der AkteurInnen bald auf die Erhaltung des so genannten Hopfenstadels als eine künftige museale Heimstätte für die dörfliche Geschichte und auf den Aufbau eines kleinen Hopfengartens in der einst üblichen Art als Stangenanlage mit der Erinnerung an ein zu Ende gegangenes Stück bäuerlicher Kultur.

Die ganzheitliche Lösung

Gemäß dem politischen Willen in Bayern zielt die umfassende Dorferneuerung auf die integrale Verbesserung der Lebens- und Arbeitsbedingungen im ländlichen Raum ab. Sie beinhaltet also eine ganzheitliche Strukturverbesserung, die alle Bereiche der Daseinsvorsorge und damit Maßnahmen in den Bereichen Wirtschafts-, Siedlungs-, Sozial-, Infra- und Agrarstruktur umfasst. Da Dorferneuerung auch von einer ganzheitlichen Agrarplanung her durchzuführen ist, heißt Dorferneuerung auch Neuordnung von Siedlungsbereichen unter Berücksichtigung der Feldmark.

An einzelnen Beispielen sei die praktische Umsetzung dieses ganzheitlichen Lösungsansatzes aufgezeigt: Ausgehend von den Fragen, wie verträgt sich der in Illschwang so dringend gewünschte Verkehrsausbau mit dem wertvollen Baubestand, den reizvollen engen Gassen und dem noch mittelalterlichen Dorfgrundriss, wie lässt sich die von den Beteiligten gewünschte „Engstellenbeseitigung" einbringen, ohne mit der Spitzhacke zu werken, wurde ein allen Standpunkten gerecht werdendes Verkehrskonzept entwickelt und umgesetzt. Heute muss die Ortsmitte nur noch den Ziel- und Quellverkehr in den Ortskern selbst aufnehmen, weil für die äußere Erschließung des Ortes mehrere, den Ortskern entlastende Straßen angeboten und die Innerortsstraßen durch angemessenen Umbau punktuell verbessert wurden. Ein begleitender Gehweg, höhenmäßig über der den Ort durchlaufenden Kreisstraße gelegen, mit stufenlosen, besonders flachen Eingangsrampen entwickelte sich zu einem beliebten Spazierweg, dem so genannten „Panoramaweg", der zugleich die Unantastbarkeit des gegenüberstehenden, Engstellen bildenden Propsteischlösschens postuliert.

Mit der einstigen, seit dem Mittelalter bestehenden Allmende auf dem Kuhberg und dem ehemaligen Propsteigarten, der von einem Maisfeld wieder in den ursprünglichen Obstgarten zurückverwandelt wurde, hat sich der Ort zwei ökologisch und historisch bedeutsame Grünräume im Dorf gesichert bzw. wieder geschaffen. Bei der Erarbeitung der sektoralen Zielsetzungen zur Dorferneuerung erhielten nämlich die Zielbereiche Dorfgeschichte und Dorfökologie bezüglich der beiden Grünräume den Vorrang gegenüber Siedlungsentwicklung und Verkehr eingeräumt. Eine irgendwie geartete Bebauung oder Zerschneidung durch Straßen zieht dort längst niemand mehr in Betracht.

Private Baumaßnahmen und Bauberatung

Die Dorferneuerung will nicht nur öffentliche Räume, sondern auch private Bereiche verbessern. In der dafür eingerichteten Bauberatung konnten in direkten Gesprächen mit den BürgerInnen Gestaltungsvorschläge zu Fassadenerneuerungen, zu Umbauten und Restaurierungsmaßnahmen erarbeiten werden. Ebenso wurden für private Hofflächen, Gärten und Einfriedungen dorfgemäße Verbesserungen vorgeschlagen. Wie in der Dorferneuerungsplanung wurde der/die Einzelne auch hier nicht mit fertigen Lösungsangeboten oder Gestaltungsvorschriften konfrontiert, sondern individuell beraten und in die Lösungsfindung eingebunden.

Ziel dieser Beratungen war und ist die Wiedergewinnung ortstypischer Merkmale in der Hauslandschaft Illschwangs als Teil der regionalen Hauslandschaft der westlichen Oberpfalz. Dachform, Baukörper, Bänderung des Putzes, Farbgestaltung der Fassaden und andere bauliche Merkmale, wie sie in der Bestandsaufnahme erarbeitet und interpretiert wurden, ergeben ein harmonisches Gesamtbild bei gleichzeitiger individueller Vielfalt. Dabei konnten die BürgerInnen trotz moderner Materialien und Baumethoden lokale handwerkliche und bauliche Traditionen wieder anerkennend berücksichtigen.

Kleines Lernobjekt ist das Bus- und Informationshäusl mit Gemeindetafel am Dorfplatz, für das ein ortsansässiger Zimmermann wieder ein echtes Sparrendach mit Aufschieblingen und handbehauenen Balken hergestellt hat.

Größere Aufgaben der Bauberatung waren der Umbau des Anfang der 70er-Jahre errichteten Gästetraktes zu dem denkmalgeschützten Gasthof auf dem Kirchberg, die Restaurierung und Umnutzung des einstigen, leerstehenden Propsteistadels und die von der evangelisch-lutherischen Pfarrei angegangene Restaurierung ihrer früheren Pfarrscheune für eine Nutzung als kirchliches Jugendzentrum.

Erfolgskontrolle und Bilanz

Die Verbesserung der Hofstellen durch Bodenordnung und insbesondere durch rückwärtige Zufahrten führten nicht zu Beeinträchtigungen ortsplanerischer und dorfökologischer Belange. Eine Reihe von Umbauten, Ausbauten und Verschönerungen an landwirtschaftlichen Anwesen darf man als ausgesprochen gelungen bezeichnen.

Örtliche Handwerksbetriebe, die bei der Vergabe von Aufträgen ausdrücklich berücksichtigt wurden, erfuhren eine Verbesserung ihrer Auftragslage, Betriebsflächen wurden in einer Reihe von Fällen durch die Bodenordnung vorteilhaft gestaltet. Der gewachsene Tourismus erschließt direkt und indirekt neue Einkommen, so etwa auch bei Angeboten des örtlichen Handwerks. Schließlich wurde in der Flächennutzungsplanung aufgrund einer entsprechenden Beratung und Empfehlung an exponierter Stelle außerhalb des Hauptortes Illschwang ein kleines Gewerbegebiet ohne Beeinträchtigung des Ortsbildes geschaffen.

Im Zuge der Dorferneuerung wurden insgesamt 18 Privathäuser mit fachlicher Beratung renoviert und neu gestaltet. Bei vielen BürgerInnen Illschwangs hat aber nicht nur das eigene Wohnhaus eine äußere, vielfach auch innere Neugestaltung erfahren. Mit den öffentlichen Baumaßnahmen und den Maßnahmen zur Grünordnung erhielt das Wohnumfeld als wesentlicher Faktor für die Wohn- und Lebensqualität im Dorf ebenfalls eine schönere und angemessenere Gestaltung. Erfreulich ist dabei die Beobachtung einer nunmehr deutlich gestärkten Identifikation mit dem eigenen Dorf und seiner neuen Lebensqualität: Die IllschwangerInnen wohnen wieder gern im Ortskern.

Die Gefahrenstelle entlang der Kreisstraße zwischen dem katholischen Pfarrhof (Propsteischloss) und der Stützmauer konnte durch den Einbau eines Gehweges oberhalb der Stützmauer wesentlich entschärft werden. Zugleich wurde der Treppenaufgang zur Kirche neu gestaltet und gut begehbar gemacht. Die Verkleidung der Stützmauer mit Naturmauerwerk wird durch Kletterpflanzen aufgelockert. Der bereits geschilderte „sanfte" Ausbau des Verkehrsnetzes gewährleistet eine gute Anfahrbarkeit aller Anwesen und eine Entflechtung des Durchgangsverkehrs. Die Entlastungsstraßen für den Ortskern werden sehr gut angenommen.

Der Dorfplatz entlang der Ortsdurchfahrt bekam eine Kopfsteinpflasterung, die sehr gut mit dem Blick auf das denkmalgeschützte Ensemble harmoniert. Auch der „Totenanger" mit dem renovierten Kreuz, das an die Zeit, als der Pfarrer die Verstorbenen an dieser Stelle aussegnete, erinnert, und der Kirchplatz wurden gestaltet. Bereiche wie der Platz vor dem Kindergarten und vor der neuen Volksschule erhielten ein neues Gesicht, Wege und Stellplätze im Außenbereich des Dorfes erfuhren einen landschaftsgerechten Ausbau. Auch ein Festplatz unterhalb des Feuerwehrgerätehauses und des Bauhofs wurde geschaffen. Der Festplatz dient auch als Wanderparkplatz. Weitere Parkplätze konnten entlang des Schulsportplatzes errichtet werden.

Mit der Instandsetzung des Hopfenstadels, in dem landwirtschaftliche Gerätschaften früherer Zeiten ausgestellt werden, und der Anlegung eines „Hopfengartens" wird ein Stück Agrargeschichte, von dem nur noch wenige Zeitzeugen berichten können, tradiert. Die weitere Pflege dieser Anlage haben die kommunalen Obst- und Gartenbauvereine übernommen. Das jährliche Hopfenzupfen und das dazugehörige Hopfenfest, bei dem mit „Illschwanger Hopfen" gebrautes Bier zum Ausschank kommt, sind bereits zur Tradition geworden.

Sowohl der evangelische Pfarrstadel, der zum denkmalgeschützten Ensemble von Illschwang gehört, als auch der katholische Pfarrstadel wurden im Rahmen der Dorferneuerung renoviert und zu Begegnungsstätten umgebaut. In beiden Gebäuden wurde ein Pfarrsaal eingerichtet, der sowohl für konfessionelle wie auch für ökumenische Veranstaltungen genutzt wird. Im katholischen Pfarrstadel wurde zugleich eine Werktagskapelle eingebaut. Auch der Friedhofsbau, für den im Rahmen der Dorferneuerung eine Fläche ausgewiesen wurde, konnte bereits verwirklicht werden.

Die Baumaßnahmen der beiden Pfarreien haben sicher eine große Bedeutung für das Dorfleben und die Kirchengemeinden. Aber auch das konfessionell nicht gebundene dörfliche Leben in den Vereinen hat mit dem sehr gut angenommenen Festplatz und anderen gestalteten Plätzen im Dorf gewonnen. Mit dem Interesse der vielen BesucherInnen an der Dorferneuerung Illschwang und dem gestiegenen Bekanntheitsgrad des Ortes ist auch das Selbstwertgefühl seiner BewohnerInnen gewachsen.

Das Image eines rückständigen Dorfes erscheint überwunden und die BewohnerInnen empfinden nach eigenen Aussagen, dass ihr Lebensort wieder Anschluss an die modernen Bedürfnisse und Möglichkeiten unserer heutigen Zeit gefunden hat.

Das Freizeitangebot in den Bereichen Spazierengehen, Wandern und Sport wurde verbessert. So wurde dem Sportverein Illschwang als mitgliederstärkstem Verein der Gemeinde eine Fläche zur Errichtung eines zusätzlichen Sportplatzes bereit gestellt. Die Vereinsmitglieder schufen darauf in Eigeninitiative einen Ort für sportliche Betätigung und zugleich auch ein idyllisches Freizeitzentrum. Die Dorfplätze sind wieder Treffpunkte und Orte der Kommunikation geworden, ebenso die neuen Spazierwege im und um das Dorf. Dieses Angebot wurde 2005 um einen Nordic-Walking-Park erweitert, der das Freizeitangebot in Illschwang abrundet. Die Gemeinschaftseinrichtungen schaffen vielfältige Begegnungsmöglichkeiten für alle BewohnerInnen, auch für neu Zuziehende. Die räumliche, bauliche und geschichtliche Identität wird von den DorfbewohnerInnen wieder bewusst wahrgenommen.

Fazit

Die Dorferneuerung hat die Menschen in Illschwang dazu ermutigt, sich auch künftig für ihre Umwelt, ihre Dorfgemeinschaft und ihre Heimat zu engagieren und zu ihrer Erhaltung und Gestaltung beizutragen.

Illschwang ist ein treffendes Beispiel dafür, dass die Dorferneuerung einem beinahe schon gesichtslos und damit geschichtslos gewordenen Dorf durch das gemeinsame Wollen und Handeln aller Betroffenen sein Gesicht und seine Geschichte wieder zurückgeben kann und in ihm ein neues Selbstbewusstsein gegenüber städtischen Siedlungen zu erwecken vermag.

Auszug aus einem Artikel von Gabriele von Grunelius, Dorferneuerungsplanerin, erschienen in der Broschüre „Gruppenflurbereinigung Illschwang", herausgegeben von der Flurbereinigungsdirektion Regensburg. Aktualisiert von Siegfried Holler, Verwaltungsamtmann der Verwaltungsgemeinschaft Illschwang.

Steinbach an der Steyr
3. Europäischer Dorferneuerungspreis 1994

Karl Sieghartsleitner

Steinbach an der Steyr liegt in der Region Eisenwurzen in Oberösterreich, Österreich. In dieser Region wurde über Jahrhunderte durch die Eisenverarbeitung Wirtschaftskraft bewirkt und Wohlstand erzielt. Die Gemeinde besteht aus vier Katastralgemeinden mit insgesamt 2.059 EinwohnerInnen. Sie verfügt jedoch über einen kompakten Ortskern, bestehend aus Kirche und historischen Bürgerhäusern, als klares Zentrum.

Von der Krise zur Chance

Am Beginn des erfolgreichen Steinbacher Weges stand wie so oft eine tiefe Krise. Nachdem 1967 der größte Betrieb im Ort, ein Messer- und Besteckhersteller, in Konkurs ging, verloren mit einem Schlag 200 Menschen ihren Arbeitsplatz. Eine 20-jährige Niedergangsphase führte zur Aufgabe von Gewerbebetrieben, Geschäften und Gasthäusern. Der Mangel an Perspektiven für die Zukunft führte zur Schwächung der Identität und zu einem Klima der Resignation.

1986 begann eine kleine Gruppe von Mandataren eine neue Art der politischen Arbeit: „Es wurde uns klar, dass von außen keine Hilfe zu erwarten war. Entweder wir nehmen das Ruder selbst in die Hand oder es vergehen die nächsten 20 Jahre, ohne dass etwas Neues beginnt." (Leitbild der Gemeinde Steinbach)

Vereinbarung für eine neue politische Kultur

Den Ausgangspunkt bildete eine Vereinbarung der Fraktionen des Gemeinderates über eine neue politische Kultur:
- Erfolge werden gemeinsam geteilt.
- Ein rücksichtsvoller und toleranter Umgang miteinander wird gepflegt.
- Informationen sind für alle gleich zugänglich.
- Jeder Beteiligte gibt sein Bestes zur Zielerreichung.
- Der Patentschutz der Ideen wird gewährleistet.
- Vielfalt und Verschiedenheit der politischen Kräfte werden respektiert und sichergestellt. (Leitbild der Gemeinde Steinbach)

Die Analyse der Gemeinde

Stärken und Schwächen der Gemeinde wurden erhoben und ergaben ein objektives Bild über deren Situation. Dazu einige Beispiele:

Eine Ortsbilddokumentation erfasste systematisch die baulichen Kulturgüter der Gemeinde Steinbach. Schon während der Erarbeitung, aber besonders bei Vorträgen und Ausstellungen, konnten viele SteinbacherInnen für den Reichtum und Wert der lokalen Baukultur, auch für Details, interessiert und aktiviert werden.

Zahlreiche Objektsanierungen im Hauptort und im Außenbereich durch Gemeinde und Private (z. B. Sanierung von Stuck- und Holzdecken, Sgrafittofassaden) sowie Renovierung von Kleindenkmälern (Kapellen und Wegkreuze) sind sichtbare Zeichen dieser Bemühungen.

Zur Erfassung des Bau- und Nutzungszustandes der Häuser in der Hochgasse wurden die BewohnerInnen befragt, die Fassaden fotografiert und die Grundrisse durch Bauaktanalysen dokumentiert. Sowohl die Befragung wie auch die Fassaden- und Grundrisserfassung wurde von SteinbacherInnen selbst durchgeführt. Eine Präsentation der Ergebnisse machte den dringenden Handlungsbedarf deutlich und setzte die Aktivitäten zur Revitalisierung der Hochgasse (Häuser, Fassaden, Straßen und Stiegen) in Gang.

Bei der Vorbereitung einer Apfelausstellung 1987 wurden im Gemeindegebiet mehr als 120 verschiedene Apfelsorten entdeckt und als Wert erkannt. Nun galt es, die Vielfalt der alten Obstsorten und die umfangreichen, landschaftsprägenden Obstbaumbestände durch neue Formen wirtschaftlicher Nutzung dauerhaft zu sichern. Diese Erhebungsarbeit war die Grundlage für die später realisierten Projekte „Steinbacher Dörrobst" und „Steinbacher Natursäfte".

Die Gemeindeanalyse bewirkte, dass
- das Besondere zum Vorschein kam,
- der Wert des eigenen Lebensraumes neu entdeckt wurde,
- Entwicklungsmöglichkeiten erkannt wurden,
- Selbstbewusstsein und Identität gestärkt wurden und
- den Schwächen Stärken gegenüber gestellt wurden.

Das Leitbild

Das Leitbild stellt als langfristige Wertevereinbarung und Darstellung der Stärken und Schwächen der Gemeinde eine wichtige Grundlage für eine nachhaltige Entwicklung dar und macht die Einmaligkeit, den zukünftigen Weg und die dahinter stehenden Prinzipien erkennbar. Gemeinsam mit den BürgerInnen wurde diese Vision einer lebenswerten Zukunft entworfen. Der Leitbildprozess dauerte rund ein Jahr.

Auszug aus dem Leitbild der Gemeinde Steinbach:
- Es soll allen BürgerInnen unseres Ortes, den Menschen in den Nachbargemeinden und in der Region sowie den PolitikerInnen und BeamtInnen von Bezirk und Land, insbesondere aber auch jenen, die zum ersten Mal mit uns Kontakt haben, ein Bild vom „Geist" unserer Gemeinde geben.
- Es soll insbesondere für die Verantwortlichen der Gemeinde den Rahmen und die Richtlinien für die gemeinsame politische Arbeit darstellen und als eine lokale Agenda der nachhaltigen Entwicklung dienen.
- Es soll den BürgerInnen, Partnern und öffentlichen Institutionen glaubhaft vermitteln, dass eine Gemeinde, die sich mit so großer Mühe dem Leitbildprozess unterzogen hat, weiß, was sie will und wie sie die erarbeiteten Ziele erreichen möchte.

Das Leitbild wurde erstmals 1987 erarbeitet und mit den Stimmen aller Fraktionen einstimmig beschlossen. Nach jeder Gemeinderatswahl erfolgt eine Aktualisierung. Alle Gemeinderäte und Fachausschussmitglieder werden auf die Einhaltung und bestmögliche Umsetzung des Leitbildes angelobt. Das noch aktuelle Leitbild (Fassung Nr. 3) wird derzeit überarbeitet und wie die vorherigen Ausgaben allen Haushalten der Gemeinde, den Ämtern und Behörden auf Bezirks- und Landesebene sowie den Nachbargemeinden zugesandt werden.

Das Aktionsprogramm

Um vom „Ist" zum „Soll" zu kommen, braucht die Gemeinde eine Handlungsanleitung, ein Aktionsprogramm, auch Entwicklungskonzept genannt, das die Visionen des Leitbildes in Form konkreter Projekte und Maßnahmen umsetzt. Bereits während der Analysephase starteten erste Projekte, die bei geringem finanziellem Aufwand kurzfristig realisierbar waren, wie z. B. der „Steinbacher Advent", der inzwischen großartige Ergebnisse vorzuweisen hat.

Ein externer Moderator begleitete den Prozess. In themenbezogenen Arbeitskreisen wurden Ziele und Maßnahmen festgelegt und umsetzbare Projektideen formuliert. Verantwortlichkeiten wurden festgelegt und nach Bedarf ExpertInnen beigezogen. Nach einjähriger Arbeit beschloss der Gemeinderat 1989 das 1. Aktionsprogramm. Die Umsetzung des Leitbildes und des Aktionsprogrammes wird von der Steuerungsgruppe koordiniert. Der Stand der Umsetzung wird einmal jährlich in einer Klausurtagung überprüft.

Die Siedlungsentwicklung

Im Bereich der so wichtigen Siedlungsentwicklung lautet die Orientierung im Entwicklungskonzept:
- Revitalisierung der bestehenden Bausubstanz im Ortskern.
- Rückwidmung von Bauland in Grünland im Außenbereich.
- Konzentration der künftigen Siedlungsentwicklung auf zentrumsnahe Flächen.

In Zusammenarbeit mit dem Ortsplaner wurden bereits im Entwicklungskonzept Flächen festgelegt, die für eine zukünftige Ortserweiterung in Frage kommen. Nach Verhandlungen mit den BesitzerInnen hat die Gemeinde zwei größere Flächen zu ortsüblichen Baulandpreisen gekauft, im Rahmen einer flächensparenden Gesamtplanung auf insgesamt 36 Parzellen aufgeteilt und aufgeschlossen. Diese wurden vorrangig an einheimische Bauwerber (junge Familien) verkauft. Mit dem Kauf war eine Verpflichtung zum Baubeginn innerhalb von zwei, unter besonderen Umständen von längstens vier Jahren verbunden, um Baulandspekulationen vorzubeugen. Zur optimalen Ausrichtung des Baukörpers wurde den BauwerberInnen von der Gemeinde eine kostenlose Bauberatung durch den Ortsplaner gewährt.

In einer Selbstbindung des Gemeinderates wurde der Verkauf auf maximal vier Parzellen pro Jahr beschränkt und an die Revitalisierung mindestens eines gefährdeten Hauses im historischen Ortskern gebunden.

Zur Vermeidung einer weiteren Zersiedelung reichte die Neuparzellierung in der Nähe des Ortskernes allein nicht aus. Als wichtige ergänzende Maßnahme wurde die konsequente Rückwidmung aller zentrumsferner, als Bauland gewidmeten Flächen im Gesamtausmaß von 55.000 m² vorgenommen. Dies erfolgte weitgehend im Einvernehmen mit den GrundbesitzerInnen.

Durch die Kombination dieser Maßnahmen wurden folgende Ergebnisse erzielt:
- Verbesserung der Lebensqualität durch die Ausrichtung der örtlichen Raumplanung auf eine Siedlungsstruktur der Nähe.
- Stärkung der bestehenden Nahversorger durch das Ansiedeln eines neuen Kundenpotenzials im Umfeld.
- Sicherung von Kindergarten und Grundschule durch Ansiedlung von Jungfamilien.
- Verminderung der Infrastrukturkosten für die Gemeinde.

Die Projekte

In der Gemeinde Steinbach wurden seit 1986 etwa 60 Projekte im Sinne einer ganzheitlichen Dorferneuerung und einer nachhaltigen Entwicklung umgesetzt. Durch die neue politische Kultur und die gemeinsame Erstellung des Leitbildes entwickelte sich in der Gemeinde ein Klima der Motivation und der Kreativität. Zahlreiche Projekte ergaben sich daraus. Ihre Vielfalt bot und bietet reiche Möglichkeiten zur Mitwirkung, denn „es ist für jeden etwas dabei". Inzwischen arbeiten etwa 40 Prozent der BürgerInnen ehrenamtlich in verschiedenen Projekten und Aktionen mit.

Eine ganzheitliche Dorferneuerung bzw. eine nachhaltige Entwicklung betrifft immer die Gemeinde als Ganzes. Soziales Miteinander, Arbeiten und Wirtschaften sowie das Erhalten des kulturellen Erbes und der natürlichen Umwelt bilden eine innere Einheit. Der Weg zu Kooperationen und Partnerschaften führt über soziale Innovation, einen wertschätzenden Umgang miteinander sowie über klare Ziele, die gemeinsam angestrebt werden. Die Gemeinde spielt dabei in Steinbach an der Steyr eine wichtige Rolle:
- Sie ist Drehscheibe der Gespräche und moderiert sie.
- Sie motiviert ProjektträgerInnen und gründungswillige JungunternehmerInnen.
- Sie ist verlässlicher Kooperationspartner für alle AkteurInnen.

Sanierung der Hochgasse

In der steilen Hochgasse waren vorwiegend Geschäfte und Werkstätten angesiedelt. Durch den Zerfall der Strukturen, ausgelöst durch den Niedergang der Besteckindustrie, wurden alleine in dieser Gasse acht Häuser leer und boten zunehmend ein Bild des Verfalls. Problematisch war es auch, dass vorwiegend finanzschwache Personen oder Familien und eher ältere Menschen InhaberInnen dieser Gebäude waren. Also wurde den HausbesitzerInnen wirkungsvolle Unterstützung in Form von Hilfsarbeiterleistungen beim Sanieren der Häuser durch ein Beschäftigungsprojekt für arbeitslose MitbürgerInnen zur Verfügung gestellt. Einige Häuser wurden wegen fehlender Kaufinteressenten von der Gemeinde erworben, renoviert und in der Folge vermietet.

Steinbacher Tischlerei

Da von auswärts kein Tischlereibetrieb zu einer Übernahme der leer stehenden Tischlerei in der Hochgasse bereit war, wurden die eigenen Möglichkeiten ausgeschöpft. Zwei tüchtige Tischler, die außerhalb der Gemeinde beschäftigt waren, bildeten eine GesmbH und gründeten die Steinbacher Tischlerei. Dieses Unternehmen beschäftigt heute mehrere Mitarbeiter, erzeugt Wendeltreppen sowie Wohnzimmer-, Küchen- und Gaststätteneinrichtungen und kann sich am Markt erfolgreich behaupten.

Elektrofirma Sträußl – Sanierung der Industriehallen

Als weiterer Unternehmer hat sich Elektromeister Sträußl bereit erklärt, in den ehemaligen Hallen der Besteckindustrie neben dem Installationsunternehmen eine Schaltschrankproduktion und eine Kabelkonfektion aufzubauen. Er ist inzwischen zum größten Arbeitgeber der Gemeinde geworden. Die Gemeinde ist bemüht, die Errichtung von Beleuchtungsanlagen für öffentliche Gebäude, Ausstellungsräume und Straßen sowie die Installation von Pumpwerken für Wasser und Kanal usw. an die örtliche Elektrofirma zu vergeben. Damit werden Arbeitsplätze vor Ort abgesichert und das Prinzip der Nähe umgesetzt.

Projekt Alter Pfarrhof

Ab 1990 wurde das vom Verfall bedrohte Gebäude, nachdem es zehn Jahre leer gestanden war, umfassend revitalisiert. Es entstanden Büroräume für mehrere Dienstleistungsbetriebe und Organisationen, die zusammen ca. 20 MitarbeiterInnen beschäftigen. Die Räumlichkeiten werden auch für Kulturveranstaltungen genutzt. Der Alte Pfarrhof hat sich zu einer regionalen Kultur- und Dienstleistungseinrichtung entwickelt. Da auch das Regionalmanagement Steyr-Kirchdorf seinen Sitz im Alten Pfarrhof hat, ist er auch zum Zentrum der Regionalentwicklung geworden. Weiters wurden im Wirtschaftstrakt vier Wohnungen für die Beschäftigten eingebaut und somit Arbeiten und Wohnen zusammengeführt.

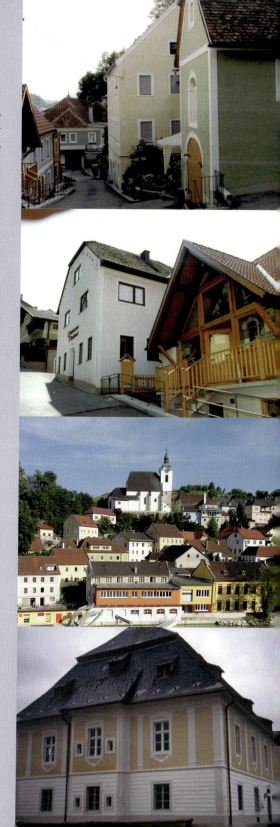

Hackschnitzelheizungen

Eine Gruppe von Bauern hat sich zur „Nahwärme Steinbach" zusammengeschlossen und ihr erstes Heizwerk im Wirtschaftstrakt des Alten Pfarrhofes errichtet. Es werden die Räumlichkeiten der Musikschule, die Büroräume, die Wohnungen und eine Dörrobstanlage mit Wärme versorgt. Inzwischen betreibt diese Genossenschaft schon fünf Nahwärmeanlagen mit einer Gesamtleistung von 1.360 kW und verkauft die Wärme an private und öffentliche Abnehmer. In Verbindung mit einem Energie- und Klimaschutzprogramm dürfte damit das angepeilte Klimabündnisziel – Reduktion der CO_2-Emissionen bis zum Jahr 2010 um 50 Prozent – in Steinbach an der Steyr termingerecht erfüllt werden.

Steinbacher Dörrobst und Natursäfte

1990 haben sich acht Bauern zur „ARGE Steinbacher Dörrobst" zusammengeschlossen. Sie verarbeiten jährlich 15.000 kg Frischobst zu Dörrobst und sichern damit 160 ha Streuobstwiesen. Weiters wurde das Projekt „Steinbacher Natursäfte" entwickelt. Jährlich werden 300.000 kg Frischobst zu Obstsäften verarbeitet. 50 Bauern erzielen dadurch ein Zusatzeinkommen. Die landschaftsprägenden Obstbaumbestände gewinnen wieder an Wert.

Steinbacher Advent

Seit 1987 wird jährlich der Steinbacher Advent als Ereignis von regionaler Bedeutung gefeiert, bei dem der gesamte Ortsplatz zum „Adventkalender" wird. Von den 24 künstlerisch gestalteten Fenstern wird täglich eines geöffnet. 400 GemeindebürgerInnen wirken ehrenamtlich beim Adventsingen und Adventmarkt, bei der Ausstellung „Krippen aus aller Welt" und mehreren weiteren Programmpunkten mit. Etwa 20.000 Menschen kommen jedes Jahr zu Besuch. Diese Initiative hat Steinbach an der Steyr über die Grenzen Österreichs hinaus bekannt gemacht und sorgt für eine positive Entwicklung der touristischen Aktivitäten. Gastwirte, Beherbergungsbetriebe, aber auch das Kunsthandwerk stimmen ihre Angebote auf den Besucherkreis ab und haben neue Entwicklungschancen. Das Krippenmuseum beherbergt 450 Krippen aus über 85 Ländern der Welt.

Erneuerung des Ortsplatzes

Das historische Ensemble des Ortsplatzes wurde bis 1994 umfassend revitalisiert. Es gelang, die Nahversorgungsstrukturen wieder zu beleben und die schwierige Verkehrssituation zu entschärfen. Der Platz wurde wieder zum Mittelpunkt des Lebens und zum Kristallisationskern für die Erneuerung des Ortes. Die Gemeinde bemüht sich, entsprechende Frequenzbringer anzusiedeln und für einen attraktiven Branchenmix am Ortsplatz zu sorgen, der im Rahmen vieler Veranstaltungen auch als Raum zum gemeinsamen Feiern dient.

Die Nahversorgung sichern – Lebensmittelgeschäft als „Lebensmittelpunkt"

Ein ehemaliges Gasthaus, es ist im Besitz der örtlichen Versicherung, wurde von einem Lebensmittelgroßhändler in ein Lebensmittelgeschäft umgebaut. Die Gemeinde errichtete ein kleines Parkdeck, um die nötigen Parkplätze für Kunden zur Verfügung zu haben. Nach Geschäftsschluss ist das Parkdeck öffentlich nutzbar. Im Geschäft, das von einem selbständigen Kaufmann auf eigene Rechnung geführt wird, gibt es eine eigene Abteilung für Produkte aus der Gemeinde bzw. der Region. Das Unternehmen sichert die Nahversorgung, bringt Arbeitsplätze und gibt Lehrlingen Ausbildungsmöglichkeiten. Beheizt wird das Geschäftslokal von der „Nahwärme Steinbach".

Regionale Kooperationsprojekte

Landesausstellung 1998: Land der Hämmer – Heimat Eisenwurzen

Um die regionale Identität zu stärken, die BewohnerInnen zur Eigeninitiative zu ermutigen und aus der Rückbesinnung auf die Wurzeln die Zukunft zu gestalten, wurde 1998 die Oberösterreichische Landesausstellung als ein wesentlicher Schritt in Richtung nachhaltige Regionalentwicklung durchgeführt. Die Landesausstellung fand dezentral in 24 Gemeinden der Region Pyhrn-Eisenwurzen, die im Wesentlichen das oberösterreichische Enns-, Steyr- und Kremstal umfasst, statt. Mit 740.000 BesucherInnen und der Einbindung vieler Menschen der Region wurde diese Landesausstellung zum regionalen Großereignis. Steinbach war Motor und erfolgreicher Teilnehmer dieser gelungenen Kooperation.

Ökumenische Initiative 98+. Leben gewinnen

Die katholische und die evangelische Kirche wurden eingeladen, als Partner dieser Landesausstellung mitzuarbeiten. Mit der Absicht, die Menschen der Region einander näher zu bringen, wurde von engagierten ChristInnen beider Konfessionen der Verein „Ökumenische Initiative 98+" gegründet. Man ging dabei von einer schmerzlichen Erkenntnis aus: Je mehr wir Heimat in einem rein äußerlichen Sinn herzustellen versuchen, desto mehr zerstören und verunstalten wir das, was wir letztendlich finden wollen. So sind wir zwar in der heutigen Welt zu Hause, doch oftmals nicht wirklich daheim.

Mit der Ökumenischen Initiative 98+ haben wir in der Region Steyr-Kirchdorf einen außergewöhnlichen Weg gefunden, dieser inneren Zerrissenheit und Verzweiflung, der tiefen Verlorenheit ohne Wärme und Geborgenheit mit ganzer Kraft entgegen zu wirken und das Zusammenrücken der Menschen in der Region zu fördern. Erstes Ergebnis dieser Initiative war das Buch „Leben gewinnen" mit Berichten von 25 Menschen der Region mit sehr unterschiedlichen Alters- und Lebenssituationen, die über ihre wichtigsten Lebenswerte erzählen.

„Z'samm'sitz'n"

Damit in Zusammenhang steht ein zweiter Schwerpunkt dieser ökumenischen Initiative: eine Einladung an die Menschen der Region, miteinander ins Gespräch zu kommen. „Z'samm'sitz'n" nannte sich die

Idee, die die alte Volksweisheit, dass „durch's Reden" Leute zusammenkommen, aufgriff. So genannte Einlader teilten das Buch „Leben gewinnen" an jene Leute aus, die sie zu einem „Z'samm'sitz'n" einladen wollten. Auf diese Weise haben in 30 Orten bei ca. 1.800 „Z'samm'sitz'n" an die 10.000 Menschen über das Leben geredet und dabei oftmals ihre eigene Lebensgeschichte erzählt.

Die Projekte im Rahmen der Ökumenischen Initiative 98+ erzielten bemerkenswerte Ergebnisse:
- Werte konnten auf sehr persönliche Weise weiter vermittelt werden.
- In vielen Fällen wurde die Pflege der nachbarlichen Beziehungen wieder belebt und wesentlich vertieft.
- Das Zusammenrücken der Menschen wurde gefördert und die regionale Identität gestärkt.
- Die Bereitschaft der BürgerInnen zu Eigeninitiative und zur eigenen Zukunftsgestaltung erfuhr eine spürbare Steigerung.
- Durch die erfolgreiche Zusammenarbeit zwischen katholischen und evangelischen Christen konnten neue, sehr positive Erfahrungen gesammelt werden.

Neue Finanzierungsmöglichkeiten – Grünes Geld
Bei diesem Projekt handelt es sich um eine ungewöhnliche Form der Kreditgewährung, die im besonderen dem Kleingewerbe, dem Handel und fallweise auch Privatpersonen helfen soll, wieder „auf die Beine zu kommen" bzw. notwendige Investitionen finanzieren zu können.

Am Anfang des Prozesses stehen ein Gespräch und eine Analyse der Gesamtsituation des betroffenen Kleinunternehmens bzw. der in finanzielle Schwierigkeiten geratenen Person. Gelangt man dabei zu der Erkenntnis, dass es sinnvoll ist, „Grünes Geld" zur Verfügung zu stellen, werden Geldgeber gesucht. Diese zahlen ihr Geld bei jenem Geldinstitut ein, bei dem der Schuldner einen Kredit aufgenommen hat, wodurch dessen Kreditsumme um den eingezahlten Betrag reduziert wird. Sie erhalten dafür eine Bankhaftung, die ihnen garantiert, dass sie ihr Darlehen jederzeit zuzüglich Wertsicherung zurückfordern können, es also nicht verlieren können. In der Regel wissen Schuldner und Geldgeber nichts voneinander, um zu vermeiden, dass Abhängigkeiten innerhalb der Gemeinde für Probleme sorgen könnten. Die Kontaktperson ist der Treuhänder.

Zusätzlich wird mit den Schuldnern ein Zusatzabkommen über die Art der Rückzahlung abgeschlossen. Meist werden auch regelmäßige Begleitgespräche vereinbart und durchgeführt.

Der Vorteil für den Schuldner durch Grünes Geld liegt auf der Hand: keine Kreditzinsen, sondern nur eine Wertsicherung für fünf Jahre, gegebenenfalls auch länger. Rasche Hilfe für jene, denen es sehr schwer fällt, die anfallenden Zinsen eines normalen Kredites zu erwirtschaften. Kaum Zinsverlust für den Kreditgeber und 100-prozentige Sicherheit für das eingesetzte Kapital. Motor der Idee und des Projektes „Grünes Geld" ist der regionale Diakon.

20 Jahre Steinbacher Weg – eine Bilanz

Durch die Verleihung des Europäischen Dorferneuerungspreises 1994 und weitere Auszeichnungen wurden die Akteure wesentlich gestärkt und ermutigt. Nach nun fast zwanzig Jahren konsequenter Arbeit aller beteiligten Kräfte, der politisch Verantwortlichen, der Projektgruppen und der zahlreichen mitwirkenden BürgerInnen, ist es möglich, eine erfolgreiche Zwischenbilanz des Steinbacher Weges vorzulegen. Auf Stichworte reduziert, sieht diese folgendermaßen aus:

Positive Bevölkerungs- und Strukturentwicklung
- Abwanderung gestoppt – leichten Zuzug bewirkt.
- 180 neue Arbeitsplätze geschaffen.
- Ca. 70 Langzeitarbeitslose in Projekten eingesetzt.
- Kleingewerbe- und Dienstleistungsbetriebe von 27 auf 55 mehr als verdoppelt.

Revitalisierung der Bausubstanz und des kulturellen Erbes
- 15 alte Häuser im Ortskern, den Alten Pfarrhof und die Pilshallen revitalisiert.
- 23 Kapellen und 38 Wegkreuze saniert.
- 5,5 Millionen gezielt in privatwirtschaftliche Projekte wie Alter Pfarrhof, Pilshallen, die Häuser Hochgasse Nr. 4 und 7 usw. investiert. Die Projekte tragen sich mittlerweile selbst.

Beitrag zum Landschafts- und Klimaschutz
- Zahl der bäuerlichen Betriebe konnte beinahe gehalten werden.
- Neue Einkommensquellen bzw. zusätzliche Wertschöpfung für bäuerliche Betriebe durch Gemeinschaftsprojekte wie Bioenergie, Dörrobst, Natursäfte usw. erzielt.
- 300 Obstsorten, davon 120 Apfelsorten, gesichert.
- 1.000 Hektar naturnahe Streuobstbestände werden durch die Projekte (Dörrobst, Natursäfte) unterstützt.
- 1.360 kW Leistung Biomasse neu installiert, 280.000 l Heizöl werden nun jährlich ersetzt.
- In der Versorgung mit Strom aus erneuerbaren Quellen (Kleinkraftwerk) nahezu autark.

Ergebnisse einer „neuen politischen Kultur"
- Freundschaften zwischen Gemeinderäten unterschiedlicher Fraktionen.
- Entscheidungen großteils einvernehmlich und ohne fraktionelle Bindung.
- Hohe Wahlbeteiligung.
- 40 Prozent der BürgerInnen arbeiten ehrenamtlich an Veranstaltungen, Projekten und Aktionen mit.
- 30 Personen für Führungsfunktionen in der Projektumsetzung befähigt und qualifiziert.

Positive Einstellung zur Zukunft
Im gesamtregionalen Vergleich (repräsentative Befragung der STUDIA-Schlierbach in 54 Gemeinden der Bezirke Kirchdorf und Steyr-Land) sind die Zukunftserwartungen der Steinbacher Bevölkerung mit Abstand am positivsten ausgeprägt.

Steinbach und die weite Welt

Dorferneuerung und nachhaltige Entwicklung bedeuten für Steinbach, auch über die eigenen Gemeindegrenzen hinaus wirksam zu sein: Beziehungen aufbauen und pflegen, in Kooperationen und Netzwerken mitwirken, Erfahrungen austauschen, ermutigen und ermutigt werden, Wissen vermitteln und von anderen lernen, Starthilfe geben, sich mit Gleichgesinnten zusammenschließen und der Globalisierung eine lokale Prägung geben.

Mit der Nachhaltigkeitsschmiede, die am 3. Juli 2002 im Wirtschaftstrakt des Alten Pfarrhofes feierlich eröffnet wurde, steht den regionalen und kommunalen AkteurInnen des deutschsprachigen Raumes und der neuen EU-Mitgliedsstaaten nunmehr ein Impulszentrum für die praktische Umsetzung eines ganzheitlichen Dorferneuerungsprogramms bzw.

einer Lokalen Agenda 21 zur Verfügung. Im Umfeld einer ansprechenden Ausstellung und inspiriert von den konkreten Projekten sind die Gäste eingeladen, im Rahmen von Workshops und Klausuren ihren eigenen Start zu einer nachhaltigen Ortsentwicklung bzw. zu einer Lokalen Agenda 21 zu erarbeiten. Die Bildungsangebote werden in enger Zusammenarbeit mit der Oberösterreichischen Akademie für Umwelt und Natur entwickelt und umgesetzt.

Die Erfahrungen und die Überlegungen der Gemeinde Steinbach, des Landes Oberösterreich und des Bundes fügen sich zu einem Ganzen zusammen. Durch den Dialog der unterschiedlichen Ebenen und durch die Ausrichtung auf das Machbare kann Zukunftsfähigkeit der Gemeinden und Regionen zunehmend Gestalt annehmen. Die nächste Herausforderung scheint noch größer und spannender zu werden, nämlich an einer raschen Verbreitung der Idee eines „Global Marshall Planes" aktiv mitzuwirken. Steinbach will sich dieser Zukunft entscheidenden Aufgabe stellen und die Gesellschaft für ein Umdenken in Richtung Ökosoziale Marktwirtschaft gewinnen und begeistern. Denn diese könnte einen wesentlichen Beitrag zur weltweiten Erreichung von Lebensqualität und Frieden leisten.

Karl Sieghartsleitner war von 1986 bis 2002 Bürgermeister von Steinbach an der Steyer

> *» Seit fast 20 Jahren bekennt sich nun die Gemeinde Steinbach an der Steyr – die politischen und gesellschaftlichen Verantwortungsträger gemeinsam mit der Bevölkerung – zur Philosophie der Dorferneuerung und nachhaltigen Entwicklung. Kein/e SteinbacherIn kann sich heute vorstellen, was gewesen wäre, hätten wir nicht den „Steinbacher Weg" eingeschlagen. Jedes einzelne Dorferneuerungsprojekt war ein wichtiger Schritt für unsere Gemeinde in eine gute Zukunft. Dabei war das am Anfang bei vielen Projekten gar nicht so klar: Wie bei jeder neuen Idee mussten zunächst Zweifel ausgeräumt und der „Pioniergeist" geweckt werden. Doch schon während der Umsetzungsphase wurde der vielfache Nutzen der Projekte deutlich. Und nicht selten wurden aus Skeptikern glühende Befürworter eines Projektes, sobald sie den tieferen Sinn dahinter verstanden hatten.*
>
> *Für viele Steinbacherinnen und Steinbacher war daher die Verleihung des Europäischen Dorferneuerungspreises im Jahr 1994 ein ganz einschneidendes Ereignis: Es war die Bestätigung der bis dahin erbrachten Leistungen und ein großer Anreiz, diesen Weg*

fortzusetzen. Wir wussten plötzlich durch diese internationale Anerkennung, dass wir keine Einzelkämpfer waren, sondern Teil einer breit angelegten europäischen Bewegung, die immer mehr Anhänger fand und sich tatsächlich als ein Rezept erwies, die vielschichtigen Probleme einer kleinen, finanzschwachen Landgemeinde zu lösen. Oft braucht man gewissermaßen die Bestätigung von außen für sein Tun. Für viele – auch für mich als damals junger Gemeinderat – war diese Auszeichnung eine zusätzliche Motivation, eigenständig Aufgaben wahrzunehmen. Ich erinnere mich noch genau, wie stolz wir auf diese Auszeichnung waren und wie viel Kraft wir daraus schöpften. Kraft, die nötig war, um die noch geplanten Projekte in Angriff zu nehmen und umzusetzen.

Mit jedem Projekt, das verwirklicht wurde, wurde außerdem deutlicher und greifbarer, worum es bei der Dorferneuerung eigentlich geht: Es geht darum, Verantwortung für den eigenen Lebensraum zu übernehmen; sich nicht auf Hilfe von außen zu verlassen, sondern selbst die Dinge in die Hand zu nehmen; zusammen zu arbeiten und sich über gelungene Projekte gemeinsam zu freuen. Und es wurde deutlich, dass sich – wie viele andere Dinge auch – Dorferneuerung vor allem „im Kopf abspielt". Dorferneuerung erfordert eine positive Lebenseinstellung und das Bekenntnis zum eigenen Lebensraum mit allen seinen Stärken und Schwächen.

Im Lauf der Jahre und Jahrzehnte haben sich natürlich die handelnden Personen geändert. Die „Pioniere" haben Jüngeren Platz gemacht, sowohl in der Gemeindepolitik als auch in den Vereinen und örtlichen Organisationen. Neben den Personen haben sich aber auch die Aufgabenstellungen, die Rahmenbedingungen und das Umfeld, in dem wir uns bewegen, geändert. Hauptaufgabe war und ist daher, zunächst das Erreichte abzusichern und die Gedanken der Dorferneuerung und Nachhaltigkeit in den Köpfen der Nachfolger zu festigen und gleichzeitig weiter zu entwickeln Ich bin überzeugt, dass uns auch dieser Umbruch gelungen ist. Steinbach befindet sich auf einem guten Weg zu einer zukunftsbeständigen Gemeinde. Wir sind fest entschlossen, diesen Weg weiter zu gehen.

Christian Dörfel ist seit 2002 Bürgermeister von Steinbach an der Steyer

Beckerich
4. Europäischer Dorferneuerungspreis 1996
Myriam Schiltz

Beckerich ist eine Landgemeinde des Großherzogtums Luxemburg, die im Westen des Landes unmittelbar an der Staatsgrenze zum Königreich Belgien gelegen ist. Sie umfasst die Ortschaften Beckerich, Elvingen, Hovelingen, Hüttingen, Levelingen, Nördingen, Oberpallen und Schweich, zählt rund 2.100 EinwohnerInnen und erstreckt sich auf eine Fläche von 2.841 Hektar.

Die Dorferneuerung in Beckerich war kein gesteuerter Prozess, der durch den Gemeinderat in Bewegung gesetzt wurde, sie ist „von unten" angeregt worden und hat sich erst allmählich zu einem umfassenden Prozess entwickelt. Sie ist gekennzeichnet durch ihre lange Geschichte, die man in drei Abschnitte, die 70er-Jahre, die 80er-Jahre und die Zeit ab 1990, unterteilen kann.

Auseinandersetzung mit der Vergangenheit

Beckerich erlebte in den 70er-Jahren all die typischen Probleme, die für eine im Niedergang begriffene Landgemeinde charakteristisch sind: dramatischer Rückgang der Anzahl an landwirtschaftlichen Betrieben, fehlende Arbeitsplätze und damit Landflucht der jungen Bevölkerung. Letztere spiegelte sich im Verlauf der siebziger Jahre in den stetig sinkenden Einwohnerzahlen und der veränderten Altersstruktur wider. Anfang der achtziger Jahre hatte die Gemeinde mit 1.492 EinwohnerInnen ihren demographischen Tiefpunkt erreicht. Infolge der Abwanderungen in die Städte veränderte sich auch das Siedlungsbild der Gemeinde. Es war zunehmend geprägt von leerstehender alter bäuerlicher Bausubstanz, die verfiel und teils sogar abgerissen wurde, wodurch Baulücken entstanden.

Da veröffentlichte im Jahre 1975 ein Lokalhistoriker ein Buch über die Vergangenheit der Gemeinde und brachte damit den Stein der Bewusstseinswandlung ins Rollen. Einige Jugendliche schlossen sich in einem Verein, den sie „Geschichtsfreunde Beckerich" nannten, zusammen, organisierten Ausstellungen, Filme, Konferenzen und dergleichen mehr und schafften es damit, die Beckericher Einwohnerschaft zu einer Auseinandersetzung mit ihrer Geschichte und Tradition zu bewegen. Die ersten Hauseigentümer begannen, ihre Gebäude und Wohnungen zu renovieren.

Systematische Dorferneuerung

Ab den 80er-Jahren darf behauptet werden: Die Beckericher haben ihre Minderwertigkeitsgefühle gegenüber der Stadt abgelegt und gelernt, dass nicht nur Burgen und Schlösser eine Vergangenheit haben, sondern auch jedes einzelne Haus. Unter der Mitwirkung der nationalen Denkmalbehörde hatte die Renovierung der alten Bausubstanz einen Schneeballeffekt. In den Jahren 1981 bis 1989 wurden in der Gemeinde Beckerich insgesamt 54 Häuser mit Hilfe staatlicher Unterstützung renoviert.

Zu diesem Zeitpunkt erlebte die Idee der Dorferneuerung auch ihren Einzug in den Gemeinderat. Dieser sorgte, aufbauend auf einer Dorfanalyse der Geschichtsfreunde, die als erster Gemeinde-Entwicklungsplan angesehen werden darf, für die systematische Restaurierung des öffentlichen Patrimoniums und die Neugestaltung der Straßenräume und öffentlichen Plätze.

Eine der ersten Dorfentwicklungsmaßnahmen bestand 1982 in der Öffnung der beratenden Gemeindekommissionen, die bis dahin den Gemeinderatsmitgliedern vorbehalten waren: Zwölf Arbeitskreise mit 70 aktiven BürgerInnen entstanden. Damit war Beckerich die erste Gemeinde Luxemburgs, die allen BewohnerInnen die Möglichkeit eröffnete, sich aktiv an der Gemeindeentwicklung zu beteiligen.

Ab dem Jahre 1986 wurde durch die Aktivierung einer Mineralwasserquelle und den Aufbau einer Mineralwasserfirma mit unternehmerischer Beteiligung der Gemeinde der wirtschaftliche Aufschwung der Gemeinde angekurbelt. Rund 60 Arbeitsplätze entstanden. Die Gemeinde ist mit 15 Prozent am Kapital der Gesellschaft beteiligt – damit kommen die Einnahmen auch der lokalen Bevölkerung zugute.

Die Landflucht war gestoppt: Junge Leute zogen in die renovierte Bausubstanz ein. Seit der zweiten Hälfte der 70er-Jahre ist die Wanderungsbilanz wieder deutlich positiv und seit Mitte der 80er-Jahre überwiegen die Geburten alljährlich die Sterbefälle. Die Gemeinde zählte 1990 bereits 1.645 EinwohnerInnen.

Nachhaltige Dorfentwicklung

Der Übergang vom Erhalt des natürlichen und architektonischen Erbes hin zu einem bewusst gesteuerten Entwicklungsprozess erfolgte 1990, als der Gemeinderat ein mehrjähriges Programm für eine konsequente ökologische Gemeindepolitik verabschiedete. Ziel war es, durch die aktive Mitarbeit der Bevölkerung die Gemeindedörfer neu zu beleben und eine Verbesserung der Lebensqualität für die Menschen zu erreichen.

Um die dafür nötigen Instrumente zur Verfügung zu haben, wurden eine Biotopkartierung, ein Grünplan, ein Dorfentwicklungsplan und eine Energiestudie in Auftrag gegeben. Der Umweltaspekt wurde in allen Teilbereichen berücksichtigt, der „ökologische Reflex" auf allen Entscheidungsebenen verankert.

In demographischer Hinsicht hatten sich die Voraussetzungen dramatisch verändert. Dem Bevölkerungsrückgang in den 70er- und 80er-Jahren, folgte keine Stabilisierungsphase, sondern ein starker Aufwärtstrend, was die Gemeinde vor neue Herausforderungen betreffend Siedlungsentwicklung, Wohnbau und infrastrukturelle Ausstattung stellte, die ihren Niederschlag in diversen Zukunftsüberlegungen, insbesondere im Gemeinde-Entwicklungsplan fanden.

Der Gemeinde-Entwicklungsplan, dessen Erstellung 1991 in Angriff genommen und 1997, abgesehen von einigen Ergänzungen in den darauf folgenden Jahren, abgeschlossen wurde, entstand in enger Zusammenarbeit zwischen der lokalen Bevölkerung, den Gemeindeverantwortlichen und einem interdisziplinären Planungsteam. Er war als umfassendes Entwicklungskonzept gedacht, das der Gemeinde konkrete Entwicklungs- und Handlungsspielräume in den Bereichen Wohnen und Wohnumfeld, Sozioökonomie und Versorgungsstrukturen, soziokulturelles Umfeld sowie natürliche und humane Umwelt aufzeigen sollte.

Noch während der Ausarbeitung des Entwicklungsplanes kam es ab dem Jahr 1994 erneut zu Veränderungen: Die Gemeinde trat dem europäischen Klimabündnis bei. Mit diesem Beitritt hielt auch der Begriff „Nachhaltige Entwicklung" Einzug in das Denken der Verantwortlichen, wodurch sich eine neue Ausrichtung der Zielsetzung des Dorfentwicklungsprozesses ergab. Waren bis dahin der Erhalt des bestehenden Patrimoniums und eine Neubelebung der Dörfer oberstes Ziel der Dorferneuerung, so ging es nun darum, die Entwicklung der Gemeinde auf lokal und regional vorhandene menschliche und natürliche Ressourcen aufzubauen, um sie so langfristig abzusichern und den nachkommenden Generationen ein lebenswertes Umfeld zu vererben. Eine Vorgabe, die selbstverständlich Eingang in den Gemeinde-Entwicklungsplan fand.

In den vergangenen elf Jahren hat sich der Begriff „Nachhaltigkeit" in der Gemeinde Beckerich zunehmend verdeutlicht, und seine drei Säulen (ökonomische, soziale und ökologische Nachhaltigkeit) haben sich nach und nach mit konkreten Inhalten gefüllt.

Ökonomie und Ökologie

Die Aktivitäten und Maßnahmen, die in Beckerich gesetzt wurden, sind derart zahlreich, dass nur einige wenige exemplarisch angeführt werden können.

Aus ökologischer Sicht besonders erwähnenswert erscheinen dabei die „behutsame" Bautenpolitik, die dafür sorgt, dass nicht mehr Neubauten als renovierte Altbauten entstehen, was einer drohenden Zersiedelung Einhalt gebietet, und der Umbau eines Schulgebäudes, bei dem die Baustoffe nach ihrer Nachhaltigkeit, nicht nach ihrer Verfügbarkeit oder dem Kostenaufwand, bewertet und verwendet wurden. Auf regionaler Ebene konnte der Stundentakt der öffentlichen Verkehrsmittel zur Hauptstadt und zu den lokalen Zentren durchgesetzt werden – die Benutzerzahlen der öffentlichen Verkehrsmittel verdoppelten sich daraufhin. Sensibilisierungskampagnen im Abfallbereich sowie zum Wasser- und Energiesparen wurden durchgeführt und stießen auf großes Interesse bei der Bevölkerung. Aufgrund des Landschaftsplans wurden wichtige Lebensräume zur Erhaltung der Biodiversität von der Gemeinde aufgekauft oder Bewirtschaftungsverträge mit den Landwirten abgeschlossen. Weiters wurden Pflegeeingriffe an Gewässern durchgeführt und zahlreiche Bachläufe renaturiert.

Im Bereich der ökonomischen Nachaltigkeit stechen neben anderem die Erweiterung einer Industrie- und Gewerbezone, die Ansiedelung einer Buchhaltungsfirma mit angeschlossener Werbeagentur, die acht neue Arbeitsplätze geschaffen hat, oder die Niederlassung einiger junger Handwerker besonders hervor. Im Tourismus setzt die Gemeinde verstärkt auf sanften Kulturtourismus, dessen Potenzial in erster Linie in der noch weitest gehend intakten Umwelt und im reichen kulturhistorischen Erbe liegt. In diesem Sinne wurden bestehende Radwege und Wanderwege zur Entdeckung der Natur in und um die Gemeinde ausgebaut. Durch umfassende Restaurierungsarbeiten wurde gezielt zum Erhalt des kulturhistorischen Erbes beigetragen.

Bemerkenswert ist auch das Engagement der Gemeinde, die Zeugen ihrer zwar bescheidenen, aber bedeutenden industriellen Vergangenheit zu erhalten und zeitgemäß zu nutzen. So hat sie vor einigen Jahren eine alte Sägemühle gekauft und restauriert. Das Gebäude beherbergt heute neben einer Gaststätte mehrere multifunktionale Säle. In den nächsten Jahren soll es zu einem Zentrum für alternative Energien ausgebaut werden und eine dauerhafte Ausstellung zum Thema „Holz und Wasser" beherbergen.

In jeder Landgemeinde lohnt es sich, sich intensiv mit den lokal vorhandenen natürlichen Ressourcen auseinanderzusetzen. Die Verantwortlichen der Gemeinde Beckerich haben dies zum ersten Mal in den achtziger Jahren mit ihrem Einsatz für die Errichtung einer Mineralwasserfabrik erfolgreich versucht. Auch in anderer Hinsicht, und zwar im Zusammenhang mit einer seitens der Gemeinde 1994 in Auftrag gegebenen und 1997 abgeschlossenen Energiestudie, die Wege zur Reduktion des Kohlendioxid-Ausstoßes aufzeigt, beschäftigt man sich in Beckerich seit geraumer Zeit mit seinen natürlichen Ressourcen. Aus dem Wissen, über große Potenziale an regenerativen Energiequellen, nämlich Windkraft, Wasserkraft, Sonnenenergie und Biomasse, zu verfügen, wurden mittlerweile auch Konsequenzen gezogen: Im Jahr 2004 wurde ein Nahwärmenetz in Betrieb genommen. Dabei wird die von einer Biogasanlage (mit der anfallenden Gülle lokaler Landwirtschaftsbetriebe) gelieferte Wärme in alle öffentlichen Gebäude und zahlreiche private Haushalte geleitet. Eine Ausdehnung des Nahwärmenetzes auf das gesamte Gemeindegebiet wird schrittweise folgen. Auch hinsichtlich der Nutzung von Hackschnitzel (das Holz stammt aus den mehreren hundert Hektar Wald der Gemeinde) und Windkraft gibt es bereits konkrete Pläne, wobei vorrangig regionale Projekte ins Auge gefasst werden. Die Bevölkerung ist auch hier an der Mehrwertschöpfung beteiligt.

Das menschliche Potenzial

In Beckerich handelt man nach der Überzeugung, dass Ausstattung und Infrastruktur zwar wichtig für eine Gemeinde, ihr wertvollstes Kapital aber die Menschen selbst sind, die mit allen Mitteln für die Lösung der vorhandenen Probleme gewonnen und beim Entwerfen von Zukunftsvisionen eingebunden werden müssen, um dem Ziel einer umfassenden nachhaltigen Entwicklung näher zu kommen. Demgemäß wurden zahlreiche Projekte im Sinne einer Stärkung und besseren Nutzung der menschlichen Ressourcen durchgeführt.

Weiterbildungsangebote wie Rhetorikkurse für Frauen, Theaterkurse, die Einrichtung einer Internetstube, die allen GemeindebürgerInnen offen steht, oder Kurse zum Umgang mit Internet und PC, insbesondere für ältere Menschen, werden ständig erneuert, weiter ausgebaut und stoßen auf reges Interesse bei der Bevölkerung.

Neben der Befähigung zur Beteiligung setzen die Gemeindeverantwortlichen vor allem auch auf die Motivation zur Teilhabe und auf die Ermöglichung der Partizipation. Permanente und umfassende Information und Kommunikation mittels bewährter und zeitgemäßer Methoden wie Gemeindezeitung, Info-Folder und Internetpräsenz zählen dazu ebenso wie effiziente Beteiligungsstrukturen. Mit den „offenen" Gemeindekommissionen, Arbeitskreise mit beratender Funktion, in denen derzeit etwa jeder zehnte Haushalt vertreten ist, verfügt Beckerich über eine solche Struktur und nützt sie, um Anregungen zu erhalten, die Vorstellungen der Bevölkerung diskutieren und realisieren zu können, aber auch, um die Integration neuer GemeindeeinwohnerInnen zu beschleunigen und zu vertiefen.

Besonderes Augenmerk wird seit einigen Jahren auf eine stärkere Einbindung der Frauen in Entscheidungsprozesse gelegt, denn, so Bürgermeister Camille Gira: „Es dient der sozialen Nachhaltigkeit nicht, wenn ganze Bevölkerungskreise von den Entscheidungsfindungen in der Gesellschaft ausgeschlossen sind. Wir brauchen aber dringend die Kreativität und Phantasie der Frauen für eine nachhaltige Zukunftsgestaltung." Daher gibt es seit nunmehr zehn Jahren eine Gleichstellungskommission, die sich intensiv mit der Situation der Frauen in Beckerich befasst. Sie hat wesentlich zur Verbesserung der Chancengleichheit beigetragen.

So funktioniert seit Schulanfang 1997 eine kommunale Auffangstruktur für Kindergarten- und Grundschulkinder, die es Frauen wesentlich erleichtert, einer Berufstätigkeit nachzugehen oder sich aktiv in der Dorfgemeinschaft zu engagieren. Zusammen mit einem regionalen, zehn Gemeinden umfassenden Kinderhort, der seit 1993 besteht und der erste seiner Art im ländlichen Raum Luxemburgs war, bewirkte dies eine deutliche Zunahme der Frauenerwerbsquote und erwies sich als echter Standortvorteil für die Gemeinde. Es gibt aber noch andere Auswirkungen. So entstanden mit diesen Betreuungsstrukturen sieben neue Arbeitsplätze, wovon sechs von Frauen besetzt sind. Die Kaufkraft in der Gemeinde steigt durch die doppelte Berufstätigkeit, was der regionalen Wirtschaft zugute kommt, und solche Haushalte „outsourcen" einen Teil ihrer früher selbst getätigten Hausarbeit, was wiederum Arbeitsplätze für andere schafft – ein nicht zu unterschätzender Beitrag zum Aufbau einer nachhaltigen Dienstleistungsgesellschaft.

Eine deutliche Steigerung des Selbstwertgefühls der Frauen wurde durch ein weiteres Projekt erreicht: In Zusammenarbeit mit einer Soziologin wurde 1997 eine Arbeitsgruppe gebildet, die sich zur Aufgabe gesetzt hatte, den kulturellen, sozialen und ökonomischen Beitrag von Frauen im ländlichen Raum zu erforschen und zu dokumentieren. Am Beispiel der Gemeinde Beckerich sollte die sichtbare und unsichtbare Arbeit von Frauen thematisiert werden. Die Ergebnisse wurden in Form einer Wander-Ausstellung und einer Broschüre zusammengefasst.

Kooperation und Solidarität

Beckerich arbeitet seit 1988 sehr intensiv mit neun umliegenden Landgemeinden zusammen. So richtete man unter anderem gemeinsam eine regionale Gewerbezone ein und verbesserte den öffentlichen Nahverkehr zu einem Stundentakt. In Redingen wurden das regionale Altersheim ausgebaut und das Schwimmbad renoviert bzw. zu einem Freizeit- und Erlebnispark ausgebaut. Der Bau eines regionalen Lyzeums mit angrenzendem Internat und einer umfas-

senden Sportinfrastruktur ist in Planung. Die Idee besteht darin, ein dezentrales Lyzeum zu errichten, das auch in Zukunft die Schüler eines breiten Einzugsgebietes aufzunehmen vermag. Das Gebäude soll sowohl ein klassisches als auch ein technisches Lyzeum beherbergen, daneben jedoch auch zur Erwachsenenbildung genutzt werden können.

Kooperationen wurden und werden auch auf anderen Ebenen und mit anderen Partnern eingegangen, etwa mit der angrenzenden belgischen Gemeinde Attert und anderen Gemeinden des Attert-Tales, im Rahmen der verschiedenen LEADER-Programme und -Initiativen als Mitglied der Lokalen Aktionsgruppe Redingen-Wiltz, mit französischen LEADER-Gruppen, mit osteuropäischen Partnerregionen, nämlich Alba Iulia aus Rumänien und Sliven aus Bulgarien, sowie seit dem Fall des „Eisernen Vorhangs" mit der ungarischen Gemeinde Ivancsa.

An Maßnahmen, die im Rahmen dieser Kooperationen entstanden sind, seien exemplarisch die Ausarbeitung einer so genannten „Fluss-Charta" für das Einzugsgebiet des Flusses Attert, um potenziellen Interessenkonflikten zwischen Nutznießern und Anrainern zu begegnen, die Entwicklung von Strategien, um den sanften Tourismus im bisher touristisch nur dürftig erschlossenen Attert-Tal zum Wohle der gesamten Region voranzutreiben, sowie eine Reihe von Konzepten und Aktivitäten in den Bereichen Fremdenverkehr, lokale und regionale Wirtschaft, alternative Energien, Land- und Forstwirtschaft sowie Umwelt, Kultur und Soziales, nicht zuletzt auch Bildung und Kommunikation, angeführt.

Seit 1995 investiert die Gemeinde Beckerich 0,7 Prozent ihrer ordentlichen Einnahmen in Entwicklungsprojekte in der Dritten Welt. Dabei geht es neben der konkreten Hilfe vor allem darum, den BürgerInnen klarzumachen, was konkret unter „Global denken, lokal handeln" zu verstehen ist und dass es eine nachhaltige Entwicklung für die Natur nur gibt, wenn sie auf der Solidarität zwischen den Menschen basiert.

Fortsetzung folgt

Der Entwicklungsprozess der Gemeinde Beckerich war mit dem Gewinn des Europäischen Dorferneuerungspreises keineswegs abgeschlossen. Er galt vielmehr – bei den Gemeindeverantwortlichen ebenso wie bei den BürgerInnen – als Ansporn für einen Neuanfang, um dem bereits seit 1994 verfolgten Leitgedanken der nachhaltigen und ganzheitlichen Dorfentwicklung noch einen Schritt näher zu kommen und das Ziel eines „fast geschlossenen Kreislaufes bzw. eines praktisch autonom funktionierenden Ganzen" zu erreichen.

Auszüge aus einer Diplomarbeit über „Der Beitrag von Dorferneuerungs- und Dorfentwicklungsmaßnahmen zur Entwicklung des ländlichen Raumes in Luxemburg dargestellt am Beispiel der Gemeinde Beckerich" von Myriam Schiltz, Howald, Luxemburg, eingereicht an der Universität Trier, ausgewählt, ergänzt und aktualisiert von Theres Friewald-Hofbauer

Obermarkersdorf
5. Europäischer Dorferneuerungspreis 1998

Werner Grolly

Die Spuren einer Besiedlung in Obermarkersdorf reichen zurück bis in die Bronzezeit, die erste direkte Nennung findet sich 1171 als „Marquartstorf iuxta Pulka". 1383 wurde Obermarkersdorf eine eigene Pfarre und 1489 zum Markt erhoben. Durch die Folgen des 30-jährigen Krieges verarmte Obermarkersdorf derart, dass es sein Marktrecht an Pulkau verpfänden musste, das es erst 1728 wieder zurück erhielt. Anfang des 20. Jahrhunderts setzte rege Bautätigkeit ein, das erweiterte Rathaus mit Feuerwehrdepot sowie das Gebäude der Milchgenossenschaft, das heutige Zeughaus, entstanden. 1947 wurde eine Wasserversorgungsanlage errichtet und mit dem Abzug der sowjetischen Besatzungsmacht 1955 zog langsam der Wohlstand ein. Im Zuge der Umstrukturierung der Gemeinden in Niederösterreich wurden 1969 die drei Orte Obermarkersdorf, Schrattenthal und Waitzendorf zur Großgemeinde Schrattenthal zusammengelegt. Der Sitz der Gemeinde ist im Rathaus von Obermarkersdorf untergebracht.

Probleme als Auslöser

Obermarkersdorf ist ein landwirtschaftlich geprägter Ort und liegt im Norden Niederösterreichs, in einem wirtschaftlich besonders benachteiligten Gebiet in unmittelbarer Nähe der Weinstadt Retz und der Grenze zur Tschechischen Republik. Die „Markenzeichen", die diese Region insbesondere in den siebziger und achtziger Jahren des 20. Jahrhunderts kennzeichneten – triste Arbeitsmarktsituation, hohe Abwanderungsquote und resignative Grundhaltung infolge des Strukturwandels in der Landwirtschaft und der ökonomischen Probleme durch die Lage am „Eisernen Vorhang" –, prägten auch Obermarkersdorf, als „die Keimzelle der Dorferneuerung austrieb".

Weit blickenden Lokalpolitikern war klar, dass nach neuen Wegen gesucht werden musste, dass es das endogene Potenzial zu stimulieren und die Bevölkerung zu eigeninitiativem Handeln zu motivieren galt, um die Negativentwicklung zu stoppen und dem Ort wieder Zukunftsfähigkeit zu geben. Mit Projekten im Sinne der Ortsbildpflege und einer umfangreichen Bestandserhebung im Jahr 1982 wurden erste Erfolg versprechende Schritte eingeleitet. Als echte Initialzündung erwies sich schließlich die geplante Verrohrung des Ortsbaches: Der Unmut der Bevölkerung darüber kanalisierte sich zum gemeinsamen Engagement, für die „offene" Sanierung des Baches, für das Setzen einer Nussbaumallee, für die ersten Aktivitäten gegen das scheinbar unabwendbare Schicksal des Dörfersterbens an der „Toten Grenze" Niederösterreichs. Damit war ein Bewusstseinsbildungsprozess eingeleitet, der bis heute andauert und eine Vielzahl an Maßnahmen induziert hat.

Niederösterreichische Pilotgemeinde der Dorferneuerung

1985 wurde die Stadtgemeinde Schratenthal mit ihren drei Katastralgemeinden, darunter Obermarkersdorf, als eine von vier Testgemeinden für die Aktion „Dorferneuerung" des Landes Niederösterreich ausgewählt. Erklärtes Ziel des Dorferneuerungsprogrammes war es, aus eigener Kraft und mit Unterstützung von außen eine Verbesserung der Lebensbedingungen sowie eine Aufwärtsentwicklung in den verschiedensten Teilbereichen des dörflichen Zusammenlebens einzuleiten. Zur optimalen Einbindung der Bevölkerung in den Dorferneuerungsprozess wurde in Obermarkersdorf ein eigener Dorferneuerungsverein gegründet, dem etwa zwei Drittel der rund 390 EinwohnerInnen angehören. Großer Wert wurde von Anfang an auf eine klare Trennung zwischen Verein und Gemeindeführung gelegt, der allerdings ein sehr intensiver, offener und positiver Dialog zwischen kommunaler Verwaltung und Bürgerengagement im Rahmen der Dorferneuerung gegenüber steht.

Die Erstellung eines Dorferneuerungsplanes stand am Anfang und erfolgte im Zusammenwirken von Verein, Gemeinde und einem Planerteam, basierend auf den im Rahmen einer detaillierten Analyse ermittelten Dorfdaten. Aufbauend auf den Ergebnissen einer Fragebogenaktion und nach intensiven Kontakten mit der Bevölkerung wurde ein umfassendes Gestaltungskonzept entwickelt, das allgemeine Zustimmung fand. Der nächste logische Schritt war die Neufassung des damals zehn Jahre alten örtlichen Raumordnungsprogrammes. In der Folge kam es zur Rückwidmung von Bauland am Ortsrand bei gleichzeitiger Mobilisierung der Baulandreserven im Ortskern und zur Erstellung örtlicher Bauvorschriften. Parallel dazu wurde privaten BauwerberInnen eine kostenlose Bauberatung als Hilfestellung angeboten, die damals ebenso häufig und gerne in Anspruch genommen wurde wie heute.

Vom Einstiegsprojekt zu einer Maßnahmenfülle

Um die Planungsphasen nicht allzu langatmig werden zu lassen und erste sichtbare Zeichen zu setzen, wurde 1986 die Realisierung eines so genannten „Einstiegsprojektes" in die Wege geleitet. Die Bevölkerung wählte dafür die Neugestaltung des Kirchenplatzes aus und erarbeitete gemeinsam mit dem Vereinsvorstand und dem Planer erste Vorschläge aus, die dieser professionell zu Papier brachte. Nach einer erneuten Diskussion der Gestaltungsoptionen, insbesondere mit den Anrainern, wurde dem Gemeinderat ein ausgereifter Plan zur Genehmigung vorgelegt und schließlich die praktische Umsetzung in Angriff genommen. Die Bauausführung wurde teils von befugten Baufirmen, teils von der Bevölkerung selbst unentgeltlich vorgenommen.

Die Einbeziehung der Bevölkerung in die Planungs- und Durchführungsphase stärkt den Bezug des Einzelnen zum jeweiligen Vorhaben und schafft eine positive Grundstimmung. Sie hat sich in Obermarkersdorf dermaßen bewährt, dass bis dato alle Vorhaben im Rahmen der Dorferneuerung auf diese Art und Weise realisiert werden und stets eine große Bereitschaft der BewohnerInnen zur Mitarbeit besteht.

An das Einstiegsprojekt reihte sich im Verlauf der Jahre eine Vielzahl an baulichen und gestalterischen Maßnahmen wie die schon erwähnte und damals in Niederösterreich völlig unübliche Gestaltung des Ortsbaches als offenes Gerinne, die Renovierung des

Zeughauses, die Gestaltung von Plätzen und Dorfstraßen, die Sanierung und der Ausbau des Rathauses, die Umgestaltung des Feuerlöschteiches, die Renovierung von Kleindenkmälern und anderes mehr.

Unverwechselbarer Charakter, vielfältige Infrastruktur

Das Engagement betreffend Siedlungsentwicklung und Ortsbild trug reiche Früchte. Standen zu Beginn der Dorferneuerung 44 Gebäude im Ort leer, so gibt es heute kein einziges unbewohntes, halb verfallenes Haus mehr. Sie wurden alle revitalisiert und zum Teil auch von ZweitwohnsitzerInnen bezogen. Gepflegte Fassaden und Vorgärten prägen das Bild eines intakten, vitalen Ortskerns. Die Bedachtnahme auf regionaltypische Bau- und Gestaltungsweise bei privaten Baumaßnahmen ist selbstverständlich und deutlich sichtbar geworden.

Obermarkersdorf präsentiert sich in geschlossener Bauform rund um den Dorfanger. Der Bach durchfließt das Dorf der Länge nach und verleiht ihm zusammen mit der Nussbaumallee einen unverwechselbaren Charakter. Die typische Siedlungsstruktur des Dorfes konnte erhalten und zusätzlich betont werden. Dazu tragen die Hintausbereiche mit ihren malerischen Scheunenreihen, die in Grünland-Landwirtschaftsbereiche rückgewidmet wurden, um ihre Freihaltung von Wohnraumbebauung zu gewährleisten, wesentlich bei. Randsiedlungen, die so viele gewachsene alte Ortschaften verunstalten, sind nicht entstanden. Auch für die künftige Dorferweiterung ist die geschlossene Bauweise vorgegeben.

Die gestalterischen Maßnahmen setzen weniger auf „Protzen und Klotzen" als vielmehr auf Zurückhaltung, was etwa am Beispiel der alten Schule, die in ihrer

überzeugenden Schlichtheit erhalten und zu einer Bibliothek wie auch einem Jugendraum umgenutzt wurde, deutlich wird. Besonderer Wert wurde stets auch darauf gelegt, Gebäude nicht nur zu sanieren, sondern auch zu revitalisieren. Dies bewirkte, dass Obermarkersdorf auf eine breite infrastrukturelle Versorgung und vielfältige Gemeinschaftseinrichtungen, noch dazu sinnvoller Weise im Dorfzentrum situiert, verweisen kann: multifunktionelles Rathaus mit Gemeinschaftssaal, Musikheim, Arztpraxis, Bank, Mutterberatung und Kindergarten. Bedeutung wird auch der Integration von Landschaftselementen – Ökoflächen, Jagerteich, Begrünung des Dorfangers, offener Ortsbach – in das Dorf beigemessen. Für die Pflege der innerörtlichen Grünflächen zeichnen die AnrainerInnen verantwortlich, was nicht nur das Gemeindebudget entlastet, sondern auch den Gemeinschaftssinn und die Identifikation der DorfbewohnerInnen mit ihrem Lebensraum fördert.

Umfassende und Grenzen überschreitende Dorferneuerung

Dorferneuerung wird als umfassender, komplexer Prozess angesehen. Demgemäß wurden zahlreiche Aktivitäten auch auf dem kulturellen und gesellschaftlichen Sektor gesetzt, was zum Beispiel in der Gründung einer Jugendtheatergruppe, der Organisation von Vorträgen und Ausstellungen, der Abhaltung von Dorffesten, dem Errichten eines Friedenskreuzes und der Beteiligung an regionalen und überregionalen Initiativen seinen Ausdruck fand.

Unter den zahlreichen Veranstaltungen, die durchgeführt werden bzw. an denen sich Obermarkersdorf mit großem Engagement beteiligt, ist allen voran das Kürbisfest zu nennen, das mit rund 30.000 BesucherInnen auch spürbare touristische Effekte erzielt. Nicht zu unterschätzen ist auch der mittlerweile nahezu selbstverständlich gewordene Exkursionstourismus, der 1998 durch den Gewinn des Europäischen Dorferneuerungspreises einen zusätzlichen Impuls erfahren hat. Insbesondere für Exkursionsgruppen aus Tschechien, Polen, der Slowakei und Ungarn ist Obermarkersdorf ein gern besuchter Beispielort für erfolgreiche Dorferneuerung.

Ein durch die Dorferneuerung gesteigertes Interesse für ökologische Kreisläufe und erneuerbare Energie gab 1995 den Anstoß zur Errichtung einer Fernwärmeanlage auf Hackschnitzelbasis mit Solarkollektoren, an die rund 70 Haushalte angeschlossen sind. Die ökologische Gesinnung dokumentiert sich darüber hinaus auch in zahlreichen Maßnahmen, die das Ziel verfolgen, zur Erhaltung und Entwicklung der Kulturlandschaft beizutragen.

Immer wieder werden auch Grenzen, Gemeinde-, Landes- und Staatsgrenzen, überschritten, um über den Weg des Gedankenaustausches neue Ideen zu entwickeln. Erwähnenswert sind die bereits zu Zeiten des „Eisernen Vorhangs" gepflegten Kontakte nach Tschechien, wo im Kleinen zu erfahren war, wie Nachbarn zum beiderseitigen Nutzen zu kooperieren vermögen. Durch die Teilnahme am Wettbewerb um den Europäischen Dorferneuerungspreis im Jahr 1998 entstand eine Freundschaft mit dem rumänischen Dorf Glodu, das von Obermarkersdorf ideell und materiell unterstützt wird.

Die vielgestaltigen Dorferneuerungsaktivitäten erweisen sich als effektiv und effizient: Sie erhöhen die Lebensqualität und motivieren zu neuem und gemeinschaftlichem Tun. Das spiegelt sich auch im pulsierenden

Vereinsleben wider und ist zugleich die Voraussetzung für den wirtschaftlichen Aufschwung in Obermarkersdorf. Naturnaher Weinbau, Direktvermarktung in Verbindung mit Tagestourismus, Gewerbebetriebe, Nahversorgungs- und Dienstleistungsbetriebe sichern Existenzen und haben die Anzahl der Arbeitsplätze innerhalb der 20 Dorferneuerungsjahre verdreifacht. Große Bedeutung wird dabei regionalen Kooperationen beigemessen. So erfolgt ein ständiger Austausch mit den Gemeinden der Umgebung, die zur Kleinregion „Retzer Land" zusammengeschlossen sind und gemeinsam eine Vielzahl an wirtschaftlichen Projekten mit Schwerpunkt auf dem Tourismus realisieren.

Rückblick und Ausblick

In Obermarkersdorf wird Dorferneuerung seit zwei Jahrzehnten gelebt. Vieles wurde erreicht, manches ist misslungen, immer wieder galt es, nicht nur Erreichtes zu bejubeln, sondern auch Missverständnisse auszuräumen, Niederlagen zu verkraften und Konflikte zu bewältigen. Der grundlegende Erfolg des Dorferneuerungsprozesses in Obermarkersdorf steht aber zweifellos fest und besteht allem voran in einer nachhaltigen Sensibilisierung der Bevölkerung und einer breiten Mobilisierung endogener Ressourcen für gemeinschaftliche Anliegen. Die direkte Miteinbeziehung der GemeindebürgerInnen in Planungs- und Entscheidungsprozesse erwies sich als das wertvollste Potenzial des Ortes und bildet nach wie vor die Grundlage für die Bereitschaft des Einzelnen zur tätigen Mitwirkung.

Aufbauend auf dem bisher Erreichten soll in Zukunft verstärktes Augenmerk auf die wirtschaftliche Weiterentwicklung, insbesondere auf die Förderung des Sanften Tourismus im Einklang mit den Bestrebungen der Kleinregion „Retzer Land" und der "Weinstraße Weinviertel" sowie auf die Förderung der Direktvermarktung von Wein und anderen landwirtschaftlichen Produkten, gelegt werden. Erste Schritte dazu werden derzeit durch die Erarbeitung eines gemeindeweiten Tourismuskonzeptes sowie durch die Abhaltung themenbezogener Feste und Veranstaltungen gesetzt.

Primäre Zielsetzung für die nächsten Jahre ist darüber hinaus die Attraktivierung der Gemeinde als Wohnstandort durch den Erhalt und Ausbau der vorhandenen Infrastruktur, die Schaffung zeitgemäßer Freizeiteinrichtungen, die weitere Förderung regionaltypischer Bauweisen im Ortskern, die Errichtung von Niedrigenergie-Wohnhäusern für junge Familien und die Unterstützung des Gesellschaftslebens im Ort.

Die Vorreiterrolle Obermarkersdorfs hinsichtlich der Dorferneuerung soll eine der Grundlagen für die touristische Angebotsentwicklung sein. Die bei Exkursionen aus anderen Regionen Österreichs und aus den Nachbarländern entstehenden Kontakte sollen in Zukunft zu weitergehender Kooperation und laufendem Informationsaustausch führen.

Werner Grolly ist Bürgermeister der Stadtgemeinde Schrattenthal

Kirchlinteln
6. Europäischer Dorferneuerungspreis 2000

Georg Böttner/Gerd Freese

Die Gemeinde Kirchlinteln in Niedersachsen wurde im Jahr 2000 mit dem Europäischen Dorferneuerungspreis der Europäischen ARGE Landentwicklung und Dorferneuerung ausgezeichnet. Der Preis wurde zuerkannt für die Planung und Entwicklung in der Dorf-Region Lintelner Geest, die fünf Ortschaften der Gemeinde und den dazugehörigen Landschaftsraum im Osten des Landkreises Verden umfasst.

„Kirchlinteln ist ein umfassendes Beispiel für eine ganzheitliche und nachhaltige Dorf- und Regionalentwicklung von herausragender Qualität mit besonders bemerkenswertem sozialen Schwerpunkt und soliden regionalen Wertschöpfungen vor dem Hintergrund eines regionalen Verbundes. Das Tourismusprojekt für Behinderte inmitten der fünf Dörfer signalisiert besondere Vision und Courage. Damit erfüllt die Lintelner Geest die Ausschreibungsbedingungen für den Europäischen Dorferneuerungspreis 2000 unter dem Motto ‚Ohne Zukunft keine Vergangenheit' auf vorbildhafte Weise."

Mit dieser Zusammenfassung von Matthias Reichenbach-Klinke, dem Vorsitzenden der Bewertungskommission, wurden die Erfolge der Dorferneuerung in der Lintelner Geest gewürdigt. Auf der Grundlage der raumeigenen Potenziale konnten zusätzliche Erwerbsquellen in der Landwirtschaft und neue Entwicklungschancen im sozioökonomischen Umfeld initiiert und gefördert werden. Die in Aussicht genommene Fremdenverkehrsentwicklung unter der Leitidee „Sanfte Erholung" ist ein bleibender Kultur- und Wirtschaftsimpuls in der Region geworden. Auf der Grundlage aktiver bürgerschaftlicher Mitwirkung wurde ein Projekt mit hoher Akzeptanz und vielschichtigen Wirkungen angestoßen und umgesetzt.

Nach weiteren fünf Jahren eines auf Dauer und Nachhaltigkeit angelegten Entwicklungsprozesses stellt sich die Frage nach den langfristigen Erfolgen und Perspektiven. Was ist aus den Ansätzen und Maßnahmen geworden? Wie hat sich die Dorf-Region weiterentwickelt? Welche zusätzlichen Effekte konnten erzielt werden? Welche zukunftsweisenden Planungen gibt es?

Wirtschaftliche Erfolge durch Förderung

Bis zum Jahr 1999 waren in der Lintelner Geest im Rahmen des Niedersächsischen Dorferneuerungsprogrammes insgesamt 109 private und öffentliche Vorhaben mit einem Fördervolumen von fast 1 Mio. Euro umgesetzt worden. In der Fortführung dieser Aktivitäten bis Frühjahr 2003 wurden weitere 38 Maßnahmen, also insgesamt 147 Vorhaben, realisiert.

Andere Vorhaben privater wie öffentlicher Träger stehen vor dem Abschluss, weitere neue Ansätze befinden sich in Vorbereitung.

Die Gesamtsumme der staatlichen Förderung wird bis zum Abschluss des Dorferneuerungsvorhabens im Jahr 2006 1,53 Mio. Euro betragen. Dies entspricht geförderten Investitionskosten in Höhe von ca. 5 Mio. Euro. Rechnet man so genannte Mitnahmeeffekte für nicht geförderte Maßnahmen hinzu, so wird damit nach einem Berechnungsschlüssel der ARGE Landentwicklung und Dorferneuerung in der Lintelner Geest ein Investitionsvolumen von mehr als 7,5 Mio. Euro erreicht. Mit einer Wertschöpfung von rund 6 Mio. Euro privaten Vermögens – das entspricht über 3.000,– Euro pro Kopf der im Planungsraum ansässigen Bevölkerung – wird ohne Berücksichtigung von Gewerbesteuern und sonstigen Effekten allein durch den Anteil von Lohnsteuer, Mehrwertsteuer und Sozialabgaben an den Investitionskosten zugleich ein nicht unerheblicher Beitrag zum Staatshaushalt geleistet (Größenordnung ca. 2,8 Mio. Euro).

Diese bereits für sich genommen beeindruckende Bilanz stellt sich noch weit positiver dar, wenn regionalwirtschaftliche Impulse berücksichtigt werden, die sich – von der Dorf-Region Lintelner Geest ausstrahlend – für die Gemeinde Kirchlinteln und darüber hinaus für die gesamte Region ergeben haben. Auch wenn diese Effekte monetär nicht exakt erfasst werden können und sich nicht eindeutig zurechnen lassen, so kann davon ausgegangen werden, dass sie insgesamt zu einer erheblichen Steigerung der Wirtschaftskraft beitragen.

Fortschreibung der Landentwicklungsprogramme

Mit der Fortführung verschiedener Landentwicklungsinstrumente im Planungsraum und in der gesamten Gemeinde werden weitere positive Voraussetzungen für künftige Perspektiven geschaffen. Wie oben bereits erwähnt, sind Förderzeitraum und -kontingent für das Projekt Lintelner Geest mehrfach verlängert bzw. erhöht worden. Diese Signale von Seiten des Landes Niedersachsen werden als Anerkennung für bisherige Leistungen und als Ansporn für künftige Bemühungen betrachtet.

Daneben sind in der Folge weitere Ortschaften der Gemeinde Kirchlinteln in das Niedersächsische Dorferneuerungsprogramm aufgenommen worden. Durch die mit dem zuständigen Amt für Agrarstruktur Verden abgestimmte Schwerpunktsetzung gelang es, sämtliche Ortschaften in die Förderkulisse der EU-Programme PROLAND einzubeziehen.

Schließlich stellt die Aufnahme weiterer Teilräume der Gemeinde in die regionalen Entwicklungskonzepte der Europäischen Gemeinschaftsinitiative Leader+ eine besondere Chance dar. Durch die Einbeziehung der Lintelner Geest in die agrarstrukturelle Entwicklungsplanung und LEADER+-Region „Hohe Heide" und mit der Erweiterung des Kooperationsraumes „Aller-Leinetal" um den Südraum der Gemeinde gelingt es, die planerischen und strukturellen Rahmenbedingungen im gegenseitigen Interesse zu verbessern. Die Lintelner Geest und die Gemeinde Kirchlinteln profitieren von der regionalen Orientierung der Landentwicklungsprojekte und umgekehrt können diese auf die Erfahrungen und Impulse der erfolgreichen Dorferneuerung zurückgreifen.

Neue Projekte in der Dorf-Region

Doch zunächst noch einmal zurück zu den Aktivitäten in der Dorf-Region Lintelner Geest! Da gab es und gibt es zahlreiche private Maßnahmen, die auf die bauliche Erneuerung und regionaltypische Gestaltung der ländlichen Strukturen abzielen. Von der Förderung profitieren kleinteilige Maßnahmen wie der Ersatz schadhafter Bauteile (Mindestförderung 500 Euro) bis zur Komplettsanierung und Umnutzung ehemals landwirtschaftlich genutzter Gebäudesubstanz (Höchstbetrag 20.000 Euro). Neben diesen „ganz normalen" Dorferneuerungsmaßnahmen ist in den vergangenen drei Jahren eine Reihe von Vorhaben durchgeführt worden, die im öffentlichen Interesse liegen und die einen Beitrag zur nachhaltigen Entwicklung der Region leisten.

Natur- und Kulturpfad

Als eine der zentralen öffentlichen Maßnahmen zur Entwicklung der touristischen Infrastruktur wurde der bereits seit Beginn der Dorferneuerungsplanung vorbereitete Natur- und Kulturpfad realisiert. Mit drei ausgeschilderten Routen führt dieser Pfad durch Landschaft und Dörfer. Auf rustikalen Holztafeln wird über die naturräumlichen Qualitäten und die dorfkulturellen Besonderheiten der Region informiert. Offiziell eingeweiht wurde der Natur- und Kulturpfad durch die Lüneburger Regierungspräsidentin, Ulrike Wolff-Gebhardt, im Oktober 2000.

Ausbau der Tragenden Gemeinschaft e. V.

Die Tragende Gemeinschaft in der Ortschaft Schafwinkel präsentiert die Leitvorstellungen der Dorferneuerung in der Dorf-Region Lintelner Geest beispiel-

» Nach meiner Rückkehr aus dem Entwicklungsdienst habe ich die Hofstelle meiner Tante in Schafwinkel übernommen und die Heilpflanzenschule Verden gegründet. Der Ort und die Region bieten mit der landschaftlichen Attraktivität und den bereits im Rahmen der Dorferneuerung entstandenen Einrichtungen einen guten Ansatz. Mein Vorhaben wurde von der Gemeinde und dem Amt für Agrarstruktur Verden wunderbar unterstützt. Durch die Förderung der Baumaßnahmen und der Anlage des Heilpflanzengartens konnte das ganze Projekt gelingen.

In der Heilpflanzenschule werden neben zahlreichen Einzelveranstaltungen auch einjährige Ausbildungslehrgänge auf dem Gebiet der Phytotherapie angeboten. Für diese Veranstaltungen dient der Seminarraum, der zur Zeit auf der Hofstelle ausgebaut wird. Meine Gäste können zudem die gastronomischen Möglichkeiten in Schafwinkel nutzen oder in den örtlichen Ferienwohnungen übernachten.

Inzwischen ist die Pflanzenvielfalt im Heilpflanzengarten nochmals erweitert worden. Jetzt sind mehr als 150 verschiedene Kräuter zu finden, darunter auch zahlreiche Raritäten. Die Neuanpflanzungen unter dem Titel „Verschiedene Getreidesorten: Von Amaranth bis Zuckermais" sind nicht nur für Schulklassen interessant. Die Heilpflanzenschule ist bereits überregional bekannt. Die Heilpflanzentage locken jeden Sommer mehrere Hundert Besucher nach Schafwinkel. «

Margitta Paprotka-Kühne, Diplom-Biologin, Gründerin der Heilpflanzenschule Schafwinkel

haft. Hier wurden zwei ehemalige Hofstellen für ein sozial engagiertes Projekt der Behindertenbetreuung umgenutzt. Im Rahmen des Konzeptes „Ferien von und mit Behinderten" bietet die Einrichtung Tagesbetreuung und Beratung auch für Gäste der Region. In den vergangenen Jahren wurden die Erneuerung und der Ausbau der Einrichtung konsequent fortgesetzt. Mit dem Umbau von Atelier und Gärtnerei sowie der Erweiterung von Wohnräumen wurden sowohl die Lebens- und Arbeitsbedingungen in der Einrichtung als auch das Angebot für Gäste verbessert.

Heilpflanzenschule in Schafwinkel

Die Attraktivität der Region für engagierte und kreative Menschen und Projekte spiegelt sich auch in der Gründung der Heilpflanzenschule Verden wider. Eine Diplom-Biologin hat eine alte Hofstelle übernommen, die Gebäudesubstanz zum Teil erneuert und umgebaut, um ein Wohnhaus ergänzt und einen Kräuterlehrgarten angelegt. Hier finden Kurse und Seminare statt, praktischer Heilpflanzenanbau wird gelehrt und Kräuterwanderungen werden durchgeführt. Diese für Norddeutschland einmalige Einrichtung trägt damit zur Bereicherung der Dorf-Region Lintelner Geest bei.

Ausweitung der touristischen Aktivitäten in der Gemeinde

Die Dorferneuerung in der Lintelner Geest war zu Beginn der 90er-Jahre mit der Zielsetzung angetreten, in einem durch den landwirtschaftlichen Strukturwandel geprägten Raum zusätzliche Erwerbsquellen durch die Fremdenverkehrsentwicklung unter der Leitidee von der „Sanften Erholung" zu erschließen. Dass dies durch die Nutzung der regionalen Potenziale und unter Einbeziehung der örtlichen Akteure gelang, war wesentliche Grundlage für die Verleihung des Europäischen Dorferneuerungspreises 2000. Zugleich ist von dem Projekt und seiner Auszeichnung ein Entwicklungsanstoß ausgegangen, der im Laufe der Jahre die gesamte Gemeinde Kirchlinteln erfasst hat.

Die Erfolge des Projektes waren Anlass für die Ausweitung der touristischen Aktivitäten über den Planungsraum hinaus und für eine Neupositionierung der Gemeindepolitik. Im Jahr 2001 wurde der Tourismusverein Kirchlinteln gegründet. Mittlerweile sind ca. 55 Personen und Betriebe Mitglieder des Vereines, der die Koordination von Angeboten und die Vermittlung von Feriengästen übernimmt. Unter anderem hat der Verein in enger Abstimmung mit der Gemeinde folgende Veröffentlichungen herausgegeben:
- Imagebroschüre Kirchlinteln und Veranstaltungskalender
- Faltblatt und Broschüre „Ferien von und mit Behinderten"
- Beiträge auf der Internetseite www.kirchlinteln.de

Darüber hinaus vertritt der Verein, zum Teil in Zusammenarbeit mit dem Landkreis Verden, die Gemeinde und die gesamte Region auf Messen und Ausstellungen. In Anerkennung der Konzepte und Leistungen wurde das Konzept „Ferien von und mit Behinderten" im Jahr 2002 auf der CMT-Touristikmesse Stuttgart ausgezeichnet und die Gemeinde Kirchlinteln wurde für das pferdefreundliche Engagement durch den Reiterverband Bremen/Niedersachsen gewürdigt.

Vor dem Hintergrund dieser Aktivitäten ist in der Gemeinde eine Reihe von Vorhaben angeregt und schließlich auch umgesetzt worden, deren Entstehung auf die aus der Lintelner Geest abgeleiteten Anregungen und Entwicklungsimpulse zurück geht. Beispielhaft werden hier folgende Projekte aufgeführt:

Info-Büro des Tourismusvereines

Schon Mitte der 90er-Jahre war der Versuch unternommen worden, die ersten fremdenverkehrsbezogenen Ansätze der Lintelner Geest in der so genannten Touristikbörse zu bündeln. Mit der Gründung des Tourismusvereines existiert mittlerweile ein fester organisatorischer Rahmen. Für die Außenwirkung war die Einrichtung eines Informationsbüros an zentraler Stelle im Ort Kirchlinteln von großer Bedeutung. Damit steht eine Anlaufstation für Besucher der Gemeinde zur Verfügung. Hier können sich die Gäste der Region informieren und beraten lassen, von allgemeinen Fragen in der Gemeinde bis zu touristischen Aspekten wie Unterkunftsangebot, Ausflugsziele etc.

Ausbau von Ferienwohnungen

Schon im Rahmen der Dorferneuerung war die Schaffung von Ferienunterkünften in ländlicher Umgebung ein Ansatz zur Sicherung zusätzlicher Einkünfte in der Region. Dabei kam der Erneuerung und Umnutzung ehemals landwirtschaftlicher Bausubstanz besondere Bedeutung zu. Diese Ansätze sind – sicherlich wegen der damit erzielten wirtschaftlichen Erfolge – mittlerweile in der ganzen Gemeinde aufgegriffen worden. Es gibt eine Reihe neuer Ferienwohnungen und Ferienhäuser auch in den neu in die Förderprogramme aufgenommenen Ortschaften. Bemerkenswert ist vor allem, dass einige Quartiergeber ihre Angebote mit Blick auf die Tourismuskonzeption „Ferien von und mit Behinderten" in besonderer Weise auf die Bedürfnisse dieser Menschen ausgerichtet haben.

Umbau einer Hausmeisterwohnung zu Räumen für die Tagesbetreuung

Im Rahmen der Dorferneuerung Lintelner Geest war als besonderes Nischenangebot das Konzept „Ferien von und mit Behinderten" erarbeitet worden. Es sieht eine Kombination von Quartieren in barrierefreien Unterkünften und Angeboten der Tagesbetreuung sowie Freizeitgestaltung für Menschen mit geistigen und/oder körperlichen Beeinträchtigungen vor. Für die Betreuungsleistungen standen bislang vor allem die Einrichtungen der Tragenden Gemeinschaft in Schafwinkel zur Verfügung.

Diese Konzeption aufgreifend hat die Gemeinde die ehemalige Hausmeisterwohnung des Schulzentrums Kirchlinteln mit Unterstützung aus dem ETLR-Programm (Entwicklung typischer Landschaften und Ländlicher Räume) ausgebaut. Hier wurden Räume für die Beschulung und ambulante Betreuung behinderter Menschen sowie für familienentlastende Dienste des Vereines Lebenshilfe im Landkreis Verden e.V. hergerichtet. Diese Räumlichkeiten können als Ergänzungsangebote auch im Rahmen der Tagesbetreuung von Gästen in der Region genutzt werden.

Insgesamt lässt sich feststellen, dass der Tourismus als Wirtschaftsfaktor in der Gemeinde Kirchlinteln eine neue Bedeutung erlangt hat. Von den genannten Projekten und der gesamten Strömung profitieren nicht nur die unmittelbar Betroffenen wie die Gastgeber, sondern auch andere Wirtschaftszweige, z. B. das örtliche Handwerk.

Der ländliche Raum hat im Bewusstsein der Menschen wieder an Qualität gewonnen. Das Dorf wurde und wird in zunehmendem Maße als Lebensraum wiederentdeckt. Dies zeigt sich dadurch, dass z. B. Familien im Dorf geblieben sind oder in die Region zurückkehren. Mit dem Umbau und der Umnutzung alter Bausubstanz trägt die Dorferneuerung in hervorragender Weise zu zeitgemäßen Lösungen bei.

Dies alles funktioniert nur vor dem Hintergrund, dass die Bedingungen für das Wirtschaftsleben in der vom landwirtschaftlichen Strukturwandel erfassten Region verbessert werden konnten. Insbesondere mit der Entwicklung des Landtourismus gelang es, durch die Realisierung öffentlicher Infrastrukturmaßnahmen (z. B. Natur- und Kulturpfad) Anreize für private Investitionen zu geben. Umgekehrt fand die Stärkung der Fremdenverkehrsentwicklung positiven Niederschlag in der Belebung des sozialen und kulturellen Lebens der Gemeinde.

Dass dieser Prozess in Kirchlinteln noch immer in Gang ist und weiter gehende Wirkung entfaltet, zeigen einige projektierte Beispiele, die an die mittlerweile etablierte Tradition der Dorferneuerung anknüpfen:
- Erneuerung der ehemaligen Molkerei in Schafwinkel
- Ausbau des Kinderpflegeheimes Michaelshof
- Umnutzung einer alten Hofstelle zu einem Geestmuseum durch den Heimatverein Kirchlinteln e. V.

Bleibt abschließend festzuhalten, dass es mit dem Dorferneuerungsvorhaben in der Dorf-Region Lintelner Geest gelungen ist, einen qualifizierten Beitrag zur Entwicklung der Lebensbedingungen auf dem Lande zu leisten und positive regionalwirtschaftliche Effekte zu erzielen. Der Planungsraum konnte seine Attraktivität bewahren und neu entwickeln, weil er seine auf den regionalen Potenzialen beruhende Eigenständigkeit entdeckt und zur Grundlage der Entwicklung gemacht hat. Besonders herauszustellen ist, dass die Erfahrungen und Erfolge des Projektes weiter gehende Anstöße für die Entwicklung der gesamten Gemeinde Kirchlinteln gegeben haben und dass das Vorhaben mittlerweile als Trendsetter und Impulsgeber für zahlreiche regionale Landentwicklungsprojekte in ganz Niedersachsen dient.

Mit der Verleihung des Europäischen Dorferneuerungspreises 2000 wurde der begonnene Entwicklungsprozess bekräftigt. Das Bewusstsein um die Erfolge des Geleisteten wurde nachhaltig gestärkt. Die neue Akzeptanz der Dorferneuerung nach innen und der damit verbundene Prestigegewinn nach außen eröffnen zusätzliche Chancen und bieten gute Voraussetzungen für eine positive Gestaltung der Landentwicklung in Kirchlinteln.

Georg Böttner, Dorferneuerungsplaner,
Gerd Freese, Bürgermeister von Kirchlinteln

Großes Walsertal
7. Europäischer Dorferneuerungspreis 2002

Birgit Reutz-Hornsteiner

Das Große Walsertal in Vorarlberg ist das jüngste von der UNESCO anerkannte Biosphärenreservat Österreichs. Die Region wurde am 9. November 2000 von der UNESCO in die Liste der weltweiten Modellregionen für nachhaltiges Leben und Wirtschaften aufgenommen. 2002 gewann die Region Großes Walsertal den Europäischen Dorferneuerungspreis.

Eine Idee wird geboren

Das Große Walsertal, mit einer Fläche von knapp 200 km², liegt mit seinen sechs Gemeinden Thüringerberg, St. Gerold, Blons, Sonntag, Fontanella und Raggal im Süden Vorarlbergs in Österreich. Etwa 3.500 Menschen wohnen in diesem bergbäuerlich geprägten rauen Hochgebirgstal, das sich von 580 bis auf 2.704 m Seehöhe erstreckt. Das von den grünen Flyschbergen und den schroffen Kalkhochalpen charakterisierte Tal ist ein tief eingeschnittenes Kerbtal mit nur spärlichen Talgründen. Es wurde im 13. Jahrhundert von den Walsern, die aus dem Wallis in der Schweiz auswanderten, besiedelt. Noch heute zeugt die typische Streusiedlungsstruktur der Walser, die manche Häuser wie an den Steilhang angepickt erscheinen lässt, von dieser Geschichte.

Das Große Walsertal ist ein Gebiet, in dem es praktisch keine Industrie gibt, dafür aber einzigartige Naturschätze und wertvolle Kulturschätze. Diese Schätze sind die Grundlage für die Lebensqualität der Bewohnerinnen und Bewohner des Tales, für die Landwirtschaft, für den Tourismus, für die Wirtschaft und für den Erfolg der regionalen Produkte. Im Großen Walsertal findet man durchwegs noch „kleine Strukturen" – sei es in der Landwirtschaft, im Gewerbe oder auch im Tourismusbereich. Noch heute herrschen traditionelle Formen der Bewirtschaftung von Kulturlandschaft und Wald vor. Die Region blieb von übermäßigen touristischen und verkehrstechnischen Erschließungen verschont. Diese kleinräumigen Strukturen wurden in der Vergangenheit oft als Nachteil betrachtet – „man habe eben irgendetwas in der Entwicklung verpasst".

Im Tal gibt es knapp 200 landwirtschaftliche Betriebe, von denen immerhin noch die Hälfte im Vollerwerb – in erster Linie in der Viehzucht bzw. Milchwirtschaft – tätig ist. Ein weiterer wichtiger Erwerbszweig der Talbevölkerung ist der Tourismus, der jährlich rund 170.000 Nächtigungen verzeichnet – eine Zahl, die zur Zeit jedoch eher stagnierend bzw. sogar sinkend ist. Über 800 TalbewohnerInnen sind gezwungen, in das nahe gelegene Rheintal oder in den Walgau auszupendeln, um einer Arbeit nachgehen zu können, was demnach zu einer geringen Wertschöpfung in der Talschaft selbst führt.

„Biosphärenpark" – Was ist das?

Biosphärenparks sind von der UNESCO ausgezeichnete Modellregionen für nachhaltiges Leben und Wirtschaften. Weltweit gehören über 400 Regionen diesem internationalen Netzwerk an. Das Große Walsertal wurde von der UNESCO am 10. November 2000 mit dem Gütesiegel Biosphärenpark ausgezeichnet. Natur zu nutzen, ohne ihr zu schaden, so lautet die Devise von Biosphärenparks.

Die Region – das Große Walsertal

- 19.200 ha
- sechs Gemeinden Thüringerberg, Blons, St. Gerold, Sonntag, Fontanella, Raggal
- 3.500 EinwohnerInnen
- ca. 200 Landwirte
- ca. 170.000 Nächtigungen

Wer wir sind

Der Projektträger für den Biosphärenpark ist die Regionalplanungsgemeinschaft Großes Walsertal. Mitglied des REGIO-Hauptausschusses sind die Bürgermeister der sechs Gemeinden sowie der Obmann. Die Regionalplanungsgemeinschaft besteht außerdem aus mehreren Ausschüssen zu verschiedenen Themenbereichen. Die Regionalplanungsgemeinschaft hat eine hauptamtliche Biosphärenparkmanagerin, einen Praktikanten sowie eine Teilzeitsekretärin im Biosphärenparkbüro in Thüringerberg beschäftigt, die sich um die Koordination der Aktivitäten rund um den Biosphärenpark Großes Walsertal kümmern. Damit der Biosphärenpark Großes Walsertal gelebt werden kann, ist die REGIO auf die ehrenamtliche Unterstützung durch die Bevölkerung angewiesen. Die Regionsprojekte werden von der Bevölkerung mit Hilfe der Geschäftsstelle des Biosphärenparks umgesetzt.

Die Bevölkerung im Großen Walsertal wird sich nun immer mehr bewusst, dass diese vermeintliche Krise auch als Chance für eine lebenswerte Zukunft genützt werden kann. Die Walser Bevölkerung und Experten waren sich einig, dass das Große Walsertal Mensch, Natur und Wirtschaft miteinander in Einklang bringen kann und somit als international anerkannte Modellregion prädestiniert ist.

Im Tal herrschte 1998 mehr oder weniger Einigkeit darüber, dass man sich für eine weiterhin lebenswerte Zukunft etwas einfallen lassen musste. Man überlegte sich, im Großen Walsertal eine Regionalentwicklung zu forcieren, die auch noch nachfolgenden Generationen eine hohe Lebensqualität im Tal ermöglichen sollte. Die Idee, nach dem UNESCO-Programm Mensch und Biosphäre, kurz MAB genannt, ein UNESCO-Biosphärenreservat und somit Teil eines weltweiten Netzwerkes von Modellregionen für nachhaltiges Wirtschaften und Leben zu werden, war geboren.

Bioshärenpark: Mensch, Natur und Wirtschaft im Einklang

Dass man über das Große Walsertal jedoch aufgrund seiner einzigartigen Natur- und Kulturschätze nicht einfach eine „Schutz-Käseglocke" stülpen kann, war den Promotoren der Idee „Biosphärenpark" von Beginn an klar. Man war sich einig, dass man im Großen Walsertal eine Entwicklung ankurbeln musste, die sowohl den Menschen im Tal als auch der Natur und der Wirtschaft zugute kommen sollte. Deshalb schien das Programm „Mensch und Biosphäre" der UNESCO für die Ziele im Großen Walsertal bestens geeignet zu sein.

Dieses Programm ist die Basis der von der UNESCO weltweit eingerichteten Biosphärenreservate – es geht in Biosphärenreservaten darum, die Natur zu nutzen, ohne ihr zu schaden. Biosphärenreservate sind auch nicht als reine Naturschutzgebiete konzipiert, aus denen sich der Mensch möglichst zurückziehen sollte, sondern Orte, an denen die Natur beobachtet und erforscht wird, Orte, deren landschaftliche Schätze als Kapital für die Entwicklung von Tourismus, Wirtschaft und Lebensqualität gesehen werden. In einem Biosphärenreservat geht es in erster Linie darum, eine nachhaltige Regionalentwicklung zu fördern, ohne die Lebensgrundlagen für nachfolgende Generationen zu zerstören.

„Partizipation" bereits zum Projektstart

Im Großen Walsertal wurde die Bevölkerung in die Idee, das Große Walsertal zu einem Biosphärenpark zu „machen", gleich zu Beginn im Jahre 1998 aktiv mit eingebunden. Ein Biosphärenpark zu sein ist zwar eine Auszeichnung, richtig lebendig wird eine solche Modellregion jedoch erst, wenn sich die Menschen der Region aktiv an ihrer Zukunftsgestaltung beteiligen.

Fast siebzig Walserinnen und Walser erarbeiteten gemeinsam mit zwei externen Moderatoren ein Leitbild, das die Ziele für das Tal in den nächsten fünf Jahren festschreiben sollte. Durch die aktive Beteiligung der Bevölkerung gelang es, bereits zum Projektstart wichtige Opinion-Leader ins Boot zu holen, was für die Verbreitung und Festigung der „Biosphärenpark-Idee" ein sehr wichtiger Aspekt war. Das Biosphärenpark-Leitbild wurde in mehreren Abend-Workshops von verschiedenen Arbeitsgruppen zu Themenfeldern wie Umwelt, Verkehr, Soziales, Kultur, Bildung, Landwirt-

Eine Region, die (sich) bewegt – unsere Aktivitäten

Ein Biosphärenpark hat nur dann einen Nutzen und wird erst dann so richtig gelebt, wenn möglichst viele Leute aus dem Tal aktiv an Projekten mitarbeiten, die ihre Zukunft lebenswerter machen.

- Errichtung einer Biosphärenpark-Informationsstelle mit Infos und Unterstützung zum Thema Biosphärenpark
  Die regionale Koordinationsstelle in Thüringerberg wurde im Juli 2001 feierlich eröffnet.

- Touristische Imagebroschüre
  Mit dem touristischen Talführer „Komm, lass uns die Welt umarmen!" haben wir versucht, die Idee, die hinter dem Konzept „Biosphärenpark Großes Walsertal" steht, auch dem naturinteressierten Gast zu präsentieren und ein gutes und ansprechendes, talweites Werbe- und Informationsmedium zu schaffen.

- Einheimische und Gäste kaufen in Sonntag ein (Kernteam Sonntag)
  Gästen, die im Skigebiet von Sonntag-Stein eine Hütte buchen, wird der Service der Lebensmittelzustellung geboten. Ab einem Einkaufswert von € 145,- werden die Lebensmittel in speziellen Kisten verpackt bis vor die gebuchte Hütte gebracht. Die Bestellung kann der Gast bequem von zu Hause aus abwickeln. Frische Milch, Brot und andere täglich benötigten Lebensmittel werden bis in die Bergstation der Seilbahnen Sonntag gebracht und können dort vom Gast abgeholt werden. Diese Aktivität des „Lebenswert leben"-Kernteams, des ADEG-Marktes Sonntag und der Seilbahnen Sonntag hat die Stärkung der Nahversorgung zur Grundidee.

schaft, Tourismus und Wirtschaft erstellt. Die Fertigstellung des Leitbildes wurde gebührend gefeiert: Es wurde ein Fest veranstaltet, zu dem die ganze Talbevölkerung eingeladen war – ein Fest, das die Aufbruchstimmung in der Region unterstreichen sollte.

Auch das Logo für den Biosphärenpark wurde nicht von einem professionellen Designer gestaltet. Ein passendes Biosphärenpark-Logo zu kreieren, das war das Thema eines Schülerzeichenwettbewerbs im Großen Walsertal.

Nicht nur aus dem Grund, dass die Walser Bevölkerung gerne Feste feiert, sondern weil es auch in einer gemeinsamen Regionalentwicklung wichtig ist, Meilensteine und Etappenziele gemeinsam zu feiern, wurden sowohl die Ernennung zum Biosphärenpark durch das Land Vorarlberg im Juli 2000 als auch die internationale Auszeichnung durch die UNESCO im Juli 2001 mit einem talweiten Fest gefeiert.

Lebenswert leben

Sehr unterstützend für die Bewusstseinsbildung im Rahmen der Einrichtung des Biosphärenparks erwies sich das Projekt „Lebenswert leben", das vom Büro für Zukunftsfragen beim Amt der Vorarlberger Landesregierung 1997 für verschiedene Vorarlberger Gemeinden initiiert wurde. „Lebenswert leben" ist ein Projekt, bei dem es in erster Linie um Hilfe zur Selbsthilfe bei der Erhaltung der Nahversorgung in Stadt und Land geht. Nahversorgung muss in diesem Zusammenhang jedoch etwas offener und weiter betrachtet werden. In dieser Kampagne geht es nicht nur um die Erhaltung des kleinen Lebensmittelnahversorgers, sondern um viel mehr, nämlich um all das, was die Lebensqualität in einer Gemeinde oder Region bestimmt.

Information & Management als wesentliche Bausteine

Was ist ein Biosphärenpark? Was bedeutet das für mich? Was bringt mir das überhaupt? Solche und ähnliche Fragen beantworteten die Promotoren des Projekts bei verschiedenen Informationsveranstaltungen. Es erwies sich als äußerst wichtig, diese Informationsveranstaltungen auch zielgruppenorientiert durchzuführen. Das heißt konkret, die Bedenken vieler Landwirte vor Einschränkungen in der landwirtschaftlichen Bewirtschaftung zu zerstreuen oder auch den Touristikern den Nutzen, den sie aus der Zertifizierung der Region zum Biosphärenpark und den damit verknüpften Projekten ziehen könnten, aufzuzeigen.

Bereits im Leitbild wurde festgeschrieben, dass sich die Bevölkerung ein talweites Infoblatt wünscht. Seit Juli 2000 gibt es nun den Blickwinkel, der von einem flexiblen Redaktionsteam aus dem Tal gemeinsam mit der Biosphärenparkmanagerin und je nach Thema externen Autorinnen und Autoren alle zwei Monate veröffentlicht wird und über Neuigkeiten im und um den Biosphärenpark berichtet.

Seit 2000 gibt es eine regionale Koordinationsstelle und ein professionelles Management für den Biosphärenpark Großes Walsertal mit einer hauptamtlichen Mitarbeiterin.

Vom Leitbild zur konkreten Umsetzung

Das von der Talbevölkerung erarbeitete Leitbild ist ein Katalog voller Ziele für die nächsten Jahre. Nur die Umsetzung kleiner Teilprojekte macht den Erfolg in kleinen Schritten sichtbar. Um den Biosphärenpark auch für Gäste im Tal erkennbar zu machen, wurde im Rahmen

- Zeitschrift Blickwinkel
  Das Infoblatt des Biosphärenparks wird von einem flexiblen Redaktionsteam gestaltet und informiert alle zwei Monate über Themen rund um den Biosphärenpark sowie über Veranstaltungen im Großen Walsertal.

- EcoMonte
  EcoMonte ist der Kurzname für unser LIFE-Projekt, das im Zeitraum 1. 10. 2001 bis 30. 9. 2004 im Biosphärenpark Großes Walsertal umgesetzt wurde. Dieses LIFE-Projekt wurde organisatorisch von der REGIO gemeinsam mit Partnern (Umweltabteilung, Energieinstitut und Büro für Zukunftsfragen) koordiniert und mit Hilfe von verschiedenen Arbeitsgruppen im Tal und externen Fachleuten umgesetzt. Schwerpunkte von EcoMonte waren Projekte zu den Themen „Nachhaltige Tourismus-Umweltbildung" und „Erneuerbare Energie". EcoMonte war auch der Name der projektbegleitenden Zeitschrift, die alle zwei Monate mit dem Blickwinkel erschien.

- Walser-EigenArt-Vitrine
  In einer von heimischen Handwerkern gefertigten Vitrine werden kunsthandwerkliche Gegenstände von verschiedenen KünstlerInnen im Tal ausgestellt und vorerst an drei Standorten im Tal zum Verkauf angeboten. In einer Broschüre werden die KünstlerInnen vorgestellt und spezielle Angebote wie Atelierbesuche, Kurse zum Mitmachen usw. präsentiert.

- Wasserkrug und Wasserglas
  Um auf die besondere Qualität des Wassers im UNESCO-Biosphärenpark Großes Walsertal aufmerksam zu machen und zum Nachfragen anzuregen, wurden Wasserkrüge und Gläser mit dem Biosphärenpark-Logo graviert, in denen der Gast frisches Quellwasser zu seinem Essen serviert bekommt.

- Abenteuer Biosphärenpark
  Eine zentrale Funktion von Biosphärenparks ist neben der Schutz- und Entwicklungsfunktion auch die Bildungsfunktion. Unter dem Motto „Abenteuer Biosphärenpark" werden Naturerlebniswochen und -tage mit professionell ausgebildeten BetreuerInnen angeboten. Gästen, SchülerInnen und Einheimischen wird der Natur- und Kulturraum des Großen Walsertals mit ökopädagogischen Methoden näher gebracht.

- Bergkräutertee
  Gemeinsam soll Bergkräutertee aus dem Biosphärenpark Großes Walsertal vermarktet werden (z. B. an ein großes Teehaus in Wien mit Infos über den Biosphärenpark). Parallel dazu finden Teeabende statt, bei denen vor allem alte Menschen über die Kunst des Teesammelns und -mischens, über die Heilwirkung der Kräuter usw. erzählen. Partnergasthäuser im Tal, die neben dem normalen Teebeuteltee auch speziell den Bergkräutertee aus dem Großen Walsertal servieren, sind: Lari-Fari in Faschina, Hotel Post in Fontanella, Hotel Schäfer in Fontanella, Hotel Walserhof und Hotel Faschina in Faschina.

- Partnerbetriebe Biosphärenpark Großes Walsertal
  Gemeinsam mit den Gastronomiebetrieben im Biosphärenpark Großes Walsertal wurden Kriterien im Sinne der Biosphärenpark-Idee ausgearbeitet, die in den Betrieben eingehalten und umgesetzt werden. Alle diese Pflichtkriterien und einige Vorschläge für „freiwillige" Kriterien sowie alle Partnerbetriebe sind in einer Broschüre aufgelistet, die im Biosphärenparkbüro, den drei Tourismusbüros und in den Partnerbetrieben erhältlich ist. Alle Partnerbetriebe haben eine Glasplakette erhalten, die außen auf den ausgezeichneten Betrieb aufmerksam macht.

des Projekts „Genussspechte" ein eigenes Speisekartenblatt kreiert, das im Speziellen für Speisen mit Produkten aus der Region verwendet wird. Ein kulinarischer Austausch findet bereits mit dem Nationalpark und Biosphärenreservat Neusiedler See statt: Das Große Walsertal bezieht einen „Biosphärenpark-Wein" aus der burgenländischen Region als Bereicherung für den schmackhaften Bergkäse. Für die Zukunft ist geplant, im Gegenzug auch den „Walserstolz"-Bergkäse in der Weinregion Neusiedler See zu vermarkten.

Um den öffentlichen Verkehr zu fördern, wurden einige Mautstraßen im Großen Walsertal für den Individualverkehr geschlossen, auf diesen verkehrt nun in Kooperation mit dem öffentlichen Personennahverkehr in Vorarlberg sowie einheimischen Busunternehmen seit Sommer 2000 ein Wanderbus, der Besucherinnen und Besucher umweltfreundlich an ihre Wanderziele bringen soll.

„Walserstolz" und „Die köstliche Kiste"

Die Walser Bauern haben sich zusammengetan, um ihre Erzeugnisse, hauptsächlich Käse aus Rohmilch, gemeinsam zu vermarkten. Mit ihrem eigenen Produkt „Walserstolz"-Bergkäse ist es ihnen gelungen, einen Milchpreis zu erzielen, der es ermöglicht, die traditionelle Art der Landwirtschaft in einem rauen Berggebiet beibehalten zu können.

„Die köstliche Kiste" ist eine von Tischlern des Tales aus heimischem Holz gefertigte Kiste, die mit kulinarischen Genüssen aus dem Großen Walsertal gefüllt wird. Das Projekt wurde zur besseren Vermarktung der landwirtschaftlichen Produkte aus dem Tal ins Leben gerufen. Projektbeteiligte sind Bauern und Bäuerinnen, die Sennereigemeinschaft sowie einige Tischler des Tales.

- **Energieberatungsstelle**
  Seit September 2002 gibt es im Großen Walsertal eine eigene Energieberatungsstelle, in der BewohnerInnen des Tales Unterstützung für möglichst energieeffizientes Bauen, Heizen mit erneuerbaren Energieressourcen, Förderungen usw. erhalten. Die sechs Gemeinden des Großen Walsertales beabsichten, bei Bauvorhaben eine verpflichtende Energieberatung einzuführen, um der Anforderung einer energieeffizienten Region auch wirklich gerecht zu werden.

- **Bildband von Nikolaus Walter**
  Der bekannte Vorarlberger Fotograf Nikolaus Walter hat eine fotografische Dokumentation über das Große Walsertal erstellt. Bereits 1976 begann er mit seinen fotografischen Exkursionen ins Große Walsertal, sein Interesse an dieser Region und ihren Menschen ist bis heute ungebrochen – seine Eindrücke sind in einer Schwarz-Weiß-Fotodokumentation festgehalten.

- **Bau-Verwaltungsgemeinschaft Großes Walsertal**
  Am 1. Mai 2003 hat das gemeinsame „Bauamt" der sechs Gemeinden des Großen Walsertales in Raggal seine Tätigkeit aufgenommen. Damit wurde erstmals in Vorarlberg eine im Gemeindegesetz schon lange vorgesehene Möglichkeit der Zusammenarbeit umgesetzt. Ziel dieser Verwaltungsgemeinschaft ist einerseits die Entlastung der Bürgermeister und der örtlichen Gemeindeämter in baurechtlichen Verfahren sowie eine Verbesserung der Effizienz und rechtlichen Qualität der Baurechtsverwaltung. Andererseits soll auch die Beratung der BauinteressentInnen und BauwerberInnen in rechtlichen, energie- und sonstigen bautechnischen sowie baugestalterischen Fragen in Zusammenarbeit mit Dienststellen des Landes und anderen Institutionen intensiviert werden.

Umweltbildung & Energie & Marke Bergholz

Eine wesentliche Aufgabe von Biosphärenreservaten ist die Umweltforschung und Umweltbildung. Unsere Form der Umweltbildung im Großen Walsertal nennt sich das „Abenteuer Biosphärenpark". „Abenteuer Biosphärenpark" sind ökosoziale Natur-Erlebniswochen und -tage für Schulen, Familien und Gäste zu verschiedenen Themen im Großen Walsertal.

Auch Solarenergie und Heizen mit Biomasse werden in der Region groß geschrieben. Das Große Walsertal hat sich zum Ziel gesetzt, im Rahmen des Energieprogramms e5 zur energieeffizienten Region zu werden. Eine eigene Energieberatungsstelle, ein großes Biomasseheizwerk sowie eine Brennholzbörse sind wichtige Beiträge zur Erreichung dieses Zieles.

Das Projekt „Bergholz aus dem Biosphärenpark Großes Walsertal" ist ein Projekt zur sinnvollen und nachhaltigen Nutzung des Bergholzes im Tal und zu dessen hochwertiger Ver- und Bearbeitung durch qualifizierte Betriebe. Alle größeren Forsteigentümer, alle Gemeinden des Tales sowie zehn Handwerksbetriebe sind an diesem Projekt beteiligt. Neben seiner ökonomischen Dimension hat dieses Vorhaben auch in sozialer Hinsicht eine große Bedeutung für die Talschaft: Es werden Betriebe in ihrer Existenz gesichert und qualifizierte Arbeitsplätze erhalten oder sogar neue geschaffen.

Hemmschuhe und Erfolgsfaktoren

Nicht selten wurde – insbesondere bei Diskussionen um eine nachhaltige Tourismusentwicklung des Großen Walsertales – der Ruf laut „Das hatten wir schon". Es hat sich erwiesen, dass Stammtischgespräche und Gerüchte viel schneller die Runde machen als die fundierten Informationen der Projektinitiatoren. Zu Beginn äußerten insbesondere Landwirte massive Befürchtungen betreffend neuer Einschränkungen. Kritisieren ist leicht – Mitmachen wäre besser: Sehr oft sieht man sich mit Kritik konfrontiert – diese kommt vielfach von Leuten, die selbst nicht aktiv beim Projekt mit dabei sind, zu wenig informiert sind, den Schuldigen für sämtliche Entwicklungen im Tal beim „ominösen" Biosphärenpark sehen. Wichtig wäre es, auch diese Leute zur Partizipation zu bewegen.

Wesentliche Erfolgsfaktoren für das Gelingen des Projekts waren die aktive Beteiligung der Talbevölkerung, die gemeinsame Erarbeitung des Leitbildes und Exkursionen in Regionen mit ähnlichen Problemen und Zielen. Ein Grundstein für den Erfolg waren weiters die Opinion-Leader, die sehr früh ins Boot geholt werden konnten. Sehr gut funktioniert nach wie vor die Zusammenarbeit mit den verschiedenen Landesabteilungen. Nicht zu vergessen ist dabei auch die begleitende Öffentlichkeitsarbeit, damit die Bevölkerung spürt, dass sich etwas tut.

An Projekten und Ideen für die nächsten Jahre mangelt es nicht, das Leitbild wartet darauf, in vielen kleinen Schritten umgesetzt zu werden. Für die Umsetzung müssen jedoch noch die geeigneten Finanzierungs- und Förderungsmöglichkeiten in Kraft treten. Mit der finanziellen Hilfe von EU, Land und Bund erhofft man sich im Großen Walsertal einen nicht nur touristischen Aufschwung der Region.

Wichtig wird es in Zukunft sein, den (anfänglichen) Enthusiasmus der Promotoren, die Bereitschaft der Walserinnen und Walser zur Mitarbeit sowie die Motivation der Menschen im Tal, ihre Zukunft selbst in die Hand zu nehmen, aufrecht zu erhalten. Der Gewinn des Europäischen Dorferneuerungspreises 2002, der die BewohnerInnen des Großen Walsertals sehr gefreut hat, leistet dazu einen wertvollen Beitrag.

Birgit Reutz-Hornsteiner, Biosphärenparkmanagerin

Großes Walsertal

Ummendorf
8. Europäischer Dorferneuerungspreis 2004
Reinhard Falke

Das knapp über 1.000 EinwohnerInnen zählende Ummendorf liegt im nordwestlichen Teil der Magdeburger Börde, die mit ihren Schwarzerdeböden zu den fruchtbarsten Landschaften Mitteleuropas gehört, rund zehn Kilometer von der ehemaligen innerdeutschen Grenze entfernt und war in den Jahrzehnten vor der Wende von jeglichen Entwicklungsimpulsen ausgeschlossen. Aus einer fast aussichtslosen Situation startete die hoch motivierte und eigeninitiative Dorfgemeinschaft, angeregt durch eine Partnerschaft mit einem niedersächsischen Dorf, unmittelbar nach der Grenzöffnung ein Dorferneuerungsprogramm mit zahlreichen, vielfältigen und nicht zuletzt auch aufeinander abgestimmten Maßnahmen, die zu sozioökonomischer Stabilität und kultureller Aufbruchstimmung geführt haben.

Ganz allgemein ist es Entwicklungsziel für Ummendorf, in der globalisierten Welt und der mediengeprägten europäischen Gesellschaft des 21. Jahrhunderts durch Einzigartigkeit und Unverwechselbarkeit attraktiv zu bleiben. Anregungen hierfür versucht man durch eine bewusste Auseinandersetzung mit der historischen Entwicklung und den landschaftlichen Gegebenheiten zu erhalten.

Ausgangspunkt, Methoden und Strategien

Der soziale und strukturelle Umbruch 1989/90 erforderte Überlegungen, wie der Ort Ummendorf an Lebensqualität gewinnen könnte, um eine größere Abwanderung, insbesondere jüngerer Menschen, zu verhindern. Um der Komplexität der Aufgabe gerecht zu werden, wurde nach mehreren Bürgerversammlungen bereits im August 1990 die Planungsgruppe Witt aus Braunschweig mit der Dorferneuerungsplanung beauftragt. Fehlende Planungsunterlagen erforderten, den gesamten Ort einschließlich aller Gebäude und Bäume zeichnerisch zu erfassen. Damit wurde eine außergewöhnliche Grundlage für die Zukunft geschaffen.

Neben dem Planungsbüro und den Gemeinderäten war eine örtliche Arbeitsgruppe, die sich aus ca. 30 VereinsvertreterInnen, Personen öffentlicher Einrichtungen und Privatpersonen zusammensetzte, tätig. In elf Arbeitskreissitzungen und drei Bürgerversammlungen wurden bis September 1991 folgende Themen konzipiert:
- Nutzungsstruktur, Bauleitplanung
- Entwicklung der Landwirtschaft
- Ortsbildanalyse, Denkmalschutz, Gebäudesanierung, Ortsgestaltungsrichtlinien
- Straßenraum- und Platzsanierung
- Ökologische Bestandsaufnahme und Grüngestaltung

In gemeinsamer Arbeit wurde eine Prioritätenliste erstellt, die unabhängig von den Eigentumsformen als

Besonderheiten

- 1.000 UmmendorferInnen verkörpern 2.000 Mitglieder in den örtlichen Vereinen.
- Vereine arbeiten netzwerkartig im sozialen, sportlichen und kulturellen Leben zusammen.
- Zugezogene fühlen sich in Ummendorf viel schneller zu Hause als anderswo.
- Überdurchschnittlich viele BürgerInnen gehören der evangelischen Kirchengemeinde an.
- Ein Achtel der Gemeindeflur steht unter Landschafts- und Naturschutz.
- Die Burg Ummendorf im Ortskern, früher Amtssitz und preußische Domäne, beherbergt heute neben anderen das durch den Bördekreis getragene Börde-Museum, das Regionalmuseum für die Magdeburger Börde. Einzigartige Attraktion: musealer botanischer Schaugarten für Nutzpflanzen mit 400 Arten.

Landwirtschaft, Kulturlandschaft und Umwelt

- Verarbeitung von Obst zu Most und Wein
- Neuansiedlung von landwirtschaftlichen Betrieben
- Ökologisch wirtschaftender Ziegenhof mit ca. 90 Ziegen, Versorgung der Bevölkerung mit Ziegenkäse und anderen Milchprodukten
- Agrargenossenschaft; Produktion von Kuhmilch
- Umgestaltung einer ehemaligen Gartenanlage zu einer Streuobstwiese für Schafhaltung zur Wolle-Produktion
- Baumpflanzaktion des Ummendorfer Bürgerforums und der Jagdgenossenschaft, seit 1990 ca. 3.000 Laubbäume
- Anlage von Hecken und Strauchgruppen
- Landschaftsplan
- Gehölzschutzordnung
- Flächennutzungsplan

Empfehlung für die Vergabe von Fördermitteln diente. Der Einsatz von ca. 850.000 Euro Fördermitteln erleichterte die Wandlung Ummendorfs vom früher überwiegend landwirtschaftlich geprägten Ort zum Wohn-, Erholungs- und Fremdenverkehrsort.

Der Gemeinderat hat aufbauend auf den oben genannten Grundlagen Pläne und Satzungen, etwa den Flächennutzungsplan, den Grünordnungsplan oder die örtlichen Bauvorschriften, erarbeitet und beschlossen. Mit der Gründung der Verwaltungsgemeinschaft „Allerquelle" (1994) kam der Arbeit des Gemeinderates eine etwas veränderte Rolle zu.

Die Interessen des Dorfes müssen im Vorfeld von Entscheidungen eingebracht werden. Die intensive Mitwirkung von berufenen BürgerInnen in den Ausschüssen der Gemeinde garantiert dabei eine breite Basis. Geht es um konkrete Projekte, so werden alle Betroffenen und Interessierten eingeladen, ihre Wünsche, Anliegen und Vorschläge vorzubringen. In der Regel gibt es dazu auch Ortstermine. Nach erfolgter Planung gibt es nochmals eine Anhörung der betroffenen BürgerInnen, ehe es zur Auftragsvergabe oder zu Satzungsbeschlüssen kommt. Insbesondere größere Bau- und Begrünungsprojekte werden in Ummendorf generell bereits in der Vorbereitungsphase öffentlich vorgestellt, dabei sind Planer, Projektanten sowie VertreterInnen der Verwaltung und des Gemeinderates anwesend. Hinweise der BürgerInnen können so unmittelbar aufgenommen und berücksichtigt werden. Ebenso werden Entwürfe stets auch in Gemeinderatssitzungen präsentiert.

Projekte basieren auf dem Dorfentwicklungsplan bzw. sind eine Fortschreibung dessen. Die Umsetzung des Dorferneuerungsprogramms erfolgte zur Gänze und in jeder Projektphase unter fachlicher Begleitung durch die Planungsgruppe.

Siedlungsentwicklung, Bauen und Nutzen

Die Sozialverträglichkeit genießt in Ummendorf einen vorrangigen Stellenwert. So gibt es wiederkehrende Straßenausbaubeiträge für das ganze Dorfgebiet, damit kein Grundstücks-Eigentümer überlastet wird und ein Ausgleich eventuell erhaltener Fördermittel für den Straßenbau innerhalb der Dorfgemeinschaft gewährleistet ist. Bei allen politischen Entscheidungen wird darauf Bedacht genommen, den Interessen der BürgerInnen und jenen der Gemeinschaft in gleicher Weise gerecht zu werden. Dies betrifft den Bereich Erschließungsrecht, das Wohnungsangebot und Fragen der Neubauentwicklung, wo es gelungen ist, etwa 50 kommunale Wohneinheiten in Stand zu setzen und damit sinnvolle Alternativen zum Ressourcen verschwendenden Individualhausbau anzubieten, die noch dazu von der Bevölkerung bevorzugt angenommen werden.

Die Erhaltung, Wiederherstellung und Pflege historischer Ortsbild prägender Bausubstanz ist erklärtes Ziel der Gemeinde. Bei der Gestaltung öffentlicher Bereiche wie Straßen, Wege oder Parkflächen werden nach Möglichkeit natürliche Baustoffe einbezogen und so der dörfliche Charakter des jeweiligen Straßenzuges bewahrt.

Die Gemeinde Ummendorf hat in ihrem Flächennutzungsplan von 1991 kleinere Neubaugebiete ausgewiesen, die sich in die vorhandene Bebauung einfügen und durch Anschluss an das vorhandene Straßen- und Ver-/Entsorgungsnetz Ressourcen sparend sind. Außerdem erfolgte eine Lückenbebauung, ohne die zahlreichen Hausgärten des Ortes zu beeinträchtigen.

Ortsbild prägend ist die historische Burganlage in der Mitte des Ortes, die sich seit 1919 in Gemeindebesitz befindet. Seit 1924 sind hier die Grundschule und das heutige „Börde-Museum Burg Ummendorf" unter einem Dach untergebracht. Außerdem ist der Bereich der Vorburg zu Wohnungen bzw. Siedlerstellen umgenutzt worden. Seit 1990 erfolgten umfangreiche Instandsetzungsarbeiten, um die Burg als über die Kreisgrenzen hinaus bekanntes Kulturzentrum weiter zu entwickeln. Nach Arbeiten an den Dachflächen und dem mittelalterlichen Torhaus wurden die Heizungs- und Sanitäranlagen von Schule und Museum modernisiert. Auch die Mauern des Burggrabens wurden wieder hergerichtet. Diese historischen Außenanlagen beherbergen den Schulhof, einen Skulpturen-Park, den Kräutergarten und die Landmaschinenausstellung.

Das barocke „Lusthaus" konnte im Jahr 2000 saniert werden und dient jetzt als Informationspavillon für den umfangreichen Kräutergarten mit ca. 400 Pflanzen. Als besonders aufwendig erwies sich der Neubau des Dachgestühls nach historischem Vorbild.

Die Sanierung des Denkmal geschützten „Heinemanns Hof", einer typischen ostfälischen Vierseitanlage von 1794, erfolgte mit dem Ziel, den Kindern der Grundschule das Alltagsleben vergangener Zeiten näher zu bringen. Getragen wird das Projekt durch die Grundschule, das „Börde-Museum" und den Schulverein. Der dazugehörige Bauerngarten, um 1900 angelegt, wurde nach einem prämierten Modellvorhaben umgestaltet und zeichnet sich durch die Integration von Schulgarten, historisch authentischem Bereich und ökologischer Zone aus. Eine Theaterscheune, Stallungen und Werkstätten ergänzen das Ensemble. Es wurde begonnen, eine „Künstler-Wohnung" aus der ehemaligen Knechtstube im Stall zu schaffen. Der Hof ist auch Domizil einiger Vereine.

Weitere Highlights

- Umbau einer großen Scheune zu einem modernen Feuerwehrhaus.
- Einrichtung eines Dorfladens, Getränke- und Futtermittelhandels in einem alten Schafstall.
- Umnutzung eines alten Stall- und Werkstattgebäudes zu einer Tischlerei.
- Aufbau eines modernen Landwirtschaftsbetriebes durch Zusammenlegung zweier Hofflächen unter Sanierung der historischen Wohngebäude.
- Ausbau leer stehender Geschäftsräume und Dachgeschosse unter Wahrung der Bausubstanz durch die Gemeinde und zahlreiche Privatpersonen.
- Für das soziale Leben sind die neu geschaffenen Betriebsräume der „Häuslichen Krankenpflege Oppermann & Schmidt" (Gemeinde) und vier Einraumwohnungen für betreutes Wohnen in einem ehemaligen Gasthof von Bedeutung.
- Zahlreiche Privatinitiativen zur Nutzung der historischen Bausubstanz.
- Neubau eines Wohnhauses unter Kombination von Fachwerk und heimischem Sandstein.
- Erhaltung der „Scholle" als typische historische „Neubausiedlung", die zwischen 1910 und 1920 bei der Aufsiedlung der Domänenflächen angelegt wurde.

Umwelt und Energie

Ein großes Anliegen der Ummendorfer BürgerInnen ist der Umweltschutz. Eine erste Initiative gegen den gedankenlosen Umgang mit der Natur entstand bereits in der Wendezeit 1989/1990, als in unmittelbarer Nähe Ummendorfs eine Müllverbrennungsanlage geplant wurde. Eine Großkundgebung, die Ummendorfer BürgerInnen organisierten, verhinderte schließlich den Bau. Seit Ende der neunziger Jahre finden alle zwei Jahre Umwelttage statt, die von einer Arbeitsgruppe vorbereitet werden. An diesen Tagen werden ökologische Projekte vorgestellt und es finden Ausstellungen und Bildungsveranstaltungen zum Thema statt. Inzwischen haben die Umwelttage bereits eine überregionale Bedeutung gewonnen.

Es wurde ein getrenntes Regen- und Abwassersystem aufgebaut – ca. 65 Prozent der Haushalte sind angeschlossen. Dadurch wird der Schadstoffeintrag in die „Allerwiesen" vermindert, die, wie das „Selsche Bruch", als Landschaftsschutzgebiet eingestuft worden ist.

Zurzeit werden Möglichkeiten zum rentablen Betrieb einer Biogasanlage auf dem Viehhof der Agrargenossenschaft geprüft, wo neben der Stromerzeugung auch eine Nutzung der Abwärme angestrebt wird. Bis Oktober 2006 entsteht eine Jugendbauhütte mit Mehrfachnutzung, wie Pensionszimmer für Fahrradtouristen, Schlossladen für die Direktvermarktung Ummendorfer Produkte, ein Büro für die Vernetzungsstelle zur Vorbereitung der Feierlichkeiten um den 9. Europäischen Dorferneuerungspreis usw. Dieses Gebäude mit einer Nutzungsfläche von 2 x 150 m² soll mit Fernwärme aus der Biogasanlage beheizt werden.

Der Ziegenhof nutzt seit 1995 eine Photovoltaikanlage zur eigenen Energieversorgung. Seit einigen Jahren nutzen mehrere Privatpersonen Solarenergie zum Heizen. Für das neu gestaltete Jugend- und Sportzentrum wurde 2004 eine Solaranlage zur Gewinnung von Warmwasser installiert.

Kulturinitiativen und Weiterbildung im Dorf

Während der Wende 1990 entstand die „Arbeitsgruppe Dorferneuerung", in der etwa 30 BürgerInnen gemeinsam mit dem zuständigen Architekturbüro ein Konzept für die bauliche Gestaltung des Dorfes erarbeiteten. Die 850-Jahr-Feier des Dorfes im Jahre 1995 wurde von einem Festkomitee vorbereitet, dem etwa 40 EinwohnerInnen Ummendorfs angehörten. Sie gab den Anstoß zur intensiven Beschäftigung mit der Geschichte des Dorfes und künftigen Gemeinschaft stiftenden Veranstaltungen. Im Jahre 1995 wurde das „Ummendorfer Burgtheater e. V." gegründet, ein Laienspieltheater, dem 80 Mitglieder angehören, darunter 50 Laien. Mehr als die Hälfte der DarstellerInnen sind Kinder und Jugendliche unter 30 Jahren. Es bringt Stücke zur Aufführung, die über die Ummendorfer Dorfgeschichte, aber auch über die Geschichte der Region erzählen. Die Aufführungen erfreuen sich großen Zuspruchs bei der Bevölkerung und haben überregionale Bedeutung erlangt. Die Texte zu den Theateraufführungen werden vom Ummendorfer Pfarrer verfasst. Die Beschäftigung mit den geschichtlichen Wurzeln des Dorfes und der Region stärkt die Identität der Dorfbevölkerung und nicht zuletzt auch das Selbstbewusstsein der LaiendarstellerInnen. Das gemeinsame Üben und die Vorstellungen schaffen ein besonderes Gemeinschaftsgefühl.

Eine Verbindung von Regionalgeschichte, Naturverbundenheit und Gemeinschaftserlebnis wird bei den jährlich stattfindenden Wanderungen zu umliegenden Dörfern hergestellt. Damit steigt nicht nur das heimatkundliche Interesse der Bevölkerung, sondern werden

auch die Kontakte mit EinwohnerInnen der Nachbarorte vertieft.

Eine besondere Stellung unter den kulturellen Initiativen des Dorfes nimmt das Börde-Museum ein. Neben den überregional bedeutsamen Großveranstaltungen (Treffen historischer Fahrzeuge, historischer Handwerkermarkt, Großkonzerte im Rahmen des Ummendorfer Burgsommers, Weihnachtsmarkt) findet eine Vielzahl von kleineren Veranstaltungen statt (Burgschmaus, Lesungen, Kammerkonzerte u. a.), die Einblick in die Lebensgewohnheiten vergangener Generationen geben und als wichtige Bildungsveranstaltungen anzusehen sind.

Eine über die Region hinaus bekannte Einrichtung befindet sich im Zentrum des Dorfes, der „Heinemanns Hof", wo mit Museum, Grundschule und Gemeinde eine einzigartige kulturelle Bildungseinrichtung geschaffen wurde. Im Erdgeschoss des Bauernhauses lernen die Kinder im Rahmen des Schulgartenunterrichts und in Projektwochen während der Ferien alte hauswirtschaftliche Fertigkeiten wie Einkochen, Kochen nach alten Rezepten, Zubereitung von selbst angebautem Obst und Gemüse, Fütterung von Kleintieren wie Tauben, Kaninchen und Hühner.

Ummendorf besitzt drei öffentliche Bibliotheken, die von der Dorfbevölkerung genutzt werden können: die Schulbibliothek in der Grundschule, die Evangelische Gemeindebücherei im Pfarrhaus und die Museumsbibliothek im Börde-Museum.

Soziokulturelle und soziale Qualitäten und Einrichtungen

Die Evangelische Kirchengemeinde Ummendorf setzt besonders viele Initiativen, insbesondere in der Frauenarbeit. So treffen sich monatlich junge Frauen zum „Evangelischen Frauenkreis", um sich auszutauschen. Der Evangelischen Frauenhilfe Ummendorfs gehören etwa 25 Frauen an, die sich vorrangig darum bemühen, alte und zumeist allein stehende Frauen aus ihrer Einsamkeit zu holen. Mehrmals jährlich findet das „Frühstück für Frauen" statt, eine Initiative, um arbeitslose Frauen zu unterstützen. Dem gemeinsamen Frühstück folgt in der Regel eine Bildungsveranstaltung zu unterschiedlichen Themen,

angepasst an die Altersgruppe. Inzwischen machen auch Frauen umliegender Dörfer von diesem Angebot Gebrauch. Eine ehrenamtliche Mitarbeiterinnen-Gruppe bereitet dieses „Frühstück für Frauen" unter der Leitung der Pfarrerin vor.

Der jüngste Verein des Dorfes ist der „Trachten- und Brauchtumsverein", der sich um die Weiterführung der Dorfchronik bemüht. Bei Dorffesten, Ernte(dank)-festen und am jährlichen Sachsen-Anhalt-Tag tritt der Verein in historischen Trachten in Erscheinung. Die Mitglieder lassen alte Ummendorfer Traditionen wieder aufleben – Aufstellen des Maibaumes, gemeinsames Stollenbacken, Schlachtfeste, Kochen von Wochensuppen für Wöchnerinnen, Durchführung von historischen Getreide-, Kartoffel- und Kohlernten usw. Mit dem Erlös eines jährlich stattfindenden Flohmarkts werden verschiedene Dorfprojekte wie beispielsweise die Kindertagesstätte und notwendig gewordene Bauarbeiten am Kirchengebäude unterstützt. Insgesamt trägt der Verein zum Zusammenhalt im Dorf und zum Bewahren alter Traditionen vor dem Vergessen bei. Außerdem erfüllt er einen wichtigen Bildungsauftrag.

Erwähnung verdienen auch weitere sehr aktive und engagierte Vereine wie die Marinekameradschaft, der Ummendorfer Sportverein und der Jugendclub mit Schalmaienkapelle, der sinnvolle Freizeitgestaltung für Jugendliche von 14 bis 18 Jahren bietet.

In der Kindertagesstätte mit Hortbetreuung gibt es rund 55 Plätze mit einer Ganztagsbetreuung für Kinder von 0 bis zehn Jahren sowie Erziehung und Bildung von Vorschul- und Hortkindern. Die Grundschule „Burg Ummendorf" ist eine Bildungseinrichtung von der 1. bis zur 4. Klasse mit Freizeitangeboten wie Töpfern, Handarbeiten, Musizieren, Tanzen, Kleintierbetreuung und anderem mehr.

Besondere Aufmerksamkeit wird auch der Integration Behinderter in das dörfliche Wirtschaften und Leben geschenkt, wie mehrere Initiativen, etwa die Bereitstellung von Praxisplätzen in den örtlichen Betrieben für behinderte SchülerInnen, beweisen.

Wir haben noch viel vor!

Ummendorf ist stolz darauf, mit dem Europäischen Dorferneuerungspreis 2004 ausgezeichnet worden zu sein. Wir werden alles daran setzen, dem Urteil der Wettbewerbsjury auch in Zukunft gerecht zu werden: „Ummendorf ist ein überzeugendes Beispiel dafür, wie über eine vorbildhafte Bürgereinbindung und einen intelligenten Umgang mit den eigenen Stärken aus einer fast aussichtslosen Ausgangsposition heraus eine unglaubliche Eigenkraft von großer Ausstrahlung entwickelt und der Aufbruch zur Einzigartigkeit geschafft werden kann. Ummendorf vermag damit allen Dörfern und ländlichen Gemeinschaften Europas Mut zum Engagement und Hoffnung auf den Erfolg zu geben."

Reinhard Falke, Bürgermeister der Gemeinde Ummendorf

beachtensWERT

Europäischer Dorferneuerungspreis – Intentionen & Entwicklungen des Wettbewerbs

Matthias Reichenbach-Klinke

Meine ersten Berührungen mit dem Wettbewerb erfolgten 1994, als ich über den damaligen Juryvorsitzenden Prof. Wilhelm Landzettel und die Geschäftsstelle in Wien zum Jurymitglied ernannt wurde. Bereits hier begegnete mir die unglaubliche Intensität der Diskussion mit den Wettbewerbsteilnehmern und den übrigen Jurymitgliedern. Seit 1996 als Juryvorsitzender fesselt mich die Aufgabe – wie alle Jurymitglieder – fast wie eine „Droge", da sich in den Dörfern die Entwicklungsimpulse verstärken und in ihrem Ideenreichtum die gesamte Gesellschaft vermehrt interessieren sollten. Daher bin ich dankbar und froh, dass „unsere wahrhaft europäische Initiative" über diese Zusammenschau einer größeren Öffentlichkeit bekannt werden kann.

Jeder Wettbewerb benötigt für seine Auslobung inhaltliche und formale Rahmenbedingungen. Die Europäische ARGE hat 1996 unter ihrem Vorsitzenden Landeshauptmann Erwin Pröll, Niederösterreich, eine Charta verabschiedet, die die Grundlage unserer Arbeit bildet. (1)

Solidarität, Subsidiarität

Die Präambel erklärt Solidarität und Subsidiarität zu Grundwerten. Der Wettbewerb fördert über die Auslobung und die Begegnung der Dörfer das gegenseitige Verstehen innerhalb dieses in sich so unterschiedlichen Europa – denn trotz der Verschiedenartigkeiten prägen Eigenverantwortlichkeit und endogene Potenziale das Gemeinsame im Denken und Handeln. Damit beantwortet sich bereits zum Teil die Fragestellung, die uns alle immer wieder bewegt, wie trotz dieser Unterschiede „so genannte" Sieger ausgezeichnet werden können. Solidarität und Subsidiarität existieren unabhängig von Zeit und Ort, von Lebensstandard und Herkunft, von Religion und Bildung. Sie verstärken sich über das Kennenlernen „Gleichgesinnter". Sie bilden die Basis zum Verständnis der Nachhaltigkeit. Sie vermögen Kräfte auszulösen, die der Menschlichkeit, der Humanitas in ihrer Rücksichtnahme auf die natürlichen und soziokulturellen Werte, zum Erfolg verhelfen. Dieser Ansatz bildet die Motivation unserer Arbeit und löst die Antriebskräfte bei den Wettbewerbsteilnehmern aus.

Leitbild für Landentwicklung und Dorferneuerung in Europa

Ausgehend von Solidarität und Subsidiarität werden Maßnahmen zur Erreichung eines Idealbildes formuliert, das in seiner Offenheit niemals als „Weltformel" verstanden werden darf – vielmehr „Die Entwicklung ländlicher Regionen erfordert einen umfassenden Handlungsansatz, der den miteinander verwobenen Krisen und Problemfeldern gerecht wird und neue Wege zur Nutzung der Chancen eröffnet."

Förderung einer flächendeckenden bäuerlichen Land- und Forstwirtschaft

Die Kraft der Kulturlandschaften ist aus den gebrauchsorientierten Korrespondenzen von Landnutzungssystemen, Wegenetzen und Siedlungskonzepten mit den natürlichen Daseinsgrundlagen entstanden. Die Ausgewogenheit der singulären Systeme bedarf jedoch immer wieder der Überprüfung, um die Beziehungen der Verantwortlichkeiten den natürlichen und kulturellen (menschlichen) Daseinsgrundlagen gegenüber zu garantieren. „Bäuerliche" Strukturen sind dadurch gekennzeichnet, dass die komplexen Verantwortlichkeiten in allen Lebensbereichen offensichtlich noch überschaubar und begreifbar sind. Demgegenüber können anonyme Strukturen kaum die Kapazität aufbringen, allen Anforderungen gerecht zu werden.

In ausgeräumten „Produktionssteppen", wie sie häufig in den ehemals kollektivierten Zonen der neuen Bundesländer der Bundesrepublik Deutschland, Tschechiens, Ungarns oder der baltischen Staaten, aber auch in den hochwertigen Lagen des ehemaligen „Westens" bestehen, wird versucht, verträgliche Strukturen aufzubauen. Über Landschaftspläne beispielsweise werden Biotopverbundsysteme und Erosionsbarrieren erarbeitet, die Maßstäbe der Bewirtschaftungsflächen werden in Frage gestellt, die Anbaupflanzen verlassen die absolute Monostruktur/-kultur – die Möglichkeiten unmittelbarer Verantwortlichkeiten können neue Perspektiven aufbauen.

Ummendorf, Deutschland, Sachsen-Anhalt, Teilnahme 2004

Ummendorf liegt in der Magdeburger Börde mit den hochwertigsten Ackerböden Mitteleuropas. Über die sozialistische Planwirtschaft wurde das Gebiet eindimensional der landwirtschaftlichen Produktionsmaximierung zugeordnet. Über wirksame Rückgewinnung von Verantwortlichkeiten schafften es die BewohnerInnen, neue Besitzverhältnisse einzuleiten, über Landschaftspläne den Raum als ganzheitliches System von natürlichen und kulturellen Merkmalen zu begreifen und über neue Vermarktungsstrategien die Werthaltung der Gesellschaft zu beeinflussen.

Bei stark zersplitterten Eigentumsverhältnissen müssen intelligente ökonomische Strategien das Kulturland davor bewahren, dass es im Marktgeschehen nicht mehr mithalten kann und somit der ländliche Raum im extremen Fall als „Wüstung" zurückbleiben muss.

Archanes, Griechenland, Kreta, Teilnahme 2000

In Archanes, Kreta, Griechenland, setzen die Kleinbauern auf Qualität und ökologischen Anbau. Genossenschaftlich organisierte Gruppen sammeln das Olivenöl in gemeinsamen Pressen und analog dazu den Wein. Direktvermarktungssysteme – in dem Fall vor Ort und nach Deutschland – garantieren den Absatz und erhalten die hochwertige Kulturlandschaft. Damit entsteht überdies ein touristischer „Mitnahmeeffekt",

der zukunftsweisende Arbeitsplatzstrukturen beinhaltet. Unter extremen natürlichen Randbedingungen geht es darum, das Land überhaupt unter Kultur zu halten.

*Meana Sardo, Italien, Sardinien,
Teilnahme 2002*

Meana Sardo, ein Ort mit ca. 2.000 EinwohnerInnen, liegt im Zentrum Sardiniens. Die Gefahr der sozioökonomischen Erosion an die Küsten und in die Ballungszentren ist latent gegeben – und damit die Gefahr der Versteppung der Kulturlandschaft. Die Wiederentdeckung der typischen lokalen Erzeugnisse Wein, Käse und Fleisch in Verbindung mit gemeinschaftlichen Initiativen der Produktveredlung und Vermarktung schaffen die Grundlage für ein neues Selbstbewusstsein und intensive kulturelle Aktivitäten. Das nicht vermehrbare Gut des Bodens ist für die Sicherung der Lebensgrundlagen von grundsätzlicher Bedeutung. Die Formen künftiger Landbewirtschaftung werden vielfältiger und komplexer – z. B. der Landwirt als Wasserwirt oder Energiewirt oder in vielfachen unternehmerischen Kombinationen. Der Wettbewerb möchte dazu beitragen, nachhaltige und visionär-realistische Ideen bekannt zu machen.

Schaffung florierender Wirtschaftsräume in der Region

Keiner steht für sich allein. Im Europa der Regionen definieren sich Verflechtungsbereiche in differenzierten Maßstabsebenen und Reichweiten. Ausgehend von Einzelinitiativen vernetzen sich die Potenziale und können sich somit zu florierenden Wirtschaftsräumen entwickeln. Der Vernetzungsstrategie und dem Management kommt eine Schlüsselstellung zu.

*Steirisches Vulkanland, Österreich, Steiermark,
Teilnahme 2004*

Das Steirische Vulkanland gilt als besonders eindrucksvolles Beispiel: Ausgehend von 14 Gemeinden hat sich der Zusammenschluss auf 66 Gemeinden ausgedehnt. Die Dachmarke „Steirisches Vulkanland" ist Auslöser und Träger vielseitiger, sich ergänzender Wirtschaftsinitiativen: Kulinarische Region, Europäische Handwerksregion, Region für den Kulturtourismus. Die Statistiken der Arbeitsplatzentwicklung sprechen für sich.

Unternehmerische Einzelinitiativen schaffen florierende Wirtschaftsräume und stoßen zudem flankierende Maßnahmen an.

*St. Alban, Deutschland, Rheinland-Pfalz,
Teilnahme 2004*

In St. Alban, Rheinland-Pfalz, einem Dorf von ca. 350 EinwohnerInnen, ist eine Bio-Solar-Musterhaussiedlung mit eigener Pflanzenkläranlage, Teich und Streuobstwiese der Auslöser wirtschaftlicher Aktivitäten. Das energieautarke Solarhaus – System Haus im Haus – hat

große ökonomische und substanzielle Strahlkraft entwickelt. Die Pflanzenkläranlagen, die das ganze Dorf entsorgen, und das nahe Windkraftwerk unterstützen die Energieautarkie als wirtschaftliches Erfolgsmodell. Wirtschaftlichen Aufbruch in ländlichen Regionen zu erreichen erfordert kreative, auf den Ort zugeschnittene Ideen und überzeugende Träger dieser Ideen.

Stärkung bzw. Wiederbelebung der kulturellen und sozialen Identität und des Selbstbewusstseins des Dorfes

Die Tiefe der Ehrfurcht vor den Kräften der Natur, die verwurzelte Religiosität und vorsichtiger Umgang mit Machtstrukturen prägen in den ländlichen Räumen die Gesellschaft in viel höherem Maße als in den städtischen Ballungsräumen. Eine große Aufgabe des Wettbewerbes besteht darin, den Menschen über die Anerkennung ihrer sozialen und kulturellen Kompetenz ihr Selbstwertgefühl zu vermitteln.

*Panaci, Rumänien, Vatro Dornei,
Teilnahme 2002*

Die Gemeinde besteht aus sechs Weilern in einem abgelegenen Hochtal der Karpaten. Immer auf sich selbst gestellt, haben es die ca. 2.000 EinwohnerInnen vermocht, ihre kulturell-religiöse Identität zu kraftvoller Entfaltung zu bringen. Eine große orthodoxe Kirche wurde erst kürzlich fertig gestellt – in Hand- und Spanndiensten aus eigener Kraft. Die traditionelle Bauweise mit den Ausmalungen orthodoxer Malschulen verblüfft uns WesteuropäerInnen und beeindruckt durch die lebendige Ausstrahlung. Die traditionelle Baukultur bildet einen Anker des Selbstwertgefühles und vermittelt der Gesellschaft das Alleinstellungsmerkmal einer Region.

*Somogydöröcske, Ungarn, Komitat Vas,
Teilnahme 1998*

Das ehemals von 1.800 EinwohnerInnen belebte Dorf hat heute ca. 250 EinwohnerInnen. Die Angerdorfanlage mit den ungarischen Streckhöfen ist jedoch ein so eindrucksvolles Beispiel der ungarisch-deutschen Siedlungsgeschichte, dass sie von Studenten der Technischen Hochschule Pécs komplett ausgemessen und dokumentiert wurde. Die EinwohnerInnen erkennen den Wert und sanieren mit einfachen Mitteln sorgfältig die Substanz, ohne dass sich im Moment wirtschaftliche Perspektiven abzeichnen. Identität und Selbstbewusstsein schöpfen ihre Kraft aus der europäischen Vielfalt. Die Sichtbarmachung führt zur gegenseitigen Neugierde, Akzeptanz und Bewunderung.

Entwicklung der Kulturlandschaft unter Berücksichtigung ökologischer Zusammenhänge

Die Frage der Ressourcenschonung und der Pflege der Daseinsgrundlagen für künftige Generationen prägt in verstärktem Maße das Umweltbewusstsein und findet auch zunehmend Niederschlag in den ge-

setzlichen Rahmenbedingungen der Europäischen Union. Der Wettbewerb möchte die Vorreiterrolle der ländlichen Räume hervorheben.

Großes Walsertal, Österreich, Vorarlberg, Teilnahme 2002

Der Biosphärenpark Großes Walsertal definiert mit seiner 4-Zonen-Gliederung Ökosystembereiche von den Kernzonen über die Pflegezonen, die Entwicklungszonen bis zu den Regenerationszonen. Jegliches Handeln ordnet sich den ökologischen Grundsätzen unter, so dass Kreislaufmodelle in differenziertesten Lebensbereichen entstanden sind. Ökonomische Wertschöpfung ist generell damit verbunden. Aber auch über Einzelaspekte kann die Kulturlandschaft ökologisch erheblich aufgewertet werden.

Wolfersheim, Deutschland, Saarland, Teilnahme 2004

Das realistische Projekt der 1.000 Süßkirschenbäume unterstreicht die ökologische Bedeutung der extensiven Grünlandwiesen von der Streuobstnutzung bis zur Orchideenwiese. Die Kulturlandschaftspflege wird zum selbstverständlichen Bestandteil der Gemarkung.

Symbiose von alter und neuer Bausubstanz

Neues Bauen in alter Umgebung beinhaltet Qualitäten geschichtlicher Tiefe und Gestaltgebung aus dem Bestand heraus. Die alte Umgebung enthält das geistige Potenzial, das mit der räumlichen Ordnung zur Wirkung gebracht werden kann. In ihr sind Arbeit und Energie vergangener Generationen gespeichert, die grundsätzliche Hinweise für eine zukunftsfähige Kultur enthalten. Die Realisierungen dieses Anspruches an substanzielle Qualität können über direktes Weiterführen in Materialität und Bauform erfolgen.

Monodendri, Griechenland, Ioannina, Teilnahme 2000

Die Entdeckung der türkisch-osmanischen Hausformen, ihre Natursteinarchitektur und der Innenausbau in Holz lässt das Neue Bauen in Restaurierungen und Neubauten nahtlos an die alten Systeme anknüpfen. Auch die Struktur der Hofbildungen wird weitergeführt. Die Homogenität im Bauen bildet die Symbiose von Alt und Neu. Die strukturelle Übersetzung alter Bauweisen in neue Systeme stellt sich ungleich komplexer dar. Trotz oft scheinbarer optischer Brüche wohnen den neuen Architekturen strukturelle Beziehungen inne, die an die alten Baugefüge anknüpfen.

Region Vorarlberg, Österreich, Götzis 1998, Wolfurt 2000, Großes Walsertal 2002, Zwischenwasser 2004

In der Region Vorarlberg werden die Bezüge über die Fragen der Energiehaushalte und Holz als nachwachsender Rohstoff gesucht. Aus diesen substanziellen

Ansätzen konnte eine neue Baukultur entstehen, die beispielhaft auf gebrauchsorientierten Kreislaufmodellen aufbaut – also Tugenden, die den alten Bauweisen selbstverständlich innewohnen. Neuen technologischen Erfindungen gegenüber war das Land immer aufgeschlossen.

Wir sollten also das Wesen der vorgefundenen Umwelt nicht nur in bestimmten Formen sehen, die Stadt, die Siedlung, das Dorf nicht nur als eine Ansammlung alter Gebäude, deren Funktionen oft gar nicht mehr die ursprünglichen sind, sondern als das gedankliche Modell eines architektonischen Konzeptes, das höchste Lebensqualität mit geringstem Aufwand an Energie und Ressourcen erreicht.

Dezentrale Energieversorgung mit erneuerbaren Energien

Der behutsame Umgang beim Verbrauch von Energie sowie der technisch effiziente Einsatz von Umweltenergie sind vorrangige Themen der Entwicklung von Städten und Dörfern. Insbesondere Dörfer mit ihren differenzierten Möglichkeiten, erneuerbare Energieträger zu installieren, können die Vorreiterrolle übernehmen, zumal hier ungeahnte ökonomische Perspektiven verborgen sind. Über Pilotprojekte werden das Verständnis und die Akzeptanz erzeugt, die bei positiver Wirkung viele Maßnahmen nach sich ziehen.

Windberg, Deutschland, Bayern, Teilnahme 2000

Die Jugendbildungsstätte des Klosters Windberg wurde in beispielhafter Weise als positiver Energieträger konzipiert: Sonnenkollektoren und TWD-Fassaden in Verbindung mit Wärmerückgewinnungen vermitteln den Jugendlichen pädagogisch anschaulich den Umgang mit den Ressourcen. In der Folge entwickelte sich Windberg zu einer der Gemeinden mit dem höchsten Solarflächenbesatz. Energiebilanzen lassen sich auch in hervorragender Weise durch Vermeidung von Energieverbrauch verbessern. Die Möglichkeiten sind hier grenzenlos.

Werfenweng, Österreich, Salzburg, Teilnahme 2002

Das Projekt „Sanfte Mobilität/Urlaub ohne Auto" leistet einen erheblichen Beitrag zur Verkehrsvermeidung und hat zur Folge, dass sich die Anzahl der Bahntouristen verdoppelt hat und die Übernachtungszahlen deutlich angestiegen sind. Eine große Photovoltaikanlage, Windkollektor und Biomasseheizwerk ergänzen das System.

Die Frage der Energiebilanzen in Verbindung mit der intelligenten Nutzung der Ressourcen nimmt eine Schlüsselstellung für die Zukunft nicht nur der ländlichen Räume ein.

Entwicklungen im Wettbewerb

Die Wege zum Erfolg sind ebenso differenziert wie die jeweiligen Ausgangslagen der Wettbewerbsteilnehmer.

Die Jury

Welche Strategie führt uns weiter? Welche Ergebnisse führen die Diskussion substanziell weiter in Europa? Neben den beschriebenen Elementen des Leitbildes bewegen die Jury diese Fragen bei jedem der Wettbewerbe, eine Jury, die alle Elemente erfolgreicher Strategien enthält: interdisziplinäre Zusammenarbeit mit dem Ziel der Kooperation und Koordination in den gemeinsamen Zielen einer qualifizierten und gerecht abgewogenen Wertung des Teilnehmerfeldes. Die Jury ist dabei auf sich allein gestellt (Aspekt der Selbsthilfe) und erarbeitet die Argumente im gemeinsamen Gespräch sowie in Kenntnis der Wettbewerbsteilnehmer.

Die Unterschiedlichkeit der Mentalitäten und Fachkompetenzen macht es nicht einfach für den Vorsitzenden und die Jury, zu klaren Abwägungen zu gelangen.

Seit der ersten Stunde 1990 prägen entscheidend mit: die engagierte Geschäftsführung der ARGE, Theres Friewald-Hofbauer und Ernst Scheiber, sowie Peter Schawerda als Agrarexperte aus Niederösterreich, Karl Paradeiser als Bürgermeister der ersten Siegergemeinde in Salzburg und Johanna Schmidt-Grohe vom Bayerischen Rundfunk.

Zwischenzeitlich ist die Jury

- internationaler besetzt: acht europäische Staaten sind vertreten;
- interdisziplinärer besetzt: 17 JurorInnen, davon ca. ein Drittel Planer und Architekten, ein Drittel Agrarexperten, ein Drittel gesellschaftlicher Bereich;
- trotz außerordentlicher Verschiedenheit kooperationsfähig und zielorientiert – vielleicht ein Spiegelbild der europäischen Dorfkultur?

Eine Besonderheit der Auslobung bildet das jeweils wechselnde Motto – ein Argument, dass die Wertungshorizonte bei aller formulierten Klarheit als ein offenes System zu verstehen sind. Und in der Tat unterliegen die Wettbewerbsergebnisse einem kontinuierlichen und allmählichen Wandel.

Zeitraum 1990 – 1992 – 1994

Die Wettbewerbsauslobung Europäischer Dorferneuerungspreis beginnt 1990 unter dem begleitenden Motto „Internationaler Erfahrungsaustausch". Die Wiederentdeckung des Dorfes erstmalig als Bestandteil der Kulturlandschaft innerhalb der europäischen Szenerie zu werten, bedeutete einen gewaltigen Aufbruch für die ländlichen Räume in Europa. Die erste Phase des Wettbewerbes ist in der Lage, die Grundsätze des 1996 erarbeiteten Leitbildes der Europäischen ARGE in ihrer Substanz vorzubereiten und zu festigen.

*Siegergemeinde Dorfbeuern,
Österreich, Salzburg*

Dorfbeuern vermittelt in allen Kriterienfeldern die gedankliche Aufbruchstimmung:
- Wiedergewinnung der öffentlichen Räume,
- Neues Bauen in alter Umgebung (Rathaus),
- Telestube, außerlandwirtschaftliche Arbeitsplätze,
- Hackschnitzelanlage,
- kulturelle Vernetzung mit dem Kloster,
- neue Umgangsformen mit den BürgerInnen.

Erstmalig konnte die Begegnung der Wettbewerbsteilnehmer auf internationalem Niveau organisiert werden.

„Dabei sein ist alles" definiert 1992 die Offenheit und Orientierungsphase im Wettbewerb.

*Siegergemeinde Illschwang,
Deutschland, Bayern*

Das schöne, gepflegte Ortsbild, die intensive Auseinandersetzung mit Baukultur und Geschichte und die Vernetzung der öffentlichen Räume mit den angrenzenden Nutzungen zu einer Umwelteinheit sollten beispielhaft wirken.

Das Motto war zweifellos mit Absicht so offen gesetzt, um den Gedankenaustausch zu beflügeln. Der gemeinsame Nenner war damals das Streben nach Schönheit und Harmonie.

„Eigeninitiative ist Trumpf" beleuchtet 1994 die Entdeckung endogener Potenziale und beinhaltet auch die kritische Würdigung der etablierten Förderprogramme der Dorferneuerung.

*Siegergemeinde Steinbach an der Steyr,
Österreich, Oberösterreich*

Der Steinbacher Weg ist zu einem Markenzeichen geworden. In eigenständiger Weise erarbeitet sich Steinbach ein umfassendes Leitbild, das erstmalig alle Kriterienfelder vernetzt. Der ungewöhnliche Erfolg der Strategie belebt die depressive Wirtschaft, nutzt leergefallene Bausubstanz, baut Kreislaufsysteme auf und motiviert die Bürgerschaft. Auch noch heute würde eine Evaluierung den Erfolg des Steinbacher Weges nachweisen.

Zeitraum 1996 – 1998

Die „Umfassende Dorferneuerung" ist das Motto für 1996. Die Teilnehmerzahl steigt sprunghaft an – die Qualitätsansprüche und die Konkurrenz werden stärker. Der ganzheitliche Ansatz im Sinne der Nachhaltigkeit umfasst die Bereiche Ökologie, Ökonomie und Sozialverträglichkeit und stellt sich in den Umsetzungsbedingungen als außerordentlich schwierig dar. Vor diesem Hintergrund ist der nunmehr auch international verstärkte Gedankenaustausch äußerst gewinnbringend.

Siegergemeinde Beckerich, Luxemburg

Die Region Luxemburg mit Beckerich und nachfolgend mit Heiderscheid 1998, Redange 2000, Munshausen 2002, Heinerscheid 2004 zeichnet sich über die Wettbewerbsteilnehmer durch besondere wissenschaftlich-methodische Qualitäten aus. Die Fachkompetenzen sind in ein Gesamtsystem eingebunden und in ihren Abhängigkeiten immer im Zusammenhang beurteilt. Besonders eindrucksvoll sind die selbstverständliche globale Vernetzung und die realitätsbezogenen Rückschlüsse:
- Wahlrecht für Ausländer,
- Kreislaufmodelle bis zum Klimabündnis,
- Patenschaften in Drittländern.

Die außerordentliche Komplexität nachzuvollziehen führte zu intensivsten Erörterungen innerhalb der Jury und der Fragestellung, wie die Methoden auf europäische Ebene vermittelbar sind. In der Folge gelingt es, den Bürgermeister von Beckerich, Camille Gira, zum Jurymitglied zu ernennen.

Im Jahr 1998 begleitet das Motto „Kreativ – innovativ – kooperativ" die Wettbewerbsauslobung. Im Vordergrund der Diskussionen stehen die Fragen alternativer Energien und von Kreislaufmodellen in Verbindung mit Umsetzungsstrategien. Die Jury bewegte das Thema, wie so unterschiedliche Wettbewerbsteilnehmer wie Eiershagen in Nordrhein-Westfalen mit 130 EinwohnerInnen oder Glodu in Rumänien mit 350 EinwohnerInnen gegenüber Seekirchen bei Salzburg mit 10.000 EinwohnerInnen oder Götzis in Vorarlberg beurteilt werden können. Auch der Vergleich der Wettbewerbsteilnehmer aus dem ehemaligen Ostblock mit westeuropäischen Beispielen bestimmt immer wieder die Argumente. Demgegenüber formuliert das Leitbild, dass die Grundwerte unabhängig von Ort, Größenordnung und Ausgangslage – Solidarität und Subsidiarität – die Fundamente einer Werthaltung bilden.

Siegerort Obermarkersdorf, Österreich, Niederösterreich

Das Land Niederösterreich dokumentiert in den Wettbewerben durchwegs seine führende Rolle in der Umsetzung von Zielen nachhaltiger Entwicklungen. Obermarkersdorf hat es verstanden, kreativ neue Wege aufzuzeigen, wie alternative Energie – Sonne und Biomasse – das ganze Dorf versorgen kann, wie intelligente städtebauliche Planungen die Kräfte im Ort lenken und wie Lebensfreude gepaart mit sozialem und ökonomischem Engagement Früchte trägt. Die Kooperationen im Netz auch staatlicher Förderungen sind beispielhaft.

Diese zweite Phase im Wettbewerb ist zum einen durch größere Internationalität, zum anderen durch das eindeutige, umsetzungsorientierte Bekenntnis der Wettbewerbsteilnehmer zu umfassender ganzheitlicher Dorferneuerung gekennzeichnet.

Zeitraum 2000 – 2002 – 2004

2000 – Motto „Ohne Zukunft keine Vergangenheit" – verzeichnet wiederum einen sprunghaften Anstieg der Wettbewerbsteilnehmer, der seither konstant ist. Das Motto liest sich kompliziert, soll aber den Prozess „Wo komme ich her, wo stehe ich, wohin geht die Entwicklung?" nachvollziehen lassen. Das Ungewöhnlichste der Formulierung besteht in der Umkehrung der Fragestellungen: Oft lösen erst Initiativen notwendige Gedankenprozesse und Rückkopplungen aus. Die sozialen und ökonomischen Problemfelder im ländlichen Raum schieben sich verstärkt in den Vordergrund. Was erreichen die Wettbewerbsteilnehmer angesichts der unterschiedlichen Ausgangslagen? Welche Beispiele können im europäischen Verbund positive Signale senden?

Siegergemeinde Kirchlinteln, Deutschland, Niedersachsen

Die Aufgabenbereiche der umfassenden Dorferneuerung werden ergänzt durch die besondere Idee, sozialen Randgruppen und Behinderten eine Heimat zu geben. Die Weiler und Streusiedlungen der „Lintelner Geest" werden vernetzt und in die soziale Gesamtidee eingegliedert. Sozioökonomische und kulturelle Initiativen festigen in der Folge den programmatischen Ansatz – ein Beispiel, das Mut macht und mit der richtigen Angemessenheit gegenüber den Menschen und der Kulturlandschaft reagiert.

2002 – Motto „Grenzen überschreiten" – löst vielfache Argumentationsketten in der Jury aus. Vor dem Hintergrund des Leitbildes ist gedacht, störende Barrieren in Frage zu stellen – seien es rechtliche Rahmenbedingungen, Verwaltungsgrenzen, Sprachgrenzen, mentale und kulturelle Barrieren oder ökonomische Fesseln. Erstmalig sind unter den Wettbewerbsteilnehmern auch Regionen wie das Auerbergland für Bayern, das Große Walsertal für Vorarlberg oder die Großgemeinde Jasienica für Polen.

Angesichts der verstärkten regionalen Integrationen und kommunalen Allianzen ist es nur folgerichtig, die Themenfelder in das offene System des Europäischen Wettbewerbes hereinzutragen. Eine wesentliche Qualität des Teilnehmerfeldes sind die Anregungen, mit geänderten Randbedingungen und neuen Themenfeldern umzugehen. Die Jury wäre schlecht beraten, die Regeln im Europa der Vielfalt nicht für neue innovative Aspekte zu öffnen.

Siegerregion Großes Walsertal, Österreich, Vorarlberg

In wahrhaft ganzheitlich-nachhaltiger Weise gelingt es der kommunalen Allianz der sechs Gemeinden des Großen Walsertales, das Leitbild der Europäischen ARGE in die Umsetzungsphase zu lenken und vielfache Anregungen zu vermitteln. Die ökosystemische Grundlage der Zonen des Biosphärenparks ist Beispiel gebend für städtebaulich-regionale Neu-

orientierungen. Die ökonomischen Kreislaufmodelle werden in Landwirtschaft, Vermarktung, Gewerbe, Holzbautechnologie und innovativen Technologien absolut zukunftsorientiert umgesetzt. Auch über die Vielfalt der touristisch-kulturellen Initiativen – innovative Architektur ist Markenzeichen – entgeht das Große Walsertal eindimensionalem Anspruchsdenken und formuliert aus dem Ort und dem endogenen Potenzial unverwechselbare Qualitäten.

2004 – Motto „Aufbruch zur Einzigartigkeit". Die Chance der ländlichen Räume liegt nicht in ihrer Gleichartigkeit, sondern in der Vielfalt. Nur Beispiele die es schaffen, ihr Alleinstellungsmerkmal zu erkennen und zu vermitteln, sind in der Lage, dem ökonomischen Druck eines globalen Neoliberalismus selbstbewusst zu begegnen. Durch die Verschiedenartigkeit der Antworten der Wettbewerbsteilnehmer auf die Inhalte und Strategien ist der Diskussionsrahmen der wertenden Jury dementsprechend differenziert. Beispiele von größter Qualität machen die Abwägung für einen 1. Preisträger besonders schwer – doch die Philosophie, einen Wettbewerbsteilnehmer sozusagen der Diskussion und Überprüfung durch alle anderen (bei der Preisverleihung 2006 vor Ort) zu stellen, ist wesentliches Merkmal dieser Auslobung. Sich vor Entscheidungen „zu drücken" oder ihnen auszuweichen, können auch die Wettbewerbsteilnehmer bei der Ausarbeitung ihres Leitbildes oder der Umsetzungsstrategien nicht – umso weniger die Jury bei den Findungsprozessen.

Siegergemeinde Ummendorf, Deutschland, Sachsen-Anhalt

Erstmals konnte ein Teilnehmer aus dem ehemaligen Ostblock benannt werden. Bereits unter dem DDR-Regime, im ehemaligen Zonengrenzgürtel gelegen, hat es die Gemeinde verstanden, ihre Eigenständigkeit soweit wie möglich zu retten. Die aktive Kirchengemeinde durfte existieren, kulturelle Werte konnten erhalten und sozioökonomische Besonderheiten entwickelt werden. Auf dieser Basis widerstand die Gemeinschaft dem kurzfristigen totalen Wertewandel und hat es geschafft, mit Hilfe kompetenter Diskussionspartner eine Sonderstellung zu sichern. Werte wie
- besonderes Erschließungsrecht,
- kommunaler Wohnungsbau,
- Direktvermarktungssysteme und
- neue Sichtweise auf die Kulturlandschaft

garantieren lokale Verantwortlichkeiten. Verantwortungsbewusstsein und Selbstwertgefühl beflügeln diese Gemeinschaft.

Perspektiven für die Wettbewerbsteilnehmer

Wie geht die Entwicklung in den Beispielgemeinden und Beispielregionen weiter? Nach der „Momentaufnahme" im Verlauf des Wettbewerbes muss es von hohem Interesse sein, die weiteren Entwicklungen zu beobachten und daraus Rückschlüsse zu ziehen – etwa, ob der Erfolg nur kurzfristig war oder die Vorhaben in ihrer Philosophie auch in der Zukunft standhalten.

*Auerbergland, Deutschland, Bayern,
Teilnahme 2002*

Für die Region Auerbergland bemüht sich derzeit mein Lehrstuhl mit StudentInnen der Architektur an der Technischen Universität München, die Ideen und Projekte in räumlich tragfähige Strukturen umzusetzen.

Das Auerbergland ist ein regionales Beispielprojekt. Darauf aufbauend war die Aufgabe, neue Konzepte aus dem Bereich Freizeit und Tourismus in unmittelbarer Verbindung mit innovativen räumlichen Leitbildern zu entwickeln, das heißt, neue Impulse für eine regionale Baukultur und Architektur zu schaffen. Eine Grundlage dazu war das Entdecken, Lesen und Auswerten von Orten und Landschaften des Auerberglandes.

Entwerfen bedeutet für ArchitekturstudentInnen die räumliche Auseinandersetzung mit realen Aufgaben. In der Form des Projektstudiums trainieren sie mit intensiver Betreuung durch die jeweiligen Lehrstühle, städtebauliche und architektonische Programme räumlich umzusetzen. Nachdem das Projekt als Zwischenstand präsentiert wird, bitten wir um Anregungen und Kritik der AusstellungsbesucherInnen. Diese Rückkopplung zur Realität soll in die weitere Entwurfsbearbeitung mit einfließen. Neue Konzepte und interessante Architektur können einen Beitrag zur Zukunftsfähigkeit einer Region leisten. Immer mehr Menschen sind neugierig darauf und bereit, an einem Wochenende oder im Urlaub eine Alternative zu der in den bayerischen Tourismusregionen verbreiteten „Jodel-Architektur", also dem vermeintlich ländlich-alpinen Baustil, zu erleben. Die Entwürfe der StudentInnen der TU München zeigen, wie die junge Generation, die wir in unseren Tourismusregionen brauchen, ganz klare Vorstellungen hat, wo die Entwicklung hingehen sollte.

Die Reaktion ist deshalb so positiv, weil die Bewusstseinsarbeit aus dem regionalen Projekt 2002 eine unglaubliche Offenheit und Interessenlage erzeugt hat und die Studienarbeiten offensichtlich zum richtigen Zeitpunkt die nächsten Schritte mit einleiten können.

Das Wettbewerbsverfahren

Der Wettbewerb wird meiner Meinung nach in Zukunft noch erheblich an Bedeutung gewinnen. Dies aus folgenden Gründen:

- Das europäische Forum des Gedankenaustausches wächst angesichts der offenen Strukturen in Europa.

- Die verstärkte Beteiligung der Regionen in Mitteleuropa benötigt dringend die Unterstützung durch die Europäische Union – immateriell und materiell.

- Die innereuropäischen Barrieren insbesondere zum frankophonen und anglikanischen Raum bestehen offensichtlich und sollten durch europäische Unterstützungen geöffnet werden.

- Die inhaltliche Leitbildformulierung von 1996 bildet nach wie vor die geeignete Basis. Das Leitbild sollte und wird demnächst in einigen Punkten substanzielle Ergänzungen erhalten.

- Eine große europäische Konferenz könnte den Wettbewerb in eine größere Akzeptanz führen und in Regionen bekannt werden lassen, die von der Existenz dieses Forums nichts wissen.

Europäische ARGE Landentwicklung und Dorferneuerung

Der Europäischen ARGE Landentwicklung und Dorferneuerung mit Sitz in Wien und ihren Mitgliederregionen ist es zu danken, dass dieses Forum aufgebaut werden konnte. Insbesondere dem Mentor der Initiative, Landeshauptmann Erwin Pröll, ist für sein immerwährendes klares Bekenntnis zu danken.

Auf der anderen Seite zeigt die große Resonanz der Wettbewerbsteilnehmer, wie wertvoll für die Akteure im ländlichen Raum Diskussionen und Wertehinterfragungen sind.

Beide Faktoren – „top down" und „bottom up" – bestätigen die Intentionen im Wettbewerb.

(1) Leitbild für Landentwicklung und Dorferneuerung in Europa – Europäische ARGE Landentwicklung und Dorferneuerung, Wien 1996

Matthias Reichenbach-Klinke, Technische Universität München, München

Matthias Reichenbach-Klinke

Landschaft, Siedeln und Bauen

Alfons Dworsky

Eine Landschaft, das ist ein Stück Erdoberfläche, hat von vornherein keine ästhetischen Eigenschaften, sie „ist" einfach. Komplex hingegen ist, wie die Menschen in ihren vielen zivilisatorischen Stufen, in historischen Tiefen und kulturellen Breiten den Natur- und Kulturlandschaften gegenüberstanden. Jede Generation muss sich eigene Geschichte selbst erarbeiten, muss sich selbst als den Moment begreifen, in dem sich Zukunft in Vergangenheit wandelt. So ist jede historische Frage immer zugleich mit der Gegenwartsfrage verflochten: „Wer bin ich, wo bin ich, und was will ich?"

Wir finden es z. B. am Hauslabjoch schön, wir besuchen den Ort freiwillig als Bergtouristen, ohne Angst, auch weil wir wissen, dass Innsbruck oder Bozen existieren und erreichbar sind. Wie aber der Bronzezeit-Mann „Ötzi" diesen Ort „sah", was ihm diese Gegend bedeutete, warum er dort war, wissen wir nicht und alle Phantasien dazu sind Reflexe heutiger Anschauungen oder spiritistische Unterstellungen.

Urban sozialisierte Menschen neigten – besonders in problematischen Seinslagen – dazu, ein mitunter sentimental übersteigertes Interesse gegenüber ländlichen, das heißt, vermeintlich naturnahen und unverdorbenen Räumen zu entwickeln. So etwa lobte Vergil die Freuden „einfachen" Landlebens und der Bienenzucht und meinte damit die reiche Landvilla als behaglichere Alternative zu den gefährlich glatten Böden Roms. Nicht anders ist es, wenn heutige Trendscouts behaupten, die innovativen Arbeitswelten von morgen seien durch ein geschäftiges Schweifen zwischen extrem schnellen, stressintensiven Brennpunkten (City) und rekreativ verlangsamten Entfaltungsräumen (Landschaften der Stille) charakterisiert.

Als die Türken Konstantinopel erobert hatten und die venezianische Herrschaft über das östliche Mittelmeer akut gefährdet war, wandte sich das ökonomische und kulturelle Interesse der Serenissima sehr schnell der „terra ferma" zu, eine humanistische Landbegeisterung brach aus und die grandiosen Architekturkonzepte der venezianischen Renaissancetheoretiker wie Andrea Palladio und Vincenzo Scamozzi fanden ihre Investoren. Es wäre zu kurz gegriffen, die weltberühmten Renaissancevillen im Veneto isoliert als Meilensteine der Baukunst zu sehen. Es handelte sich um räumliche Gesamtkunstwerke. Trocken gelegte Sümpfe wurden in dauerfruchtbares Kulturland verwandelt, Dörfer planmäßig angelegt und das Ganze mit Villen gekrönt. Gewisse Parallelen dazu gibt es in der Gegenwart: Seit der 70er-Ölkrise ist das Problembewusstsein bezüglich Naturverbrauch, endlicher Ressourcen, unendlicher Risiken und zunehmender Abhängigkeiten erwacht. Einfach „anders", das meint, die Entwicklungen auf ökologische und nachhaltige Ziele auszurichten, war namengebend für die Alternativbewegung.

Noch gibt es kein „alternatives Gesamtkunstwerk", aber vielversprechende Vorboten.

Die Architekturtraktate der Aufklärung, z. B. Filarete und Marc Antoine Laugier, gehen von phantasievollen, allegorisch ausgeschmückten Urhüttentheorien aus. Auch hier wirkt keine archäologische Forschungsfrage im heutigen Sinn, sondern die Frage nach den elementaren Bedürfnissen einer Zivilisation, die das Ende der Adelsherrschaft spürt und vielleicht erstmalig die Probleme „einfacher Landleute" zur Kenntnis nimmt. Reiseschriftsteller des späten 18. Jahrhunderts schwärmen nicht nur von den „edlen Wilden" in Ozeanien, sondern auch von wilden Bergvölkern im europäischen Hochgebirge von der Schweiz bis in die Steiermark. Ausgangspunkte von Erneuerungsbewegungen sind oft Rückbesinnungen auf das Wesentliche, Überdenken dessen, was eigentlich notwendig sei, Aussortieren von Überflüssigem, egal ob man das nun Paradiesvorstellung, Urhüttentheorie, Zurück-zur-Natur-Bewegung oder neue Bescheidenheit nennt.

Um 1750 realisiert der aufgeklärte Fürst Franz von Sachsen-Anhalt das Wörlitzer Gartenreich, eine kunstvoll geschaffene arkadische Landschaft in der naturwissenschaftlich, philosophisch und ästhetisch gebildete Untertanen gleich einer romantischen Großfamilie das Land zum Blühen bringen sollen. Die Ereignisse der Französischen Revolution bringen das Projekt zum Scheitern, doch die Idee von einem Gesamtkunstwerk aus Landschaft, Siedlung, Bauwerk, Menschen, Tieren und Pflanzen bleibt in der Welt und wird rund 230 Jahre später im Gewand der Ökologie- und Nachhaltigkeitsdebatte wieder aktuell. Mit dem Verblassen von nationalstaatlichen Strukturen im Zuge der Globalisierung treten die eigentlichen Kulturräume in Form

Landschaft, Siedeln und Bauen/Alfons Dworsky

von "Neuen Regionen" wieder deutlicher hervor: Polyfunktionale Kulturlandschaften mit regionalen Stoffkreisläufen und Wertschöpfungsketten. Diese "Neuen Regionen" verstehen sich weniger im herkömmlichen Sinn, als als politisch-administrative Ebenen, sondern als vollständige Lebensentfaltungsräume, etwa als Gegenentwurf zu zersiedelten Agglomerationen.

Die Neuordnung Europas nach Napoleon vollzog sich nicht nur in den Ballsälen und Salons des Wiener Kongresses, nationalstaatliche Ideen gingen Hand in Hand mit einem völlig neuen Interesse an Volkskultur. Genaue und großflächige geodätische Landesaufnahmen um 1820, erste volkskundliche Dokumentationen, Sagen und Märchenaufzeichnungen ergaben kulturwissenschaftliche Übersichten und Bilder von Leuten und Landschaft, Dorf und Bauernhaus, die vorher so nicht gesehen wurden und Regionalität erstmalig als kulturellen Eigenwert ins breitere öffentliche Bewusstsein rückten. Zweifellos eine emanzipatorisch-romantisch-alternative Identitätsstiftung, die sich als Gegenentwurf zu dynastisch-militärischen Herrschaftsgeschichten verstand. Die bürgerliche Revolution von 1848, zugleich das Erscheinungsjahr von Karl Marx´s Kapital war vorgezeichnet – Leitlinien von moderner Demokratie und marktwirtschaftlicher Solidargemeinschaft. Auch die aktuelle Neuordnung Europas vollzieht sich im Spannungsfeld von neoliberaler Globalisierung und Visionen von ökosozialen Zivilgesellschaften.

In der Diskussion über Gestaltungsfragen in ländlichen Räumen wurde und wird oft eine Polarität zwischen Modernität und Traditionalismus ausgespannt, die im Licht der oben skizzierten Ideengeschichte wohl nur noch als ein Zeichen mangelhaften Geschichts- und

Landschaft, Siedeln und Bauen/Alfons Dworsky

Problemverständnisses gelten kann. Sobald Klarheit darüber besteht, was die Menschen vom „Raum" wollen, welche Beziehung sie zum Natur- bzw. Freiraum haben oder wünschen, sollte auch klar geworden sein, dass es sich um einen ständigen Strom kultureller Wandlungen handelt. Landschaftsentwicklung, Siedeln und Bauen wurden seit jeher auf den Ebenen von Alltagsverstand, Alltagshandeln, kulturellem Gestaltungswollen und Kunst abgehandelt.

Im Dreieck von Alltagshandeln, Kultur und Kunst

Wenn sich Menschen an einem Platz dauerhaft niederlassen, dann nennt man das „Siedeln". Die Gegend, in der das stattfindet, wird zur Landschaft, zur Kulturlandschaft. Wenn die Leute nicht im Freien wohnen und arbeiten können oder wollen und deshalb ein Dach über dem Kopf herstellen, nennt man das

„Bauen", vielleicht sogar Architektur. Mit Landnutzung, Siedeln und Bauen werden meist sinnreiche räumliche Ordnungen geschaffen, die auf sozialen Ordnungen fußen. Es wird vereinbart und festgelegt, wer wo was und zu welchem Zweck zu tun berechtigt, verpflichtet oder davon ausgeschlossen ist. Solche Regelungen sind älter und wichtiger als Straßen und Häuser. Jede Primatenhorde hatte und hat zumindest einfachste territoriale Ordnungen. Moderne Raumordnung bzw. Raumplanung ist dem Wesen nach immer noch das alte Spiel vom Erzeugen, Einräumen oder Verweigern räumlicher Chancen. Mit Landnutzung, Siedeln und Bauen wird ein elementarer Entfaltungsrahmen geschaffen und abgesteckt, innerhalb dessen sich charakteristische und regionale Eigenarten von Kulturgemeinschaften ausprägen können. Siedeln und Bauen sind untrennbar mit Alltags-, Fest- und Ritualkultur verflochten, in der Ritualkultur wurzelt die Kunst, also auch die Baukunst. Eine diskriminierende Gegenüberstellung von Siedeln und Bauen als Nichtkunst versus Städtebau und Architektur als Baukunst ist weder möglich noch sinnvoll. Man könnte darauf hinweisen, dass etwa ein Brennholzstapel der Alltagskultur, eine Kapelle der Volksbaukunst und ein Schloss der Architektur zuzuordnen ist, dass es sich um ein kulturelles Kontinuum handelt.

Ist z. B. der erwähnte Brennholzstapel von einem Landbewohner aufgesetzt, der diese Anordnung als zweckmäßig und ordentlich gelernt hat und auch weiterhin für richtig findet, dann ist es evidente Alltagskultur. Bis etwa 1820 gab es keinerlei öffentlich-wissenschaftliches Interesse an Holzstapeln. Um 1920 herum fragt sich die Wissenschaft, welche Eigenarten der Volksseelen aus den slawischen, romanischen bzw. typisch germanischen Holzstapeln herauszulesen wären. Wird der Brennholzstapel etwa 1970 von einem Lichtbildkünstler als bildwürdig erachtet, das heißt, ästhetisierend betrachtet, dann könnte ein Kalenderbild, eine Postkarte etc. daraus werden. Mit dem Übergang zu moderneren Feuerungstechniken, mit dem Verschwinden aus dem Bereich des Notwendigen wird der Eintritt ins Reich des Schmückenden vollzogen. Macht ein Künstler etwa einen Bronzeabguss vom Brennholzstapel, so geht mit dem Materialwechsel ein ungeheurer Bedeutungswechsel einher.

Der Gestalt ist jede praktische Funktionalität genommen und der unumkehrbare Wandel zum Kunstwerk ist geschehen. Man kennt das aus der Antike: Aus der hölzernen Hütte wurde der marmorne Tempel, aber niemals umgekehrt.

Wenn nun der Architekt Peter Zumthor den Schweizer Pavillon auf der EXPO 2000 ausschließlich als Holzlattenstapel ausbildete, prägte er damit einen Code: Holzstapel = Zeichen für schweizerische Identität. Aufmerksamen und fachkundigen Personen leuchtete das sofort ein. Aber da der erwähnte Code (noch) nicht Allgemeingut war, musste für jedermann und jederfrau eine Erläuterung mitgeliefert werden, dass Schweiz durch Natur repräsentiert sei, Holz für Natur stünde, Geradlinigkeit und Präzision eine Schweizer Tugend sei, dass in der Schweiz Ökologie und Nachhaltigkeit zentrale Themen seien und folglich der Holzstapel-Pavillon nach Schluss der Ausstellung wieder auf seine ursprüngliche Funktion zurückgeführt werde, das heißt, an Ort und Stelle restlos zur Weiterverwendung versteigert werde. Das konnte man alles lesen, um die Bedeutung des Werks zu verstehen. Das heißt nun: "Holzstapel" bleibt solange eine "Gestalt ohne Eigenschaften", bis wir die Vielfalt tatsächlicher, möglicher und denkbarer Beziehungen der beteiligten Menschen zum Holzstapel erfasst, verstanden und in ihrem prozessualen Wandel erkannt haben. Vergleichbares gilt für Landschaft, Siedlung und Bauwerk.

Eine Beschreibung, ein Erkennen der Welt, muss zwangsläufig von der Beziehung ausgehen, die das erkennende Subjekt dieser Welt gegenüber aufgebaut hat oder aufzubauen imstande ist, es sei denn, transzendente Erklärungen würden durch transzendente Schau oder Offenbarung geliefert.

Landschaft, Siedeln und Bauen/Alfons Dworsky

Hinterstoder, Oberösterreich, 2000

Hinterstoder, eine 1.100 EinwohnerInnen zählende Streusiedlung, liegt im alpinen Raum und hat sich in den vergangenen Jahrzehnten zu einer stark vom Wintertourismus geprägten Gemeinde entwickelt. Gemeinderat und BürgerInnen haben das große Potenzial ihrer Landschaft erkannt und sind dabei, es zu stärken und insbesondere durch Ausbau des Sanften Tourismus zu nutzen.

Auf Basis eines überzeugenden Leitbildes und getragen von einer „institutionalisierten" Bürgerbeteiligung wurden zahlreiche Highlights gesetzt: dezentrale Energieversorgung der öffentlichen Gebäude mittels einer Hackschnitzelheizung, kommunales Öko-Audit, Erstellung einer Energiebilanz, Erhaltung der Post und der Gendarmerie, Privatisierung der Seilbahn und Erstellung eines ÖPNV (Öffentlicher PersonenNahVerkehr)-Konzeptes, Durchführung hochwertiger Kulturevents und Stärkung des menschlichen Miteinanders. Nachahmenswert sind auch die Initiativen zur Erhaltung der Bergwiesen, die Freihaltung der Talauen von Bebauung, die Aufstellung eines Biotopkatasters und die Rückwidmung von ca. 39 ha Bauland in land- und forstwirtschaftliche Nutzflächen, was von Courage und nachhaltiger Zukunftsorientierung zeugt.

Besondere Erwähnung verdienen das Alpineum, ein alpines Museum, und die Ende 2002 eröffnete multifunktionale Hösshalle als moderne architektonische Kontraste zu historisch bedeutsamer Bausubstanz.

Germerode, Hessen, 2002

Das einstige Bergwerksdorf Germerode mit seinen 950 EinwohnerInnen hat es auf vorbildliche Weise verstanden, seine herausragenden Zeugen der Geschichte nicht nur als Gebäude zu erhalten, sondern auch als Auslöser für neue wirtschaftliche Impulse und Basis für eine nachhaltige, grenzüberschreitende Projektion in die Zukunft zu nutzen.

Durch eine sinnvolle Rekonstruktion der Flügelbauten des romanischen Klosters, das den Ort prägt, wurde eine Revitalisierung als Bildungsstätte und Halle für besinnliche Kulturveranstaltungen möglich. Um das erneuerte Kloster herum entwickelt sich die Dorferneuerung. Der Klostergarten wird wieder angelegt, benachbarte Handwerksbetriebe erweitern sich, das funktionslos gewordene Forsthaus beherbergt inzwischen eine Bildungseinrichtung, das selbstverwaltete Jugendheim bietet der Jugend eine selbstbestimmte Heimat und ein Backhaus im Dorfzentrum schafft Raum für gesellige Familien- oder Dorffeste.

Die EinwohnerInnen sanieren und erneuern ihre Häuser im Sinne des architektonischen Erbes, senken dabei den Energiebedarf durch Nutzung der Sonnenenergie und kümmern sich um die behutsame Gestaltung der Freiflächen. Alles das kann der Gast bei einem organisierten Dorfspaziergang, der zu den Dorferneuerungshöhepunkten und über die Grenzen des Dorfes hinaus durch einen von den LandwirtInnen angelegten landwirtschaftlichen Lehrpark führt, erleben und bestaunen.

Jede irgendwie benutzte bzw. bewohnte Landschaft ist Kulturlandschaft. Aus den unterschiedlichen Sozial- und Bewirtschaftungsformen ergaben sich im Lauf der kulturellen Evolution die bekannten Strukturformen der bäuerlichen Kulturlandschaft. Das europäische Raummodell ist seit etwa 4.000 Jahren von der Dualität Stadt-Land gekennzeichnet. „Stadt" wurde als dichtes Zentrum von Herrschaft und Geschäftigkeit, „Land" als peripherer Bereich von Dienstbarkeit und Produktion gesehen. Zum Vergleich: Die von Nomaden durchzogenen Steppen und Wüsten oder die Gartenstädte der tropischen Monsunregionen bieten völlig andersartige räumliche Entfaltungsbedingungen. Mit den Nutzungsmustern formt sich die kulturlandschaftliche Grundstruktur aus, auf der Siedlung und Bauwerk feste Formen annehmen können.

Im Allgemeinen sind Gebäude dem raschesten Wandel unterworfen, Flurformen sind meist wesentlich älter, Wege und Durchzugsräume gehen oft auf die Anfänge menschlicher Siedlungen zurück. Zwischen die historisch ausgereiften und inzwischen meist auch denkmalpflegerisch behandelten Idealtypen „Stadt" und „Land", hat sich ein neuer Siedlungstyp von heftiger Vitalität geschoben: Tom Sieverts nannte es „Zwischenstadt", von „urban sprawl" ist im anglikanischen Begriffsraum die Rede, und das Alpbacher Architekturgespräch 2003 drehte sich um den „3. Raum" und meinte damit eine Summe von noch Unbenanntem, das nun neben „Stadt" und „Dorf" existiert. In diesem 3. Raum findet das vitalste Baugeschehen statt, es handelt sich meist um Räume mit bäuerlicher Vergangenheit und urbaner Zukunft. Tom Sieverts weist darauf hin, dass die Zwischenstadt ästhetisch nicht als Siedlungsweise, sondern als Zersiedlung wahrgenommen werde, und dass dies der Preis für die

Landschaft, Siedeln und Bauen/Alfons Dworsky

erhaltungsorientierte Erneuerung von Stadt und Dorf gewesen sei.

Kümmerformen von Stadt oder Dorf können keine Gestaltleitbilder für die Zwischenstadt oder den 3. Raum abgeben, obwohl dies noch auf breiter Basis geschieht. Ausgangspunkt für heute richtige und stimmige Raumplanung und Architektur muss eine klare Vorstellung von einem regionalen, naturraumverflochtenen Entfaltungsraum sein, eine kritische Reflexion, was heute wichtig und was überflüssig ist, zuletzt eine vernünftige Vorstellung davon, was man heute festlegen kann oder muss und welche Aspekte so sehr im Fluss sind, dass sie als vorübergehende Erscheinungen zu behandeln sind. Wenn nun die stimmige Anwendung von Alltagsverstand auf Alltagsaufgaben wieder zu einer Art von heutiger Richtigkeit führt, dann braucht es nur ein kleines, oft unauffällige Plus, um „Bauen" in den Rang von „Architektur" zu erheben.

Alfons Dworsky, Universität Hannover, Hannover

Umwelt & Wirtschaft, Gestern & Morgen – Pole einer Einheit

Marija Markeš

Schon ein kurzer Blick auf die Projekte, die der europäischen Bevölkerung in den letzten 15 Jahren in Zusammenhang mit dem Europäischen Dorferneuerungspreis vorgestellt wurden, zeigt, in welch außergewöhnlicher und höchst interessanter Zeit wir leben. Als der Preis 1990 zum ersten Mal verliehen wurde, begannen die alten Grenzen und Streitigkeiten gerade zu verblassen, und mit dem Ende der totalitären politischen Systeme entstanden bald neue Möglichkeiten für Europas „Europäisierung". Was folgte, war eine Zeit der Suche nach neuen Wegen und gemeinsamen, jedoch vergessenen europäischen Wurzeln, voller Hoffnung und großer Erwartungen. Der achte Dorferneuerungspreis wurde 2004 bereits im Rahmen des neuen, 25 gleichberechtigte Mitgliedstaaten vereinenden Europa verliehen.

Die Erfahrungen der letzten 15 Jahre beweisen es: Entwicklung ist und bleibt ein Prozess, der im Kopf von Menschen entsteht, die nicht davor zurück schrecken, aus einer kritischen Betrachtung ihrer Vergangenheit und Gegenwart zu lernen, um so ihre Zukunft besser planen zu können. Dieses Bewusstsein hat sich in beiden Teilen Europas auf gleiche Weise ausgebreitet: In Westeuropa erkannten die Regierungen rasch den Bedarf an finanzieller Unterstützung von Projekten im Zusammenhang mit der ländlichen Entwicklung, und in den ländlichen Gebieten Osteuropas und einiger anderer Länder wurden Experimente im Zusammenhang mit der Kollektivierung und der Industrialisierung der Landwirtschaft durchgeführt.

Aufgrund der unterschiedlichen Ausgestaltungen der Regionen Europas und der verschiedenen Entwicklungswege, die die Länder eingeschlagen haben, bedarf es wohlüberlegter Maßnahmen, die alle auf wirtschaftlichen, Naturraum bezogenen, kulturellen und sozialen Aspekten basieren und mit ökologischen Aktivitäten verbunden sein müssen. Die Struktur der ländlichen Entwicklung hängt von den diesbezüglichen Interessen der Einheimischen ab, die in die regionalen, nationalen und internationalen Systeme eingegliedert werden müssen. Eine Abwägung der Interessen wie auch eine Zusammenarbeit und eine Kompromissbereitschaft der Beteiligten erscheint hier unerlässlich.

Ländliche Entwicklung ist nicht nur „universelles" Bedürfnis, sondern auch ein wirtschaftliches Erfordernis des modernen Europa. Sie stellt ein Forum dar, in dem Wirtschafts-, Kultur-, Sozial- und Naturschutzpolitiken zusammentreffen und in Hinblick auf die Interessen der unterschiedlichen sozialen Gruppen aufeinander abgestimmt werden. Nur derlei erzielte Lösungen können sowohl die Interessenvertreter befriedigen, als auch dem Erhalt der natürlichen Ressourcen zuträglich sein und somit den Bedarf der Menschen an Lebensqualität und Kreativität decken. Im Allgemeinen kann gesagt werden, dass es bei

Entwicklung darum geht, eine Balance zwischen Wirtschaft und Raumordnung auf der einen Seite und Kultur, Naturschutz und sozialer Gerechtigkeit auf der anderen Seite zu finden. In der Tat hängt der Erfolg von Entwicklungsprojekten zu einem großen Teil vom Ausmaß und der Tiefe der Beziehungen der Einzelnen zueinander sowie auch von der Aufteilung der Verantwortung unter eben diesen ab. Wenn die Möglichkeiten jedes Einzelnen, unter Bewahrung der kulturellen und natürlichen Werte bessere Lebens-, Arbeits- und Freizeitbedingungen zu schaffen, ausgeschöpft sind, können wir von Entwicklung sprechen.

Ein wirtschaftlich und sozial realisierbares Projekt kann viele Facetten haben und muss zahlreichen Ansprüchen gerecht werden. Es

- zielt auf eine endogene, ganzheitliche Entwicklung als Teil eines lokalen, regionalen, nationalen und internationalen, vorrangig europäischen Systems ab, das die ländlichen Gebiete in weitergehende Entwicklungsbemühungen eingliedert;

- nutzt das natürliche, wirtschaftliche, kulturelle, soziale und menschliche Leistungsvermögen einer Region mit dem Ziel, die nachhaltige Verwendung von natürlichen Ressourcen zu garantieren und neben rein wirtschaftlichen und sozialen Aspekten auch Naturschutzmaßnahmen sowie die Erhaltung und Schaffung von Arbeitsplätzen vor Ort zu garantieren;

- erfüllt eine koordinative Funktion, so dass unterschiedliche Entwicklungsbemühungen „unter einen Hut" gebracht werden können und neue Ideen Raum finden;

- verlangt nach Management, Information, Präsentation, Vermarktung und Transparenz und hebt so das Image eines Gebietes;

- bedient sich der Kooperation mit anderen europäischen Ländern, der Europäischen Union und verschiedenen Forschungseinrichtungen und trägt die Idee der ländlichen Entwicklung über die Grenzen hinaus;

- ist derlei gestaltet, dass es den jeweiligen Erfahrungen und Bedürfnissen angepasst werden kann und dem Einzelnen seinen Platz im Entwicklungsprozess garantiert;
- ist visionär, aber auch umsetzungsorientiert, verständlich, präzise, zielgerichtet, systematisch, logisch, akzeptabel, ermutigend, konsequent, realistisch und effizient.

Im Folgenden werden zwei Arten von Projekten analysiert, die beide von großem Wert sind. Die erste Gruppe zeichnet sich durch eine vorbildliche Symbiose von Wirtschafts- und Naturschutzinteressen aus, die zweite beweist, dass widrigste wirtschaftliche und soziale Bedingungen die Lebenskraft ländlicher Regionen nicht zu zerstören vermögen.

Die Herausforderung: Landwirtschaft, Kulturlandschaft und Umweltschutz

Was haben der Biosphärenpark Großes Walsertal (Österreich), der Nationalpark Eifel (Nordrhein-Westfalen) und der Veliki Naturpark (Slowenien) gemeinsam?

All diese Projekte stehen unter dem selben Motto: in einer geschützten Gegend leben und arbeiten. Ihre Intention ist es, natürliche, kulturelle und andere Attraktionen der jeweiligen Gegend zu nutzen, diese zu erhalten und sie in die Zukunftsplanung mit einzubeziehen – mit anderen Worten – sie wollen Herausforderungen beizeiten erkennen und das Bestmögliche daraus machen.

In den Jahrhunderten der Kultivierung und Zivilisation der Menschheit entstanden in Europa neue Umwelt-

Marija Markeš

Bertsdorf-Hörnitz, Sachsen, 2004

Das Leitbild für die Dorfentwicklung ist darin formuliert, sich zu einem tragenden Bestandteil einer aktiv bewirtschafteten Umgebindehauslandschaft im geplanten Naturpark „Zittauer Gebirge" am Dreiländereck Deutschland – Polen – Tschechien zu profilieren. Ziel ist es, grenzüberschreitende Kooperationen in den Bereichen Infrastruktur und Tourismus anzuregen und die interkommunale Zusammenarbeit der beteiligten zehn Gemeinden mit den angrenzenden tschechischen Gemeinden im Sinne der Erhaltung und Entwicklung der landschaftlichen Vielfalt und einer gemeinsamen Vermarktung der heimischen Produkte zu fördern.

Die Landwirtschaft hat überdurchschnittlich viele Wiedereinrichter zu verzeichnen. Diese bewirtschaften fast ausschließlich die historischen Drei- und Vierseithöfe mit der dazugehörigen Flur. Damit wird die weitere Existenz einer prägenden Baukultur gesichert, ein starker Bezug der Landwirte zu Grund und Boden und zum eigenen Produkt sowie den Kunden herausgebildet und die Stärkung regionaler Kreisläufe, insbesondere durch Direktvermarktung, angeregt. Die Erhaltung der landschaftsprägenden Obstbaumbestände wird durch die Pflege und Verwertung des Obstes garantiert. Auch die ökologische Grünlandwirtschaft trägt aktiv zur Landschaftspflege bei. Landschaftliche Vielfalt sichern weiters Projekte wie die Neuanlage des „Grünen Bandes", einer dreireihigen Hecke, oder die Pflege von Halbtrockenrasenvegetationen. Sinnvolle Ergänzung und Basis finden diese Bemühungen in Flurneuordnungsverfahren.

Donndorf, Thüringen, 1998

Donndorf, das zu Zeiten der Wende mit hoher Arbeitslosigkeit, mangelnder Infrastruktur und gefährdeter Bausubstanz konfrontiert war, ist es gelungen, mit einem hohen Maß an Eigeninitiative, Bereitschaft zu Kooperationen sowie Mut zu Innovation und Kreativität eine Entwicklung in die Wege zu leiten, die Vorbildwirkung weit über die Gemeindegrenzen hinaus hat.

Bäuerliche Wiedereinrichter, Produktions- und Vermarktungskooperationen, ein Bildungsunternehmen, das sich die Wiederbelebung alter Handwerkstechniken zum Ziel gesetzt hat und den Konnex zwischen Bildung und Wirtschaft sichtbar macht, sowie die Sanierung einer Klosteranlage und Nutzung als Kultur- und Bildungsstätte sind Beispiele für Maßnahmen mit ökonomischen Effekten. Sie finden Ergänzung in vielfältigen Aktivitäten zur Pflege der Kulturlandschaft unter Berücksichtigung der ökologischen Zusammenhänge und zur Erhaltung der Siedlungsstrukturen: Schaffung von Biotopen, Pflanzung von Schutzhecken und Beweidung von Streuobstflächen durch Schafherden, Verdichtung statt Neubaugebiet und gelungener moderner Wohnungsneubau inmitten der alten Klosteranlage. Mehr als bemerkenswert ist auch die Verbesserung der funktional bedingten Lebensqualität, etwa durch die Renaturierung des Dorfbaches, den Bau einer vollbiologischen Kläranlage, einer Turnhalle und eines Sportplatzes, die Einrichtung von Bibliothek und Kinderspielplatz, die Installierung einer Sozialstation und die Initiierung des Projekts „Betreutes Wohnen" für Jugendliche in einem ehemaligen Bauernhof.

faktoren, entwickelten sich neue kulturelle und materielle Werte. In Zentraleuropa gestaltete der Mensch seine natürliche Umgebung durch seine Arbeit, insbesondere durch Land- und Forstwirtschaft, und passte die Natur seinen Bedürfnissen an. Folglich kann der Begriff „intakte Natur" nur in einem begrenzten Sinn verwendet werden.

Da Naturschutz und ländliche Entwicklung offensichtlich viel gemeinsam haben, wird unter dem Begriff „Naturschutz" in Europa hauptsächlich der Schutz der Kulturlandschaft verstanden, die durch die jahrhundertelange Arbeit der Bauern gestaltet wurde. Das Verschwinden und die Zerstörung der Kulturlandschaft würde zur Aufgabe der kulturellen und wirtschaftlichen Identität einer Region sowie zum Verschwinden von unzähligen Pflanzen- und Tierarten führen, was vielfach bereits auch der Fall ist.

Es zeigt sich somit, dass Landwirtschaft, Forstwirtschaft und Umweltschutz mehr gemeinsam haben, als wir gerne zugeben. Unser Ziel ist die Garantie einer nachhaltigen Entwicklung in all diesen Bereichen, die die Funktionalität der natürlichen Ressourcen sowie insbesondere deren ständige Verfügbarkeit gewährleisten soll.

Dies bringt uns zum Herzstück der eingangs erwähnten Projekte – Landwirtschaft und Naturschutz als integraler Bestandteil der ländlichen Entwicklung. Umweltpolitik muss daher besonderes Interesse (und Verantwortung) für die Position der Landwirtschaft als ein fundamentales, wirtschaftliches Element in ländlichen Regionen zeigen. Auf der anderen Seite garantiert der Naturschutz den Erhalt produktiver Ressourcen für Land- und Forstwirtschaft, während die Forstwirtschaft

Marija Markeš

zum Erhalt der Kulturlandschaft als Teil der Natur beiträgt. Beim Schutz der Natur und der Umwelt handelt es sich keineswegs um den Schutz einer Sache, die für den Menschen von geringer Bedeutung ist und mit diesem kaum in Zusammenhang steht. Der Mensch ist mit seinen sozialen, kulturellen und politischen Bedürfnissen ganz im Gegenteil zentraler Bestandteil von Natur und Umwelt. Dieser gedankliche Ansatz ist ein wichtiger Schritt nach vorne – ein Sprung weg von dem Glauben, dass wir die Umwelt schützen, um die Lebensräume für Tiere und Pflanzen zu erhalten, hin zu der Erkenntnis, dass wir dies aus zwei Gründen tun – erstens zur Lebensraumerhaltung, zweitens zur Erhaltung jener Ressourcen, die unser menschliches Leben erst ermöglichen.

Man kann sagen, dass der Umweltschutz im Dienste der Landwirtschaft steht. Genauso bedarf aber auch der Umweltschutz der Landwirtschaft, die die Kulturlandschaft in all ihren Formen bestimmt und diese durch Kultivierung erhält. Ihr gemeinsamer Nenner ist die Nachhaltigkeit der natürlichen Ressourcen, die die Existenzgrundlage aller lebenden Organismen darstellt. Da – und darüber herrscht weitläufige Einigkeit – eine effiziente Erhaltung der Natur nur in Kooperation von Landwirtschaft und Naturschutz zu verwirklichen ist, müssen wir von diesem Ansatz ausgehend Projekte starten.

Diese letzte Erkenntnis ist speziell im Zusammenhang mit von der EU initiierten und geförderten Entwick-

lungsstrategien von Bedeutung, bei denen landwirtschaftliche Maßnahmen immer mehr auf den Schutz der natürlichen Ressourcen – Erdreich, Luft und insbesondere Wasser – ausgerichtet sind. In der Regel handelt es sich bei geschützten Regionen um Landesteile mit einem ständigen Bedürfnis nach Initiativen, die ihnen helfen können, durch die optimale Nutzung der natürlichen und kulturellen Vorzüge das Beste aus der Region herauszuholen. Auf eine solche Weise bleibt die Region interessant und entwicklungsfähig. Das Exempel, das solche Projekte statuieren, reicht noch weit über deren wirtschaftlichen Nutzen hinaus, unterstützen sie doch das Verständnis für die lebendige Verbindung zwischen dem Erhalt der Natur und der ländlichen Entwicklung sowie das Bewusstsein, dass eben diese Verbindung Nutzen und Möglichkeit für beide Sektoren darstellt.

Tradition und Kultur – Basis für neue wirtschaftliche Leistungen

Viel Neues im Osten. Zahlreiche ausgezeichnete und breit gefächerte Projekte in ganz Europa stärken unsere Annahme, dass Ausgaben für Maßnahmen der ländlichen Entwicklung die höchsten Gewinne erzielen. Durch die Schärfung der Sensibilität der Menschen für Entwicklungsfragen hilft man ihnen bei der Planung und Entscheidungsfindung, stärkt man ihr Selbstbewusstsein und ihre Eigeninitiative und vermittelt ihnen Verantwortungsbewusstsein. Auch wenn in der Leiter des Entscheidungsprozesses keine Sprosse übersprungen werden kann, so ist sie doch durch sorgfältige Planung manchmal leichter, manchmal schwerer, manchmal mit mehreren, manchmal mit nur wenigen Rückfällen am besten zu erklimmen. Erfolg-

reiche Projekte sind wie größere Geschwister – sie lehren uns zu klettern und hinzufallen, wir erleben mit ihnen Höhen und Tiefen, wir kopieren sie – doch über kurz oder lang lernen wir unseren eigenen Weg zu gehen, möchten unsere eigene Stärke testen und erlangen so eine gewisse Selbstzufriedenheit.

Der Wettbewerb um den Europäischen Dorferneuerungspreis begleitet auch Projekte, die zwar noch ganz am Beginn ihrer Entwicklung stehen, aber dennoch eine wichtige Rolle ausfüllen – sie unterstreichen den Lebens- und Arbeitszyklus in den ländlichen Gebieten und heben hervor, dass ohne Saat keine Ernte stattfinden kann. Nicht nur Frühjahr und Herbst sind wichtig, auch der Winter ist bedeutend, gewährt er uns doch die Zeit, um für den kommenden Frühling zu planen.

Projekte in Ländern, in denen ländliche Entwicklung erst in den letzten Jahren Bedeutung erlangt hat, wie Ungarn, Slowakei, Tschechien, Polen, Slowenien, Teile Ostdeutschlands, Sardinien, Griechenland, Rumänien etc., sind Beweis der neuen Vitalität der ländlichen Regionen, die zunehmend als attraktiver Arbeitsplatz und Lebensraum mit neuen beruflichen und privaten Chancen erkannt werden.

Die Kraft der Projekte steckt in Folgendem:

- Die Einheimischen wollen eigenverantwortlich über ihre Zukunft entscheiden und nicht länger von außen gelenkt werden.
- Die Initiatoren der Projekte nutzen historische Leistungen und Prägungen ihrer Region. Solcher Art inspiriert werden aus abenteuerlichen Geistern innovative Projektleiter, die immer auf der Suche nach Wegen zu neuen Höhepunkten für ihr Dorf sind.

Marija Markeš

Soblahov, Slowakei, 2002

Die 1.920 EinwohnerInnen von Soblahov haben sich erfolgreich auf die Suche nach ihrer verlorenen dörflichen Identität begeben und neues Selbstbewusstsein gefunden, das sich in ihrem Denken und Tun manifestiert. Sie engagieren sich für ihren Lebensraum, gestalten ihn liebevoll neu, bauen seine Infrastrukturen aus, stärken seine soziokulturellen Qualitäten und haben erkannt wie auch bewiesen, dass Ökologie und Ökonomie kein Gegensatzpaar sind, ganz im Gegenteil.

Umweltschutz wird groß geschrieben, allem voran der Schutz des Wassers. So wurde die Begleitvegetation des nicht verbauten Ortsbaches ergänzt und rund die Hälfte der Gemeindefläche als Trinkwasserschutzgebiet ausgewiesen. Die daraus resultierende Notwendigkeit einer umweltverträglichen Bewirtschaftung der landwirtschaftlichen Flächen wird nicht als Einschränkung, sondern als Chance begriffen. Zusammen mit einer Stärkung der Erholungsfunktion des Waldes zielen alle Maßnahmen auf die Entwicklung eines Sanften Tourismus und als Naherholungsraum für die Bezirksstadt Trencin ab. Dazu gehören die Anlage eines Radweges und eines Lehrpfades, der sowohl die Naturschönheiten als auch die kulturellen Sehenswürdigkeiten umfasst, sowie Kooperationen zwischen einem Reitklub, der landwirtschaftlichen Produktionsgenossenschaft, der Forstverwaltung und der Gemeinde. Die Entwicklung zu einem Naherholungsort mit ökologischen Qualitäten und wirtschaftlicher Effizienz ist eingeleitet.

- Es wird immer offensichtlicher, dass umfangreiche Geldmittel nicht notwendigerweise Voraussetzung für den Erfolg eines Projektes sind. Es hat sich ganz im Gegenteil gezeigt, dass Projekte, die unter rauen Bedingungen entstanden und gewachsen sind, ihre Kraft aus der Zusammenarbeit und dem Willen, gemeinsam Herausforderungen anzunehmen, geschöpft haben.

- Lokale wirtschaftliche und kulturelle Traditionen stellen eine stabile Projektbasis dar. Tradition und Fachwissen im Bereich Handwerk, Landwirtschaft und Tourismus sind unerlässliche Basis für den wirtschaftlichen Teil des Projekts, während kulturelle Tradition die so essentielle spirituelle Unterstützung liefert.

- Viele Projekte erweisen sich als die „kleine Schule" großer Erfolge und somit als eine Investition in die europäische Zukunft. Die Beteiligten lernen dabei den systematischen Zugang zu Arbeit, Problemlösung und Entscheidungsfindung, Fähigkeiten, die außerhalb des Projekts, insbesondere bei der Beschaffung von EU-Förderungen, genutzt werden können.

- Durch Projekte im Sinne der ländlichen Entwicklung gelingt es den betroffenen Regionen leichter, finanzielle Unterstützung seitens der EU zu lukrieren.

Die Freiheit, selbst über das eigene Schicksal zu entscheiden, ist von ganz besonderer Bedeutung in jenen Ländern und Staaten, in denen dies über Jahrzehnte hindurch verboten war. Bei vielen war der erste Geschmack der Freiheit berauschend, wurde jedoch abgelöst von einem Kampf um wirtschaftliches Überleben, da der Einsturz des politischen Systems unweigerlich den Einsturz der sozialen und kulturellen Strukturen mit sich brachte. In den ländlichen Gebieten Osteuropas stellen neue Schemata und zukunftsorientierte Projekte ein unverzichtbares wirtschaftliches und soziales Grundbedürfnis dar. Auch wenn die Zeiten noch unsicher sind, so schaffen gerade qualitätvolle Projekte, wie sie im Rahmen des Europäischen Dorferneuerungspreises eingereicht werden, neue Planungs- und Entwicklungsmöglichkeiten in Bezug auf Infrastruktur, neue Technologien und Landwirtschaft sowie in den Bereichen Tourismus, Sozialleistungen und Arbeitsplatzbeschaffung.

Der EU-Beitritt hat es diesen Ländern ermöglicht, zusätzliche Förderungen für die ländlichen Regionen zu erhalten. Der Erfolg wird natürlich davon abhängen, wie effizient die Geldmittel eingesetzt werden. Jene ländlichen Regionen, die eine klare wirtschaftliche Vorstellung, eindeutig definierte Prioritäten und qualifizierte MitarbeiterInnen zur Umsetzung ihrer Ideen haben, werden über große Wettbewerbsvorteile verfügen.

Jene Projekte, die wir im Rahmen des Europäischen Dorferneuerungspreises sehen durften, verfügen über ein solches Potenzial. Mehr noch, viele Betroffene haben ihre großen westeuropäischen Brüder bereits eingeholt oder werden dies in Kürze tun, insbesondere dann, wenn es ihnen gelingt, ihre Identität, ihren Naturraum und ihre kulturellen Traditionen zu erhalten und in das wirtschaftliche Angebot der eigenen Region zu integrieren.

An Stelle einer Schlussfolgerung

Europas Landschaft ist ein mannigfaltiger Naturraum, in dem mediterrane Landschaft übergeht in zahlreiche

Gebirgsketten, die wiederum von nördlichen Meeresküsten abgelöst werden. Es handelt sich dabei um eine außergewöhnliche kulturelle Region und um einen Treffpunkt verschiedenster Kulturen, die gemeinsam verantwortlich sind für die Gestaltung des Kontinents und die vom Zusammenleben von Menschen zeugen, deren Weltbild durch Musik, Sprache, Religion und Glaube, Traditionen, Architektur und wirtschaftliche Praxis geprägt wird. Die ländlichen Gebiete Europas sind ein wichtiger Lebens- und Wirtschaftsraum, sie wurden über Jahrhunderte erhalten und von Arbeit und Wirtschaft geprägt. Sie sind die Basis für neue Arbeitsplätze in den Bereichen Tourismus, Handwerk, Land- und Forstwirtschaft und Industrie. Außerdem sind sie ein Ort der Entspannung für Körper und Geist. Die Vielfalt der Regionen bietet dem Besucher zahlreiche Möglichkeiten, sich auszuruhen, zu erholen und spirituelle Bereicherung zu finden.

Mit Projekten zur ländlichen Entwicklung tragen jede Nation, jede Region, jedes Dorf zur wirtschaftlichen, sozialen und kulturellen Leistung Europas bei und schreiben mit jedem Schritt Geschichte. Was wir heute schaffen, wird morgen Geschichte sein, Geschichte, die zum Erbe wird. Dieser Gedanke möge die Europäer auf ihrer Suche nach Antworten auf die alles entscheidenden Fragen über den Sinn und das Wesen ihrer Existenz inspirieren.

Marija Markeš, Triglav Nationalpark, Bled

Marija Markeš

Ohne Land(wirt)schaft geht gar nix!

Charles Konnen/Peter Schawerda/Theres Friewald-Hofbauer

Über die Jahrhunderte hinweg waren Dorf und umgebende Fluren ein in sich geschlossener Lebens- und Wirtschaftsraum. Eine kleine Welt für sich, ein umfassendes Selbstversorgermodell. Ende des 19., vor allem aber im 20. Jahrhundert hat sich diese Form einer ländlichen Lebenswelt über vielfältige Veränderungen und gesellschaftliche Umbrüche weit gehend aufgelöst. Damit verbunden war auch eine Veränderung in den Funktionen der wirtschaftlichen Akteure: Die Landwirtschaft als ehemals zentrale Wirtschaftskraft im Dorf hat sich mit ihren Produkten zum großen Markt hin orientiert und geöffnet und die Dorfbewohnerlnnen waren auf eine Ernährungssicherung durch „ihre" dörflichen Bauern nicht mehr angewiesen. Damit waren die ehemaligen kleinen wirtschaftlichen Kreisläufe durchbrochen. Am Ende dieser Entwicklung steht die Globalisierung mit einem schier unbegrenzten Warenaustausch über Kontinente hinweg.

Und doch ist nicht alles austauschbar und importierbar. Es mag zwar für viele Menschen erstrebenswert erscheinen, zum Frühstück am Sonntag spanischen Schinken auf irischer Butter mit mediterranem Obst sehr preisgünstig vom Supermarkt zu genießen, sich danach das T-Shirt aus der dritten Welt überzustreifen und hinaus aufs Land zu fahren, wo man sich tagsüber in der herrlichen Kulturlandschaft erholt, entspannt und Natur noch so richtig erleben kann. Abends genießt man wieder das Leben in wohliger Wärme aus russischem Gas oder arabischem Öl bei einer Flasche guten chilenischen Rotweins. Nur – so stirbt das Land und damit die Landschaft.

Vieles mag austauschbar und importierbar erscheinen. Lediglich die Landschaft und das dahinter stehende humane Potenzial der Bauern, die in dieser Landschaft ihren Arbeitsplatz haben, können weder von Asien oder Südamerika oder Arabien aus aufrecht erhalten werden. Hier enden Austauschbarkeit und Beliebigkeit von Waren. Die durch unsere Mobilität und Freizeit neu entstandene, sehr wesentliche Erholungsfunktion des ländlichen Raumes und seine immer stärker zu betonende Ausgleichsfunktion als Puffer und Filter für reines Wasser und gesunde Luft können aber nur bestehen, wenn auch die ursprüngliche Wirtschafts- und Lebensraumfunktion gewährleistet bleibt.

Es nützt wenig, wenn wir in unseren Kommunen attraktive Arbeitsplätze und Tourismusbetriebe aufbauen, wenn gleichzeitig die umgebende Kulturlandschaft entweder zwecks Rationalisierung für einen weltweiten Wettbewerb weggehobelt oder aufgegeben wird und zuwächst. Natürlich kann eine kleinteilige oder feingliedrige Landwirtschaft in einer strukturierten Kulturlandschaft nicht am Niveau der Weltmarktpreise geführt werden. Natürlich gilt auch hier, dass produzieren alleine zu wenig sein wird. Diversifizierung, Veredelung, Vermarktung und Clusterbildungen zum regionalen Gewerbe müssen ebenso ins Auge gefasst werden wie regionale Energieversorgung aus nachwachsenden Rohstoffen oder erneuerbaren Energieformen. Das ist keine theoretische Forderung, dazu gibt es in etlichen Dorferneuerungsprojekten bereits viele konkrete Beispiele, wie das verwirklicht werden kann.

Die Wettbewerbe um den Europäischen Dorferneuerungspreis konnten immer wieder Teilnehmer verzeichnen, die sich dieser Thematik in besonderer Weise angenommen haben. Meist im Wissen darum, dass Landwirtschaft allein nicht reicht, um den ländlichen Raum wirtschaftlich und sozial abzusichern, dass aber andererseits die Landwirtschaft mit ihren vor- und nachgelagerten Sektoren nach wie vor einen wesentlichen Bestandteil im sozio-ökonomischen Wirkungsgefüge ländlicher Gemeinden darstellt.

Die „Erfolgsgaranten" für eine gedeihliche Entwicklung lassen sich überall, ob in den Gemeinden und Dörfern Luxemburgs, Sloweniens, Hessens, der Steiermark oder sonst wo, auf einige wenige, in ihrer Ausführung und Umsetzung aber sehr vielgestaltige Punkte zusammenfassen:

1. Eine nachhaltige Stärkung der bäuerlichen Land- und Forstwirtschaft basiert darauf, sie bewusst in regionale bzw. überregionale Kreisläufe einzubinden.

2. Unterstützung der ortsansässigen Landwirtschaftsbetriebe wird vielfach durch den konsequenten Erhalt von prioritären Kultur- und Landbauflächen in den Ortsrandlagen der Gemeinden erreicht. Das heißt, keine zusätzliche Baulandausweisung bzw. -erschließung auf landwirtschaftlichen Vorrangflächen, auch wenn der Siedlungsdruck hoch ist.

3. Gründung von landwirtschaftlichen Genossenschaften bzw. bäuerlichen Gemeinschaften durch die lokalen Landwirte, um mehr Effizienz hinsichtlich Produktveredelung, -vielfalt und -vermarktung zu erzielen. Ein dafür häufig genutzter Rahmen ist die EU-LEADER-Initiative.

4. Diversifizierung land- und forstwirtschaftlicher Aktivitäten und Entwicklung neuer Alternativ-Erwerbsquellen, wobei der Phantasie keine Grenzen gesetzt sind, geht es doch nicht zuletzt auch darum, regionsspezifische „Nischen" zu nutzen. Eine wichtige Rolle kommt dabei aber sicher der Energieproduktion, sprich Biomassenutzung und der Beteiligung der Landwirte an der Windenergienutzung, zu.

5. Landwirtschaft im Einklang mit Natur- und Umweltschutz, als Partner und Dienstleister im Landschaftsschutz, in der Landschaftspflege und im Tourismus.

Beispiele gefällig?

Alheim-Oberellenbach, Hessen, Teilnehmer 2000

Oberellenbach zählt 421 EinwohnerInnen und ist ein Ortsteil der Gemeinde Alheim. Die BewohnerInnen bekennen sich zu einem Erneuerungsziel, das auf einer nachhaltigen Entwicklung gemäß der Agenda 21 aufbaut. Dem entsprechend wurde eine Reihe von

Maßnahmen gesetzt, die diesem Anspruch gerecht werden und miteinander vernetzt ein ganzheitliches und umfassendes Projekt ergeben.

Hervorhebenswert sind die guten Ansätze und positiven Resultate im Bereich Einbindung der Landwirtschaft in regionale Kreisläufe. Hier springt insbesondere die Initiative RegioBunt-Lützelstrauch, eine gelungene und interessante Kombination von biologischer Landwirtschaft, traditionellem Handwerk und Sanftem Tourismus ins Auge. Auch hinsichtlich der Sicherung bzw. Schaffung standortgerechter Erwerbsmöglichkeiten hat Oberellenbach einiges zu bieten. Erfolgreiche Initiativen wurden sowohl in der Landwirtschaft als auch im Handwerk und im Dienstleistungsbereich gesetzt.

Als vorbildlich darf der Umgang mit der Kulturlandschaft eingestuft werden. Diese erfährt durch die Landwirtschaft eine aktive Gestaltung, die durch verschiedene landschaftspflegerische Maßnahmen sowie interessante Formen von „Kunst in der Landschaft" ergänzt wird und Phantasie und Mut zum Unkonventionellen widerspiegelt. Sehr viel Aufmerksamkeit wird auch der Siedlungsentwicklung gewidmet. Dabei geht man erfreulicherweise Ressourcen sparende Wege, indem der Lückenbebauung der Vorzug gegenüber Neubauten gegeben wird.

Besonderes Engagement ist hinsichtlich der Nutzung erneuerbarer Rohstoffe und des Einsatzes alternativer Energien zu verzeichnen. Teils realisiert, teils noch im Planungsstadium befindlich, seien hier insbesondere der Biohof mit Rapsölheizung, Solarluftkollektoranlage und Photovoltaik sowie die Nutzung der Wasserkraft zur Stromerzeugung am Beispiel der Riede-

Konnen/Schawerda/Friewald-Hofbauer

mühle genannt. Allesamt Aktivitäten, die große Aufgeschlossenheit für neue Wege der landwirtschaftlichen Produktion in Verbindung mit einem ausgeprägten ökologischen Gewissen beweisen.

Alheim-Oberellenbach wurde mit einem Europäischen Dorferneuerungspreis für eine ganzheitliche, nachhaltige und mottogerechte Dorfentwicklung von herausragender Qualität unter besonderer Anerkennung der vorbildlichen Vernetzung von Tourismus, Landwirtschaft und Handwerk sowie der beispielhaften soziokulturellen Initiativen ausgezeichnet.

Heinerscheid, Luxemburg, Teilnehmer 2004

Die 1.060 EinwohnerInnen zählende Gemeinde Heinerscheid liegt im Norden des Großherzogtums Luxemburg (Kanton Clervaux), am Dreiländereck zwischen Belgien, Deutschland und Luxemburg. Die vorrangigen Entwicklungsziele der Gemeinde orientieren sich an ihrer Lage im Ösling, gekennzeichnet durch weite, hauptsächlich landwirtschaftlich genutzte Hochflächen und tief eingeschnittene, windungsreiche Flusstäler mit vorwiegend bewaldeten Talhängen. Die Our verläuft an der östlichen Gemeindegrenze und bildet gleichzeitig die Staatsgrenze zwischen Luxemburg und Deutschland.

Heinerscheid ist Sitz des interkommunalen Syndikats des Naturparks Ourtal (SIVOUR), der 13 Mitgliedsgemeinden zählt und sich als eine Plattform für die nachhaltige Entwicklung der Region versteht. Die Naturparkverwaltung organisiert zahlreiche Projekte zum Natur- und Landschaftsschutz, zur nachhaltigen Stärkung der Region und zum Qualitätstourismus sowie Veranstaltungen, die regionale Identität, Naturerlebnis und Information vermitteln. Als besonders qualitätvoll und nachahmenswert stechen unter vielen anderen Aktivitäten und Maßnahmen jene Projekte hervor, mit denen angestrebt wird, die Beschäftigung in der Landwirtschaft zu erhalten und auszubauen. So werden in Heinerscheid in Zusammenarbeit mit dem Naturpark Our Sonderkulturen auf Versuchsfeldern angebaut, während in Kalborn eine gemeinsame Ölpresse der BEO („Bauereninitiativ fir d'Eislek an dem Naturpark Our") die Herstellung von Speiseölen ermöglicht. Im Cornelyshaff ist ein Zentrum zur Weiterverarbeitung regionaler Produkte, mit Produktionsanlagen für Käse und Senf, Gasthausbrauerei und Restaurant entstanden. Außerdem werden hier monatlich Bauernmärkte organisiert. Die thematischen Rundwanderwege „Champs Elysées" informieren auf künstlerische Weise Einheimische und Touristen über die Vielfalt regionaler Produkte.

Erwähnenswert ist auch der Windpark, der mit einer Nennleistung von 12,2 MW der größte Luxemburgs ist und somit wesentlich zur Entwicklung von nachhaltigen und erneuerbaren Energiequellen im Land beiträgt. Die jährliche Gesamtleistung von ca. 22 MWh bedeutet Energieautonomie für etwa 5.000 Haushalte. Die BürgerInnen der Gemeinde sind in dieses zukunftsorientierte Projekt mit 22,5 Prozent Firmen-Anteilen direkt eingebunden.

Im Gemeindeentwicklungsplan von 1994 hat Heinerscheid auch Grundprinzipien zur nachhaltigen Siedlungsentwicklung erarbeitet. Es wird versucht, die Zersiedelung und den Flächenverbrauch zu begrenzen, indem alte Bausubstanz revitalisiert und wenig Bauland ausgewiesen wird.

Obststraße Javor-Janče, Slowenien, Teilnehmer 2004

Das Besondere dieses Projekts liegt im Schwerpunkt einer regionalen Stadt-Land-Partnerschaft. Es gibt weder einen Naturpark noch einen ausgeprägten Urlaubs- und Wellnesstourismus mit den dazugehörigen Attraktionen. Es geht in erster Linie um die Bewusstseinsbildung und um die Tatsache, mit dem umgebenden Land einfach „mitleben" zu müssen, wenn der erwünschte Erholungsraum nicht verloren gehen soll – eine Symbiose zwischen einer großen Stadt und ihrem Umland.

Laibach ist heute eine westlich geprägte Stadt, mit all ihren Vorzügen und Möglichkeiten. Außerhalb von Laibach erstreckt sich eine einzigartige Kulturlandschaft – noch. Klein strukturiert, mit vielen Landschaftselementen, herrlichen Streuobstbeständen und darin eingebetteten alten Bauerngehöften, die jedoch in letzter Zeit nur noch von älteren Menschen bewohnt wurden. Eine Kulturlandschaft, in der sich die althergebrachte Wirtschaftsweise nicht mehr lohnte, so dass die kleinen Höfe vor dem Auslaufen standen.

Nun könnte man „passiv" sanieren, auf den sich abzeichnenden „Konzentrationsprozess" warten und anschließend die Fluren durchrationalisieren: die vielen funktionslos gewordenen Obstbäume roden, breite Felder anlegen und große Maschinen einsetzen, um noch mehr zu den bereits vorhandenen Produktionsüberschüssen und zu Umweltproblemen beizutragen. Mit solchen Maßnahmen würde der Erholungsraum für die Laibacher wegrationalisiert werden. Ausgehend von dieser Situation haben sich mittlerweile 36 Bauernhöfe zusammengetan und ein gemeinsames Unternehmen gestartet: die Errichtung einer Obststrasse mit dem Ziel, die Städter aus Laibach als wesentlichen Teil des Projektes zu berücksichtigen.

Zunächst einmal sollte an die traditionellen Wurzeln des Obstanbaus angeknüpft werden. Zu den Streuobstbeständen kamen neue und ertragreichere Beerenobstkulturen hinzu – alles sehr behutsam in das bestehende Potenzial der kleinteiligen Kulturlandschaft eingefügt. Nicht zu groß, im Familienbetrieb zu bewältigen und gepaart mit sehr viel ökologischem Gespür. Gemäß der Prämisse, dass aber produzieren alleine zuwenig ist, wurde als „Marketingschiene" ein sehr breit angelegter Bewusstseinsbildungsprozess zwischen Produzenten und regionalen Konsumenten, vornehmlich aus dem benachbarten Laibach, gesetzt: Wollen die Städter die alte bäuerliche Kulturlandschaft zum Erholen und Natur-Erleben nützen, dann müssen sie mit dem Land und den Menschen, die dort arbeiten, im wahrsten Sinn des Wortes „mitleben". Das verlangt, nicht nur ein paar Mal jährlich regionale Produkte zu erstehen, sondern das alltägliche Konsumverhalten insgesamt nach neuen Gesichtspunkten auszurichten. Zum Regionalen muss das Saisonale hinzukommen, das bedeutet, dass nicht ausgerechnet zu Weihnachten importierte Erdbeeren aus der südlichen Hemisphäre gekauft werden, sondern man eben bis zum Frühjahr wartet, wenn die Früchte direkt vor der Haustüre reifen.

Solche Prozesse kann man allerdings nicht mit schönen Worten herbeireden, dazu braucht es klassische Bewusstseinsbildung. Lernen und Begreifen, was unsere Lebensgrundlagen sind und wie die Stoffkreisläufe zusammenspielen. Nicht theoretische Wissensaneignung ist gefragt, sondern das Lernen unmittelbar von „Mutter Natur". Mit Spaß und Spiel, anhand von Erlebnisangeboten und handwerklichem oder kunsthandwerklichem Tun, am besten mit den natürlich vorhandenen Materialien. In Form von jahreszeitlich abgehaltenen Festen und Veranstaltungen sowie mit massiver Unterstützung der städtischen Entscheidungsträger konnte so ein regionales und saisonales Kaufbewusstsein geschaffen werden. Der Erfolg dieses Projekts, das noch am Beginn steht, zeigt sich aber bereits jetzt. Für die vor dem drohenden „Aus" stehenden bäuerlichen Betriebe fanden sich junge Übernehmer, die ihre Betriebe auf die neue Produktionsweise umstellten, so dass sich das Wirtschaften jetzt wieder lohnt.

Steirisches Vulkanland, Steiermark, Teilnehmer 2004

Die Oststeiermark war infolge ihrer 40-jährigen peripheren Lage am „Eisernen Vorhang" das „Armenhaus" Österreichs. Schwache Wirtschaftskraft und starke Abwanderung prägen die Region. In einem mehrdimensionalen und europaweit einzigartigen Vorzeigeprojekt ging es unter anderem auch ganz wesentlich um die Land(wirt)schaft. In diesem Sektor war der Aufbruch zu neuen Ufern ein Gebot der Stunde. Stellvertretend für viele andere Beispiele soll die Entwicklung anhand eines kleinen Betriebes verdeutlicht werden. Eine kleine Bauernwirtschaft wurde von der Orientierung auf die

väterliche Mais-Schweinemast auf Weinbau mit Buschenschank und selbst erzeugten Schweineprodukten umgestellt, alles höchst attraktiv und für Konsumenten erlebnisgerecht aufgebaut: ein Schaukeller, eine geradezu mystische Speckreifekammer und, von den Heurigentischen aus stets sichtbar, urige ungarische Wollschweine.

Um die Vielfalt und Dichte der innovativen Initiativen und Einzelprojekte im Sektor Landwirtschaft und Landschaft sichtbar zu machen, sollen diese zumindest stichwortartig aufgezählt werden:

- Mais und Mehr – Konzept zur stofflichen Nutzung von Maiserntereststoffen,
- Grüne Bioraffinerie – technische Verwertung von Wiesengrünmasse,
- Biogasoffensive der lokalen Energie Agentur,
- Gesunde Ernährung aus der Region,
- Verwertung sortenreiner Streuobstmengen,
- Säfte und Moste,
- Vulkanlandfrühstück mit allen Sinnen,
- Unser Dorfladen – Schaffung von regionalen Produktecken bei Nahversorgern,
- Grüne Hoffnung Wald – Belebung der Waldbewirtschaftung durch Gemeinschaften,
- Förderung von Biomasseheizungen in Einfamilienhäusern und öffentlichen Gebäuden durch Waldwirtschaftsgemeinschaften,
- Grüne Bioraffinerie – Gewinnung von Milchsäure aus Silage,
- Maisadsorbens aus Kolbengranulat (Ölbinder, Hygienestreu …),

- Kulturlandschaftsentwicklung – Fleischprodukte der Vulkanlandhirten,
- Weideinitiative Vulkanland – Erhöhung der extensiven Weideflächen,
- Vulkanlandschinken – Entwicklung eines einzigartigen Rohschinkens (Vulcano),
- Projekt Müsliriegel mit hohem Anteil an getrocknetem Streuobst,
- PSO – Umsetzung einer Sämereigemeinschaft für hochwertiges Saatgut (Gräser, Klee) zur Erhöhung der Wertschöpfung und Vermeidung von Erosion auf Hanglagen,
- ÖKOFIT Landwirtschaft – ein Wettbewerb für innovative Landwirte (zehn Projekte).

Durch alle diese Projekte zieht sich ein roter Faden: die Umstellung auf regionale Wertschöpfungsketten und die Abkoppelung der Landwirtschaft vom globalisierten Markt, auch unter Bedachtnahme auf das Potenzial einer gesunden und reich strukturierten Kulturlandschaft. Zudem konnten neben der erreichten Wertschöpfung auch die Nachhaltigkeit und Umweltschonung aufgrund veränderter Wirtschaftsweise stark verbessert werden. Beeindruckend ist außerdem die Miteinbeziehung der möglichen landwirtschaftlichen Leistungen im Bereich der nachwachsende Rohstoffe in regionale Stoffkreisläufe.

Anhand von Umfragen unter den Bauern lassen sich die unterschiedlichen Einstellungen miteinander vergleichen. Dabei ist zu erkennen, dass in den letzten Jahren vermehrt eine Verbesserung der Lebenssituation im Vulkanland zu bemerken ist – trotz allgemeiner wirtschaftlicher Verdüsterung und starker Tendenz zur Aufgabe von landwirtschaftlichen Betrieben sowie verschärften globalen Wettbewerbsbedingungen.

Dass diese Aufbruchstimmung aber weit über die Landwirtschaft hinausgeht, zeigt sich im Hinblick auf den Tourismus. In dieser Region, im Vulkanland, liegt die bekannte Therme Bad Gleichenberg. Als touristisches Zentrum sind die Betreiber der Therme ständig auf der Suche nach Innovationen und Verbesserungen im Angebot. Hierzu gibt es neue Überlegungen für die Schaffung zusätzlicher Attraktionen im und rund um den Wellnessbereich. Alternativ dazu wird aber auch sondiert, ob es nicht besser wäre, in die bereits bestehenden regionalen Initiativen so zu investieren, dass hier eine gemeinsame Angebotspalette mit den Intentionen der Therme verbunden und aufgebaut werden kann. Oder anders formuliert: Man ist auf der Suche nach Synergien zwischen Tourismus und regionalen Highlights in Land(wirt)schaft und Handwerk.

Wie immer die Entscheidung auch ausfällt – genau solch eine Verbindung würde als Gesamtpaket die Unverwechselbarkeit und Einmaligkeit bringen. Denn Thermen mit Wellnessbereichen und speziellen Attraktionen können auch an vielen anderen Orten errichtet werden. Aber die konkrete Einbeziehung der umgebenden Region mit ihren Traditionen, ihrem typischen Landschaftsraum und darauf aufgebauten eigenständigen Angeboten ist sicher nicht mehr austauschbar.

Peter Schawerda, Europäische ARGE Landentwicklung und Dorferneuerung, Wien

Charles Konnen, Office National du Remembrement, Luxemburg

Theres Friewald-Hofbauer, Europäische ARGE Landentwicklung und Dorferneuerung, Wien

Identitäten entdecken und stärken

Carlo Lejeune

Die Stärkung der ländlichen Identität ist Grundlage für die Entwicklung des ländlichen Raumes. Zukunft werden die europäischen Regionen nur dann haben, wenn ihre BewohnerInnen voller Stolz sagen: Es macht Spaß, auf dem Lande zu leben.

Rodaki, Bildein, Rodt

Rodaki, Gemeinde Klucze, liegt in einer der ärmeren Regionen Südpolens. Über 20 Prozent der 990 Dorfbewohnerinnen sind arbeitslos. Besser qualifizierte ArbeitnehmerInnen wandern in der Regel ab: Die Verkehrsanbindungen zu den Zentren sind schlecht. Dennoch ist die Stimmung im Dorf gut. Nach dem Motto „Gebt den Menschen keine Fische, sondern Angeln" betreibt eine engagierte Gruppe konkrete Sozialarbeit, indem sie den armen Familien im Frühjahr kostenlos Gänse zur Verfügung stellt. Die Gänse und das konstruktive Erinnern an die eigene Geschichte, die schon immer von Armut geprägt war, machen den DorfbewohnerInnen Mut für die Zukunft.

Bildein, Burgenland, verlor zwischen 1960 und 1990 fast 40 Prozent seiner Bevölkerung. Als „toter Ort am Eisernen Vorhang" arbeiten die meisten EinwohnerInnen als PendlerInnen im Großraum Wien, wo sie häufig eine Zweitwohnung haben. Viele kehren nur zum Wochenende in ihr Dorf zurück. Diese Mühe nehmen sie auf sich, weil sie ihre Heimat, „Bildein, das Dorf ohne Grenzen", wertschätzen. Weinarchiv, Weinkulturhaus, Geschichte(n)haus, Geschäft und Dorfsaal beleben neuerdings den Ort und schaffen Anknüpfungspunkte und Lebensqualität.

Rodt liegt in der Deutschsprachigen Gemeinschaft Belgiens. Die Arbeitslosigkeit in dieser ländlichen Region ist mit unter fünf Prozent sehr gering. Sehr viele Menschen arbeiten aber als PendlerInnen in Luxemburg, in der Wallonie, in Brüssel oder in Deutschland. Landes- und Sprachgrenzen spielen keine Rolle mehr. Die 512 EinwohnerInnen sind ausgesprochen vereinsbegeistert: Allein zwölf Dorfvereine sind das gesamte Jahr aktiv. Fußballplatz, Skihütte, Biermuseum, Dorfhaus, all das wurde von den Vereinen aufgebaut und wird von ihnen ehrenamtlich unterhalten und gepflegt. Soziale Nähe und Zusammenhalt sehen die Rodter als großen Trumpf an.

In ganz Europa leben Menschen aus Überzeugung in Dörfern und ländlichen Regionen. Sie verzichten auf die scheinbaren Vorzüge der Stadt. Warum? Nur weil sie ihre Heimat lieben? Wertschätzen sie – im Gegensatz zur Anonymität der Stadt – vorwiegend das Gefühl der Geborgenheit in einem überschaubaren sozialen Netz? Bevorzugen sie die kooperierenden (Dorf-)Gemeinschaften im Gegensatz zu den konkurrierenden Individuen in den Städten? Prägt ihre Grundeinstellung die lokale Verwurzelung, die angestammte Herkunft oder die Liebe zur Natur? Wo kommt jene Übereinstimmung zwischen Lebensentwurf und Umfeld auf dem Lande her, die landläufig als Identität oder Identifikation bezeichnet wird? Wohl selten wurden die Begriffe Identität und Identifikation so oft bemüht wie im ausgehenden 20. und beginnenden 21. Jahrhundert. Doch was steht gerade für den ländlichen Raum dahinter?

Der ländliche Raum funktioniert anders

Die Identität des Menschen besteht darin, dass ein Mensch von anderen Menschen unterscheidbar ist und dieser Mensch als derselbe identifizierbar bleibt, auch wenn er sich verändert. Dieses Unterscheiden vollzieht sich in einem beständigen Wechselspiel von „Dazugehören" und „Abgrenzen". Ein äußeres Merkmal einer bestehenden Gruppenidentität als sein eigenes Wesensmerkmal anzunehmen, sich also damit zu identifizieren, ist ein fortwährender, wechselhafter Prozess, der zu einer Vielzahl von Identitäten auf oftmals sehr unterschiedlichen Erfahrungsebenen führt. Aus dieser Logik heraus ist klar, dass ein/e LandbewohnerIn sich von einem/einer StadtbewohnerIn unterscheidet. Der Aktivist der finnischen Dorferneuerungsbewegung und Träger des Alternativen Nobelpreises im Jahr 1992, Tapio Mattlar, fasste die Eckpunkte einer spezifisch ländlichen Identität in vier Punkten zusammen: „Die finnischen ‚Dorfrepubliken' zeichnen sich durch eine Gegenwelt aus. Statt Globalisierung und Wirtschaftskrieg ist regionales kooperatives Wirtschaften möglich, statt zunehmender Vereinzelung können die Menschen zu einem Leben in Gemeinschaft zurückkehren, statt Sinnkrise bieten die ländlichen Regionen kulturelle Vielfalt und persönliches Wachstum, statt Ökokatastrophe besteht außer-

Identitäten entdecken und stärken/Carlo Lejeune

Bellersen, Nordrhein-Westfalen, 2002

Die 700 EinwohnerInnen zählende Ortschaft, eingebettet in eine wunderschöne Naturlandschaft, zeichnet sich durch außergewöhnlich kreative und innovative Konzepte, Strategien und Maßnahmen in den verschiedenen Entwicklungsbereichen aus. Und man hat den Eindruck, dass tatsächlich alle BewohnerInnen ihren Teil zur Dorfentwicklung in Richtung Tourismus-Musterdorf beisteuern und sich ganz und gar mit ihrem Dorf identifizieren. Eine Identifikation, die wohl vorrangig darauf beruht, dass Hobbys und Talente der DorfbewohnerInnen erkannt, geschätzt und voll genutzt werden – im Rahmen des bürgerschaftlichen Engagements ebenso wie im Hinblick auf die Schaffung neuer Arbeitsplätze. So sind Töpfereien, Kunstladen, Museum, zahlreiche attraktive touristische Angebote sowie ein Zentrum für Therapie- und Heilpädagogik entstanden.

Das ausgeprägte Selbstwertgefühl und die starke Verbundenheit mit dem eigenen Lebensraum, wesentliches Merkmal der Menschen in Bellersen, resultieren darüber hinaus auch aus der ansprechenden, dorfgerechten Umgestaltung des alten Ortskerns, dem umfassenden Schutz der Bellerser Baudenkmäler und der Pflege der regions- und ortstypischen Kulturlandschaft durch eine sanfte Landbewirtschaftung und gezielte Wiedereinräumung. Werte, die Touristen wie auch Einheimischen durch einen „Agrarhistorischen Wanderweg" besonders bewusst gemacht werden.

halb der Städte die Möglichkeit einen nachhaltigen Lebensstil mit weniger Konsum, gesunder Umwelt und Ernährung bei hoher Lebensqualität zu leben."

Das Dorf: emotionale und mentale Identität

Auch wenn das Dorf schon längst nicht mehr die Lebenswelt bedeutet, so bleibt es doch der Lebensraum, in den Kinder und Jugendliche hineinwachsen und von dem sie noch immer wichtige Sozialisationsmuster übernehmen. Der gemeinsame Besuch der Schule, die offene Tür des Nachbarhauses, allgemeines Mitgefühl bei einem Sterbefall, spontane Nachbarschaftshilfe oder gelungene Vereinsfeste, all das sind emotionale Erlebnisse, die wohl nur den wenigsten LandbewohnerInnen fremd sind.

In der Tat: Auf dem Land kennt im Prinzip jeder jeden. Daraus entsteht soziale Nähe, die sich in wohltuenden Gemeinschaftserlebnissen durch echt gemeinte Fürsorge ausdrücken kann. Sie kann im ungünstigsten Fall aber auch bis zum sozialen Druck durch üble Nachrede reichen. Die Sehnsucht nach einem überschaubaren Lebensrahmen, nach einem Wohlbefinden in der Gemeinschaft ist wohl die erste, emotional geprägte Form einer Identität, die allerdings immer stärker im überdörflichen, regionalen Rahmen (beispielsweise durch Sportvereine, Bildungsangebote und anderes) geprägt wird.

Ergänzt wird diese emotionale Identität durch den räumlichen Identitätsbegriff. Er steht für lokale Verwurzelung und angestammte Herkunft, die zu einer hochgradig raumbezogenen Kompetenz mit tiefem Insiderwissen führen kann. „Je mehr die Menschen über die Geschichte ihrer Region, ihre Wurzeln erfahren,

Identitäten entdecken und stärken/Carlo Lejeune

um so besser verstehen sie die Landschaft und die Menschen und umso stärker identifizieren sie sich mit ihnen", so erläutert Erwin Zillenbiller, Initiator zweier LEADER+-Projekte mit historischem Hintergrund. Kunst, Kultur, Archäologie sind weitere Themen, über die dörfliche und regionale Identität gestärkt werden können. Wenn diese emotionale Identität aber Ausdruck finden soll, dann kommt in der Regel eine weitere Stärke des ländlichen Raumes zum Tragen: Es ist nicht nur die soziale Nähe, sondern auch die daraus resultierende Fähigkeit, auf dem Lande das zu organisieren, was man aus der Stadt kennt, aber nicht zur Verfügung hat. Dies ist Bürgerbeteiligung im positiven Sinne. Diese Eigeninitiative ist in der Regel erfolgreich, wenn sie städtische Vorbilder nicht nur abkupfert, sondern sie den ländlichen Bedürfnissen entsprechend anpasst.

Die emotionale und mentale Identität stärken

Die Stärkung der emotionalen und mentalen Identität ist in der Regel ein Grundbedürfnis all der Menschen, die sich für ein Gemeinschaftsleben öffnen. Politische Entscheidungsträger können zahlreiche Hilfestellungen geben, die quer durch Europa weitgehend identisch sind: Schaffung eines guten Umfeldes für junge Familien; Förderung des Zusammenlebens zwischen Alt und Jung; Unterstützung von Vereinen und vor allem deren Jugendarbeit, da die Jugendlichen nur so lernen, Verantwortung zu tragen und sich in die vielfältigen Aufgaben der Gemeinschaft einzuarbeiten; Schaffung oder Erhalt von Dorfhäusern und Dorfgeschäften, Spielplätzen oder Ruhebänken als dörfliche Treffpunkte und Kommunikationsorte; Schaffung von Jugendtreffs; Pflege der Straßeninfrastruktur; Förderung eines den dörflichen Anforderungen angepassten öffentlichen Nahverkehrs; ...

Identitäten entdecken und stärken/Carlo Lejeune

Großschönau, Niederösterreich, 2002

Großschönau zählt heute 1.268 EinwohnerInnen, was einem satten Bevölkerungszuwachs entspricht, und das in einer stark von der Landflucht geprägten Region. Grund dafür ist die konsequente Entwicklung der Gemeinde gemäß dem zeitgeistigen Leitbild „Ökologie und Bildung" mit sehr positiven Auswirkungen auf alle Lebens- und Wirtschaftsbereiche. So wurde Großschönau zu einem beliebten Ziel für kreative Landschulwochen, Wünschelruten-Geher, Bildungshungrige und „Seelenbaumler" sowie für die alljährlich etwa 35.000 BesucherInnen der Bioenergiemesse. Dank Bioenergetischem Trainingszentrum, saniertem Pfarrstadl, Bibliothek, neuem Kinder- und Erlebnisspielplatz, Dorfhaus, biologischer Landwirtschaft und niveauvoller Kinder- und Jugendarbeit kommen alle auf ihre Kosten, die Ökotouristen ebenso wie die Einheimischen.

Kamien Śląski, Opole, 2000

Auf der Suche nach ihrem Identifikationsmittelpunkt landeten die etwa 1.250 EinwohnerInnen von Kamien Śląski sehr rasch bei ihrer großartigen Schlossanlage mit dem Sanktuarium des Heiligen Hyazinth. 1990 noch eine Ruine, beherbergt sie vier Jahre später bereits ein Hotel mit 60 Betten und verleiht dem Ort seine historische Bedeutung als berühmter Wallfahrtsort wieder. Aber auch die Renovierung von Grundschule und Bibliothek unter aktiver Mitarbeit der DorfbewohnerInnen und die vorwiegend von Frauen organisierten Kulturveranstaltungen tragen zur Stärkung der Identität und des Selbstbewusstseins bei.

Identität mit dem Lebens- und Aktionsraum

Den ländlichen Raum verstehen wollen heißt aber, über diese emotionale Identität hinauszugehen. Der Mensch lebt auch auf dem Land in einem Bezugsrahmen, der seine Handlungsmöglichkeiten mitbestimmt. Die geistigen Abbilder der Umwelt, die jeder Mensch aufbaut, um sich im Raum zu orientieren, nennt man „Mental-Maps". Sie umreißen den Lebens- und Aktionsraum jedes/r Einzelnen. StadtbewohnerInnen wohnen, arbeiten und kaufen in ein und derselben Stadt ein, haben am selben Ort ihre FreundInnen usw., obgleich die konkreten Plätze der Verrichtungen oft viele Kilometer voneinander entfernt sind. Ob Sülz oder Ehrenfeld beispielsweise – man bleibt in Köln und bewegt sich nur selten aus dem städtischen Aktionsraum heraus. Das führt zu einer spezifischen Identität.

Völlig anders ist es im ländlichen Raum. Wegen der geringen Anzahl der zu versorgenden Menschen haben die jeweiligen Angebote in der Regel eine wesentlich größere Reichweite bzw. ein viel größeres Einzugsgebiet als vergleichbare Einrichtungen in den Städten. Die Zahl der Versorgungseinrichtungen ist deutlich geringer, was ihnen manchmal gar eine Monopolstellung bringt. Das bedeutet, dass Personen, die im ländlichen Raum wohnen, dort nach ökonomischen Erwägungen keine Alternativen zu diesen Einrichtungen haben. Auch die Wege verschiedener Personen im ländlichen Raum haben damit zumeist immer dasselbe Ziel, woraus sich vielfach eine Deckungsgleichheit in den „Mental-Maps" ableitet – eine spezifische Eigenschaft der ländlichen Identität.

Die ländliche Identität hat deshalb einen anderen Charakter als die formale Identität der Stadt: Sie ist sehr konkret, oft auf das Wesentliche reduziert und spiegelt das Existenzielle im Ländlichen wider. Veränderungen dieses Rahmens können tief in die Ordnung lebensbestimmender Parameter aller Personen eingreifen. Wenn in der Stadt ein Bäcker in Rente geht und aus dem Geschäft vielleicht eine andere Dienstleistungseinrichtung wird, verändern sich zwar auch die raum-zeitlichen Beziehungen der Nutzer, aber nicht grundsätzlich. Man kauft ab sofort beim nächsten Bäcker, und die neue Einrichtung führt vielleicht sogar zu einer Bereicherung. Anders auf dem Lande: Jede Veränderung kann grundsätzlich sein.

Dieser Lebens- und Aktionsraum wird durch mehrere Faktoren bestimmt: die Arbeitsmöglichkeiten, die Versorgung, die Bildungsmöglichkeiten, das Freizeitangebot, die Einrichtungen im Gesundheitswesen und Verwaltungseinrichtungen. Sie verweisen alle ausnahmslos auf einen regionalen Rahmen. Gleichzeitig werden sie weniger emotional als vielmehr rational wahrgenommen.

Den Lebens- und Aktionsraum stärken

Die regionalen Lebens- und Aktionsräume können nur in einem größeren Rahmen gestaltet werden. Während die Bürgerbeteiligung auf Dorfebene zweifelsohne die wichtigste treibende Kraft für eine dörfliche und ländliche Entwicklung ist, ist der politische Abstraktionsgrad im regionalen Rahmen deutlich höher. Zudem fühlt der/die BürgerIn sich nicht mehr unmittelbar betroffen oder gar fähig, mit seinen/ihren Möglichkeiten mitzugestalten. Deshalb bedarf es hier eines guten Zusammenspiels zwischen den BürgerInnen und den politischen MandatsträgerInnen auf den unterschiedlichen Ebenen.

Gerade da, wo dieses Zusammenspiel zwischen BürgerInnen und PolitikerInnen konstruktiv erfolgt, sind auch die besten Beispiele zu finden, wie die Lebens- und Aktionsräume gestärkt werden können: Arbeitsmöglichkeiten können durch ein regionales, kooperatives Wirtschaften, durch eine Stärkung des Mittelstandes, durch die Schaffung von Wirtschaftskreisläufen, durch eine Rückbesinnung auf die Reichtümer des ländlichen Raumes (Holz, Landwirtschaft, Landschaft, Kultur u. a.) verbessert werden. Die Versorgung im ländlichen Raum ist in der Regel der Privatwirtschaft überlassen. Mängel können aber durch die Bildung von Kooperativen, eine Verbesserung des öffentlichen Nahverkehrs, Abhofverkauf u. a. behoben werden.

Der ländliche Raum benötigt selbstverständlich auch optimale Aus- und Weiterbildungsmöglichkeiten. Der Erhalt von Dorfschulen ist ein erster wichtiger Schritt. Die Organisation von angepassten Aus- und Weiterbildungsmöglichkeiten in einem vertretbaren Radius, die Anbindung der ländlichen Regionen an Hochgeschwindigkeitsleitungen für das Internet, die Weiterbildung selbstbewusster Landfrauen und die Fachschulung von LandwirtInnen sind ebenfalls gute Beispiele.

Selbstverständlich wollen LandbewohnerInnen auch hoch stehende kulturelle Veranstaltungen genießen, die allerdings nur im regionalen Rahmen zu organisieren sind. Gleichzeitig entwickeln sich viele ehemalige Dorfvereine zu offenen, regionalen Vereinen oder werden als regionale Vereine gegründet. Die Initiierung von Kulturtreffs, die Bereitschaft, Kultur dezentral zu organisieren, all das fördert die Lebensqualität auf dem Land. Im Gesundheitswesen und bei den Verwaltungseinrichtungen gilt es dem Rationalisie-

rungswahn entgegen zu treten und Fusionen im Namen einer angekündigten, aber selten eingetretenen höheren Effizienz zu vermeiden, da hierdurch in der Regel die Nähe zum/zur BürgerIn verloren geht.

Das Europa der unzähligen Regionen

Ob Burgenland oder Tirol in Österreich, Schwabenland oder Eifel in Deutschland, Hohes Venn und Ardennen in Belgien oder Ösling in Luxemburg, das Europa der Regionen zeichnet sich durch eine Fülle von Gebietsstreifen mit sehr unterschiedlicher regionaler Identität aus.

Die Ausformung dieser Identität erfolgt auf vielen Ebenen. Zunächst ist da die gewachsene Identität, die sich meist in vielen Jahrzehnten oder gar Jahrhunderten herausgebildet hat. Sie beruht vorwiegend auf einer historischen oder naturräumlichen Basis. Eine zweite Form von Identität findet ihre Wurzeln in der politischen Repräsentanz einer Region. Bundesländer sind wohl dank ihrer zahlreichen Befugnisse und ihrer daraus resultierenden Bedeutung für die Lebensräume die politischen Organe mit der stärksten Prägekraft für die BürgerInnen. Doch häufig können auch Großgemeinden, Kreise und andere größere Strukturen eine solch positive Ausstrahlungskraft haben und zu einer konstruktiven regionalen Identität beitragen.

Sie kann aber auch „künstlich" durch ein geschicktes Regionalmarketing geschaffen werden. Diese „künstliche" Identität bildet sich wohl nur in Ausnahmefällen von der Basis her. In der Regel wird sie durch professionelle MitarbeiterInnen über europäische Programme und entsprechende Mittel erarbeitet und oft mit Erfolg kommuniziert. Ihre Langlebigkeit muss sich aber erst beweisen.

Regionale Identität hat aber immer nur dann eine Chance, wenn das Tun und Handeln von drei Zauberworten geprägt wird: Zusammenarbeit, Zusammenarbeit und nochmals Zusammenarbeit – und das auf möglichst allen Ebenen und in möglichst allen Bereichen. Zweifelsohne wird eine ganzheitliche ländliche Entwicklung in Zukunft ihre stärksten Impulse von dieser Ebene her erfahren – allein, weil die Europäische Union mit ihren Programmen gerade dort ihren Schwerpunkt setzen möchte. Ergänzt sollte sie aber werden durch Offenheit (lernende Regionen), Austausch (von guten Beispielen lernen) und unternehmerischen Mut (gestalten und nicht nur verwalten). Nur so hat die Dorferneuerung europaweit als Gegenbewegung zur Globalisierung eine Chance, Zukunft für den ländlichen Raum zu schaffen. Diese Zukunft braucht Identität(en), die sich im günstigsten Fall aber auch in einer echten politischen Lobby für den ländlichen Raum niederschlagen sollte(n). Solange Politik vorwiegend (und manchmal ausschließlich) für die Städte und städtischen Ballungsräume geplant und dann den ländlichen Räumen übergestülpt wird, bleiben die Dorferneuerung und die Entwicklung des ländlichen Raumes nichts mehr als sympathische Stückwerkstechnologien.

Carlo Lejeune, Bullingen, Deutschsprachige Gemeinschaft, Belgien

Der Mensch und das Dorf

Heike Roos

Was ein Dorf in seinem Innersten zusammenhält, sind die Menschen. Die Menschen in ihren persönlichen Lebenszielen, in den Generationen, in ihrem Miteinander, in ihrer lokalen Kontinuität, in ihrer Aneignung der Landschaft zur Identitätsstiftung und als Erwerbsgrundlage.

Die Realität des Soziotops Dorf hat sich deutlich gewandelt und wird sich auch künftig den geänderten gesellschaftlichen Entwicklungen anpassen. Früher war das Dorf ein Lebensraum, in dem Menschen wohnten, die sich vordergründig durch Arbeitsteilung in der Land- und Forstwirtschaft wie auch (eingeschränkt) in Handwerk und Dienstleistung die umgebenden natürlichen Grundlagen zu Nutze machten und von den Produkten in kleiner Kreislaufwirtschaft lebten. Dorf und Landschaft waren untrennbar miteinander verbunden. Das Mehrgenerationen-Wohnen und -Versorgen war Alltag, jeder leistete entsprechend seiner körperlichen Verfassung und seinen Fähigkeiten einen Beitrag zum „Gesamtwerk". Frauen waren selbstverständlich mit spezifischen Pflege- und Versorgungsaufgaben in die Abläufe eingebunden. Die Jugend lernte von den Alten durch „Mitmachen", lokales Wissen und Traditionen wurden so über Generationen weitergegeben.

Heute präsentiert sich das Dorf als ein Lebensraum, der von sehr individuellen Lebensentwürfen der Geschlechter und Generationen, der Nutzung neuer Medien und hoher Mobilität geprägt ist. Die persönliche Verortung mit dem Dorf und seiner Landschaft, mit den Generationen der eigenen Familie ist existenziell nicht mehr in dem Maße gegeben und führt aktuell zu einer Entwurzelung des Individuums Mensch.

Vor diesem Hintergrund stellt sich die Frage: Was hält das Dorf der Zukunft im Innersten zusammen? Es sind und bleiben die Menschen – in ihrem Miteinander und in ihrem Bezug zu Landschaft und Region. Das Dorf ist Lebens-, Wirtschafts- und Erholungsraum, ein polyfunktionaler Raum, der eine ökologische und infrastrukturelle Fortschreibung erfährt.

Aktuelle Stichworte wie Bildung und Weiterbildung, Vereinsleben, Einbindung der Generationen, Betreuung und Versorgung Bedürftiger, Gleichberechtigung der Geschlechter, Telearbeit sowie Nutzung der neuen Medien skizzieren nur den großen Bogen der Themenfelder, die eine lokale und personifizierte Verortung als Voraussetzung für eine echte Dorf-Gemeinschaft benötigt.

Die Rückbesinnung auf die eigenen Traditionen, Stärken, Fähigkeiten, Fertigkeiten und auch Organisationsstrukturen, die bewusste Auseinandersetzung damit in Reflexion auf demographische Entwicklung und die Anforderungen der Zukunft bilden das Fun-

Gemeinde Zurndorf, Burgenland, 2000

Zurndorf liegt im nördlichen Burgenland und weist bedingt durch seine Randlage und den Strukturwandel in der Landwirtschaft einen Auspendler-Anteil von etwa 70 Prozent auf, was die alte Struktur des Dorfes deutlich verändert hat. Richtigerweise erkannte man, dass es sich daher neben der wirtschaftlichen insbesondere auch der sozialen Herausforderung zu stellen gelte. Was auch mit Erfolg und auf mehreren Ebenen geschehen ist.

So wird dem Bereich Bürgerbeteiligung hohe Priorität beigemessen, was sich in einer sehr frühzeitigen Einbindung der Bevölkerung in Planungs- und Entscheidungsphasen, aufbauend auf einer umfassenden Informations- und Kommunikationskultur, ausdrückt. In die gleiche Kerbe schlagen auch die gezielte Förderung des regen Vereinslebens und die vielfachen interkommunalen Allianzen und grenzüberschreitenden Kooperationen.

Absolut Richtungweisendes hat man in Zurndorf im Bereich „soziokulturelle und soziale Qualitäten" vorzuweisen, allem voran die professionell organisierte, aber ehrenamtlich praktizierte Nachbarschaftshilfe, um alte und kranke Menschen so lange wie möglich in den Familien zu halten. Ebenfalls beispielhaft ist das „Österreichische, ungarische, slowakische Grenzkommunalforum", das eingerichtet wurde, um die gegenseitige Annäherung und das Zusammengehörigkeitsgefühl der Region Nordburgenland (Österreich) – Bratislava (Slowakei) – Mosonmagyarova (Ungarn) zu fördern.

dament der Gestaltung zeitgemäßer soziokultureller und sozialer Einrichtungen.

Durch die Aufsplittung des konsequenten Mehrgenerationen-Wohnens und die (auch berufliche) Gleichberechtigung der Geschlechter kommt – wenn man den Lebenszyklus betrachtet – zunächst der Kinderbetreuung Bedeutung zu. Möglichkeiten hierzu sind neben der Zuwendung der eigenen Familie die Gemeinschaftsbetreuung bei Tagesmüttern, betreute Spielgruppen oder Kindergärten. Für das Grundschulalter sind Dorfschulen am Ort das Ideal, häufig ist aufgrund der Bevölkerungsstruktur jahrgangsübergreifender Unterricht im ländlichen Raum die bevorzugte Lösung – im Sinne von „kurze Beine – kurze Wege" – im Gegensatz zum Transport der Kinder in zentral gelegene Schulen. Ein wichtiges Zusatzangebot ist hier die Nachmittagsbetreuung (Hort) der Grundschüler – lokal oder regional, je nach Schultypus. Für höherführende Schulen ist der Fahraufwand nicht zu vermeiden – auch hier kann durch gekonnte Organisation die „gemeinsame Zeit" sinnvoll und gemeinschaftsfördernd genutzt werden. Eine neue Tendenz der „spät(er)en" Bildung sind Fern- und Seniorenstudien. Das heißt, dass Interessengebiete durch den Menschen zusätzlich erschlossen und vertieft werden – entweder durch Teilnahme am regulären „Bildungsbetrieb" der Ausbildungsstätten oder mittels Nutzung der neuen Medien überwiegend im Selbststudium.

Generationsübergreifende wichtige soziale Plattformen sind örtliche Vereine, die kulturelle, sportliche, soziale sowie religiöse Ausrichtung haben können. Es gilt, integrativ zu arbeiten und auch Minderheiten wie z. B. mobilitätseingeschränkte Menschen, Umsiedler,

Der Mensch und das Dorf/Heike Roos

Flüchtlinge oder Kranke in die Aktivitäten einzubinden. Hier wird kreative Energie durch Aktionen freigesetzt, die in ihrer Bündelung zusätzliche Synergien und Identitäten schaffen.

Im höheren Lebensalter kommt heute dem Entgegenwirken gegen Vereinsamung, der Einbindung der Menschen in das soziale Gefüge, der Anbindung an „den Zahn der Zeit" und teilweise auch der häuslichen Unterstützung/Pflege zunehmende Bedeutung zu. Hier gilt es, Orte der Kommunikation, der Weiterbildung und Einrichtungen zur Hilfestellung lokal anzubieten.

Es ist für die Zukunft nicht wichtig, ob die Menschen der Dorfgemeinschaft miteinander verwandt sind oder in welchem Lebensabschnitt sie sich gerade befinden. Wichtig sind die Verbundenheit mit den Mitmenschen, ein Zusammengehörigkeitsgefühl, das Sich-aufeinander-verlassen-Können, die menschliche Identität und Strahlkraft sowie der lokale Bezug. Darauf aufbauend ist die interkommunale Kommunikation und Kooperation der Dörfer das Fundament für den Lebensraum und für einen „Pakt der Vernunft" mit der Region.

Heike Roos, Landschaftsarchitektin, Denstedt bei Weimar

Maar, Gemeinde Lauterbach, Hessen, 1998

Die Dorferneuerung in Maar zielt darauf ab, allen Generationen eine lebenswerte Zukunft zu sichern. Eine Zielsetzung, die man sehr ernst genommen hat, wie das beispielhafte soziokulturelle Engagement zeigt. Besonders hervorzuheben ist dabei die Einrichtung „Seniorenhilfe Maar e. v.", ein Projekt, dem ein umfassendes, innovatives und auf Kooperation aufbauendes Konzept zugrunde liegt, das sowohl auf Selbsthilfe als auch auf Begegnung zwischen Jung und Alt abzielt. Auch die Initiative „Das Haus teilen", das ein attraktives Mehrgenerationen-Wohnen ermöglicht, ist Teil einer breit angelegten Initiative, deren Ziel es ist, jedem Bürger die Chance einzuräumen, möglichst lange in seiner vertrauten Umgebung leben und am gesellschaftlichen Geschehen teilnehmen zu können.

Erwähnung verdienen des weiteren die Konzeption und der Bau eines naturnahen Spielplatzes und insbesondere die Erweiterung des Kindergartens in Eigenleistung – Aktivitäten, die nicht nur die funktional bedingte Lebensqualität erhöhen, sondern auch gelungene Beispiele für die Schaffung zeitgemäßer soziokultureller und sozialer Einrichtungen sind.

Thyrow, Stadt Trebbin, Brandenburg, 2004

Absolutes Highlight in Thyrow, einer Zuzugsgemeinde südlich von Berlin, ist der zum Gemeindezentrum umgebaute Vierseithof mit vielfältigen Nutzungsmöglichkeiten für Jung und Alt – im gastronomischen, kulturellen, sportlichen und Freizeitbereich. Dabei ist besonders Beispiel gebend, dass bei den Umbaumaßnahmen ca. 60 arbeitslose Jugendliche für Handwerkerarbeiten eingesetzt wurden, die im Anschluss daran größtenteils eine feste Arbeitsstelle bekommen konnten. Auch die sozialen und kulturellen Initiativen, vor allem getragen durch den Kindergarten, den Heimatverein und die sehr aktive örtliche Theatergruppe, sind speziell hervorzuheben.

Dobbertin, Mecklenburg-Vorpommern, 2004

Dobbertin liegt ca. 50 km östlich von Schwerin und hat sich trotz dominanter Kloster- und Parkanlage ein eigenständiges dörfliches Profil bewahrt. Das Kloster besitzt überregionale Strahlkraft und fördert schwerpunktmäßig die Ausbildung und Beschäftigung behinderter Menschen. Die Gemeinde versteht es, den „Glücksfall Kloster" nicht passiv hinzunehmen, sondern daraus mit kreativen Maßnahmen einen zusätzlichen Nutzen zu ziehen, indem sie den Sanften Tourismus fördert und dabei auf Familienfreundlichkeit und spezielle Behindertenangebote setzt.

Dobbertin zeichnet sich weiters durch eine große Zahl von Kultur- und Bildungsinitiativen aus, die auf einem aktiven Vereinsleben basieren und – einmal mehr – unter Einbeziehung behinderter Menschen vor allem im Gemeindezentrum, im Klosterpark und in der Krugscheune beheimatet sind. Die Krugscheune ist als multikulturelles Zentrum im Dorf mit angeschlossenen und benachbarten Kreativwerkstätten ein besonderes Juwel auf dem Weg, Orte für Begegnung und Bildung zu schaffen. Schule und Kindergarten ergänzen gezielt diese Angebote.

Tradition plus Innovation?
Oder Innovation vor Tradition?

Peter Schawerda

Nur wenn man weiß, woher man kommt, kann man bestimmen, wohin die Reise gehen soll. Daran haben sich Steuermänner auf hoher See in früheren Zeiten gehalten, wenn sie ihren Kurs nach den Konstellationen der Sterne gesucht und gefunden haben. Ähnlich gelagerte Orientierungsmuster weist uns die Kybernetik, die Lehre vom Steuern von Prozessen nach den Mustern der Natur: Produkte, so besagt diese Lehre, mögen zeitbedingt und wandelbar sein, Funktionen hingegen sind das nicht. Soll das Dorf nicht stranden oder untergehen, müssen die Funktionen gewahrt bleiben. Übertragen auf unsere Dörfer im ländlichen Raum wären das die gewachsenen Konstellationen aus der Vergangenheit, an denen wir uns orientieren müssten und wo wir anbinden und zeitgemäß weiterentwickeln könnten. In diesem Sinn sollten darauf Bemühung und Leitbild einer Landentwicklung und Dorferneuerung aufbauen.

Stimmt diese Sicht, die sich daraus ableiten lässt? Oder gibt es für das soziale und wirtschaftliche Gefüge eines Dorfes, für das Netzwerk von Weilern, Dörfern und Orten in einer Gemeinde mit ihren humanen Ressourcen und Potenzialen nicht auch andere Wege, die Reise in die Zukunft erfolgreich zu gestalten? Ist ein Anbinden und Aufbauen auf traditionellen Funktionen der einzig richtige oder der einzig mögliche Ansatz? Wobei schon klar ist, dass – frei nach Jean Cocteau – in diesem Sinne Tradition nicht die Anbetung der Asche, sondern vielmehr die Weitergabe des Feuers ist. Oder gibt es in unserer Zeit nicht auch noch andere Möglichkeiten, ja geradezu Notwendigkeiten, Zukunft erfolgreich zu gestalten, neue Funktionen, die sich aus dem doch gewaltigen gesellschaftlichen Wandel in unserer Zeit auch neu herausbilden können?

Wenn es in einer ländlichen Gemeinde tatsächlich nur mehr „Asche" gibt, ohne jegliche Reste von verborgenen Glutnestern, die vielleicht noch entfacht werden könnten, dann ist es Zeit zum tief greifenden Wandel. Nicht radikal, wie seinerzeit im Osten, mit dem bewussten Bruch aller Werte und Traditionen zugunsten neuer ökonomischer und gesellschaftspolitischer Vorstellungen. Allmählich muss dieser Wandel sein, mit sehr viel Kreativität und Innovation, der letztlich auch wieder zu einem Wirtschafts- und Lebensraum führt, mit dem man sich identifiziert, in dem man sich wohl fühlt und wo man gerne lebt. Und wo es vielleicht auch gelingt, durch neu aufgesetztes Feuer erkaltete Reste in der Asche der Tradition da und dort wieder mit zu entzünden.

In vielen hervorragenden Projekten der Landentwicklung und Dorferneuerung wird die Anbindung an die Tradition mit innovativen neuen Antworten auf die Probleme unserer Zeit sichtbar. Dort wird die alte gewachsene Prägung mit viel Kreativität und neuen Visionen für die heutigen Erfordernisse und Bedürfnisse Zukunft weisend übersetzt. An Stelle alter Selbstversorgung und in sich geschlossener Lebenswelt treten gebündelte und vernetzte Bemühungen um die Schaffung neuer Wertschöpfungsketten zur Stärkung der Landwirtschaft und des Gewerbes, zur Schaffung von Arbeitsplätzen im ländlichen Raum, zur Erhaltung der Bausubstanzen und Ortskerne, zu zeitgemäßen neuen Formen in der Baugestaltung, zur Nutzung der kleinräumigen Stoffkreisläufe, zur Gewährleistung der sozialen Kontakte und Bedürfnisse.

In einigen anderen Beispielen war das offenbar nicht mehr möglich. Dort stand die Innovation gegenüber einer erlöschenden oder schon erloschenen traditionellen Funktion klar im Vordergrund. Kreative Anbindungen an die vergangenen Strukturen waren nicht möglich, es gab nur die Wahl, weiter zu veröden oder einen höchst innovativen neuen Ansatz zu wählen. An drei Beispielen soll das aufgezeigt werden.

Wandel zum Bücherdorf
Bredevoort, Niederlande, 1998

Die niederländische Kleinstadt Bredevoort zählt 1.600 EinwohnerInnen und bildet seit 1818 gemeinsam mit Aalten eine kommunalpolitische Einheit, was aber dem Selbstverständnis der Bevölkerung, sich als Bredevoorter zu fühlen, bis heute keinen Abbruch tun konnte. Trotz dieser starken Identität wurden zunehmend Defizite in der funktional bedingten Lebensqualität merkbar. Daran konnte auch die stolze Anlage dieses Ortes nichts ändern. Bredevoort ist ein sehr geschichtsträchtiger Boden, dessen äußerster Bereich von arrondierten Landwirtschaftsbetrieben gebildet wird, dem sich ein Naturpark als harmonische

Peter Schawerda

Verbindung zwischen Flur und Siedlung anschließt und der die historische Funktion als Befestigungsanlage nachvollziehbar macht. Das „Herz" Bredevoorts ist ein mittelalterlicher Stadtkern, dessen Häuser zum Teil aus dem 17. Jahrhundert datieren und die 1986 als Ensemble unter Denkmalschutz gestellt wurden.

Trotzdem: Die Jungen wanderten zusehends ab, die im alten Ortszentrum angesiedelte und kleiner strukturierte Landwirtschaft mit bescheidenen Hofstellen wurde nach und nach aufgegeben. Als Folge davon gab es an die 40 leer stehende oder nur teilweise genutzte Gebäude im Siedlungskern. Das ehemals von Landwirtschaft und kleiner Industrie gekennzeichnete Städtchen verlor Schritt für Schritt seine wirtschaftlichen Funktionen und drohte substanziell immer mehr abzubauen. Dieser Tiefpunkt wurde gleichzeitig für einige Bredevoorter BürgerInnen zur Herausforderung, über einen tief greifenden Funktionswechsel nachzudenken und gegenzusteuern. Sie fanden sich in einer Stiftung zusammen und begannen, ein konsequentes, besonders schöpferisches Dorferneuerungsprogramm umzusetzen.

In Folge der Unterschutzstellung des Ortskerns wurden Straßenbeläge und Häuser renoviert. Das alleine konnte aber noch nichts bewirken für das Leben vor und hinter den Fassaden. Immerhin war es aber eine erste Voraussetzung für die Realisierung der kreativen Idee, sich dem Thema einer grenzüberschreitenden Bücherstadt zu verschreiben. Träger des Projektes, das 1992 geboren wurde, ist die „Stichting Bredevoort Boekenstad", eine Stiftung, die sehr eigenständig agiert und mit der Gemeindeverwaltung in sinnvoller Arbeitsteilung kooperiert, nicht als Bittsteller um finanzielle Zuwendung, sondern als starker Partner.

In wenigen Jahren konnten erstaunliche Resultate erzielt werden: Heute ist Bredevoort führendes Mitglied der „Vereinigung Internationale Bücherstädte" und beherbergt mehr als 30 Antiquariate, Galerien und Ateliers sowie ein Buchbinde- und ein Dokumentationszentrum für Regionalgeschichte. Sie haben sich in den alten leer stehenden und funktionslos gewordenen kleinbäuerlichen Hofstellen in der Innenstadt niedergelassen. Eine solch große Anzahl an Antiquariaten, Galerien und Ateliers stimuliert. Immer häufiger finden in Bredevoort kulturelle Veranstaltungen statt: Konzerte in der Jahrhunderte alten St. Joriskerk, Ausstellungen, Theateraufführungen, Dichterlesungen, Kunstrouten, Gondelfahrten auf der Gracht und vor allem viele kleine, aber feine Büchermärkte mit Buchbindevorführungen.

Die neuen Funktionen haben damit enorm zur Nutzung nahezu aller leer stehenden Häuser, zur Belebung des Stadtkerns und zur Hebung der Lebensqualität der BewohnerInnen beigetragen. Das nicht zuletzt auch deshalb, weil Wohnen und Wirtschaften wieder räumlich zusammengeführt sind. Darüber hinaus löste das Konzept „Bredevoort Bücherstadt" einen florierenden Kulturtourismus mit positiven Auswirkungen auf verschiedene Wirtschaftsbereiche aus, was sich insbesondere in einer deutlichen Zunahme von Arbeitsplätzen, auch in so genannten „städtischen" Branchen, dokumentiert.

Auch die Landwirtschaft im Streusiedlungsgebiet der umgebenden Landschaft gehört zu den Nutznießern. Zelt- und Campingstellplätze, die rund um die Höfe für den dafür interessierten Teil der jährlichen 100.000 Buchtouristen zur Verfügung gestellt werden, bieten die Möglichkeit der Einkommenskombination und haben darüber hinaus auch die Funktion eines Ventils für einen Umstieg auf extensivere Bewirtschaftungsformen. Dazu ist anzumerken, dass das Gebiet um Bredevoort auch offiziell als „wertvolle Kulturlandschaft" firmiert, was eine breite Berücksichtigung von Naturschutzinteressen bei der landwirtschaftlichen Betriebsführung erfordert. Der hohe Stellenwert, den die Ökologie einnimmt, wird auch bei der Parkgestaltung – Brennnessel werden mit großem Selbstbewusstsein und Verweis auf ihre Nützlichkeit verteidigt – und im Rahmen der dörflichen Energieversorgung, die zunehmend auf Wind- und Solarenergie setzt, offenkundig.

Nicht zuletzt präsentiert sich Bredevoort auch im Bereich sozial und funktional bedingter Qualitäten besonders innovativ, wie beispielsweise die ökumenische Schule, die Errichtung eines Seniorenwohnkomplexes und der Umbau des benachbarten Klosters zu einem modernen Altersheim, dessen MitarbeiterInnen bei Bedarf auch Pflegedienste im Seniorenkomplex übernehmen, beweisen. Auch in der Altenbetreuung wird das „Innere Leitbild" der Dorferneuerung und Landentwicklung, das sich wie ein roter Faden durch die Gesamtheit der Aktivitäten und Maßnahmen zieht, sichtbar.

Man übt bewusste Selbstbeschränkung und bekennt sich zu verträglichen Größenordnungen (limitierte Campingstellplätze, Zahl der Buchhändler, Größe von Altenheim und Seniorenwohnkomplex), um die Nachhaltigkeit der Entwicklungen zu gewährleisten. Ebenso strebt man nach räumlicher Verbundenheit und integrativen Ansätzen, fördert Kreatives und Innovatives und bedient sich dabei vielfältiger innerörtlicher, überregionaler und bilateraler Kooperatio-

nen. Letztlich wird erfolgreich versucht, nicht nur Städter zur Arbeit aufs Land pendeln zu lassen, sondern holt mit dem Literarischen ein Kulturgut ins Dorf, für das im Regelfall die Ballungsräume die Themenführerschaft beanspruchen.

Das „ver-ruckte" Dorf
Herrnbaumgarten, Niederösterreich, Österreich, 2004

Herrnbaumgarten, eine Gemeinde mit rund 1.000 EinwohnerInnen, bloß eine Autostunde von der österreichischen Bundeshauptstadt Wien entfernt und trotzdem bis vor kurzem am Ende der Welt, am „Eisernen Vorhang" zu Tschechien, ist ein besonders faszinierendes Beispiel für einen neuen Weg. Zuvor war es ziemlich hoffnungslos: Ein vom Weinbau geprägtes Dorf, mit dem Image sehr säurereicher Weine, ohne Perspektiven, ausgeblutet durch die ab 1918 periphere Lage am nordöstlichen Rand der Republik, in den letzten Jahrzehnten sogar am Rand der westlichen Welt, an einer hermetisch abgeschlossenen Grenze. Der Strukturwandel in der Landwirtschaft, die Abwanderung, keine Anbindungspunkte für den Ausflugstourismus, wenige Arbeitsplätze, in seiner Gesamtentwicklung erheblich eingeschränkt.

Der neue Weg dokumentiert sich in einem schrägen Wechsel des Blickwinkels. Zitat aus der Homepage: „Stets balanciert das kleine unbeugsame Dorf fröhlich zwischen hintersinnigem Quergedenke, freundlichem Professionalismus und wohlwollendem Missverständnis. Das macht wesentlich mehr Spaß und funktioniert auch nicht schlechter."

„Erfindungen, die wir nicht brauchen" war das Motto der ersten österreichischen Nonsens-Erfindermesse,

Peter Schawerda

die in den achtziger Jahren in Herrnbaumgarten von HerrnbaumgartnerInnen organisiert wurde. Das war auch die Initialzündung dafür, dass im Verlauf der folgenden Jahre ein „ver-rucktes" Dorf entstand, das den gesunden Humor erfolgreich zu einem echten Markenzeichen entwickeln konnte. Wohlgemerkt: nicht verrückt, sondern „ver-ruckt". Aus diesen „Erfindungen, die wir nicht brauchen" hat sich mittlerweile ein richtiges Museum, das „Nonseum", entwickelt, wo diese skurrilen Objekte gegen Eintritt frei oder mit Führungen zu besichtigen sind.

Der „schräge Wechsel des Blickwinkels" des „ver-ruckten" Dorfes hat sich auch auf die übrigen Wirtschafts- und Lebensbereiche übertragen. Stellvertretend für viele Beispiele ist der Umgang mit der Schließung des Postamtes zu nennen. Anstelle des üblichen und wenig erfolgreichen Widerstandes haben sich die Winzer zu neuen „Postfüchsen" ernannt. 23 Betriebe wurden „Flaschenpostämter" und versenden über den Paketdienst Urlaubs- und Liebesgrüße, Gratulationen und Beileidschreiben nicht in, sondern an Weinflaschen. Der Vorteil ist evident: Nicht der Absender, sondern der Empfänger genießt die edlen von Hand gelesenen Tropfen. Inklusive einer eigens entworfenen Grußkarte erhält er das Geschmacksalphabet von Blauburger, Burgunder, Grünem Veltliner, Weißburgunder, Welschriesling bis Zweigelt. Und das innerhalb von 48 Stunden!

Motor dieser Entwicklung ist der „Verein zur Verwertung von Gedankenüberschüssen", der sich seit fast 20 Jahren der Originalität und dem Ideenreichtum verschrieben hat. Dank der vielen Inspirationen seiner EinwohnerInnen konnte sich der im nordöstlichen Weinviertel gelegene Ort sehr positiv entfalten.

Der aktiven Gruppe im Dorf gelang es in beachtlicher Art und Weise, aus der Leitidee des „ver-ruckten" Dorfes einen ökonomischen und kulturellen Mehrwert für das Dorf zu erzielen. Mit LandArt, Direktvermarktung, Kulturveranstaltungen, einem überregionalen Konzept für Radwanderwege und anderem mehr wurden wichtige Impulse für die wirtschaftliche Entwicklung gesetzt. Der Tourismus des Ortes profitiert in sehr hohem Maße von den zahlreichen Berichten, die die österreichischen Medien den vielen originellen Aktionen des „Vereins zur Verwertung von Gedankenüberschüssen" widmeten. Aufgrund dieser „neuen Berühmtheit" konnten unter anderem auch Nächtigungsbetriebe in Herrnbaumgarten Fuß fassen.

Die Landwirtschaft und vor allem der Weinbau entwickelten sich in den vergangenen Jahren von Zulieferbetrieben für unterpreisige Sektgrundweine zu Qualitätsproduktenzeugern, die sich durch einen „agrarischen Erlebnistourismus" in das Leitbild des Dorfes erfolgreich einzubinden wussten. Die Bemühungen um Erhaltung der traditionellen Architektur werden vor allem im Bereich der Kellergassen deutlich, wobei der so genannte „Labyrinthkeller" ganz besonderes Augenmerk verdient.

Herrnbaumgarten präsentiert sich in mehreren Bereichen der Gemeindeentwicklung dermaßen innovativ, engagiert und professionell, dass davon ausgegangen werden darf, dass man sich in den kommenden Jahren mit großem Elan weiteren Aspekten einer ausgewogenen und nachhaltigen Entwicklung, wie Forcierung alternativer Energiequellen oder Auseinandersetzung mit zeitgemäßer Architektur im Sinne einer regionalen Unverwechselbarkeit, zuwenden und damit noch mehr Wegbegleiter in der Bevölkerung finden wird.

Erwähnung verdient nicht zuletzt auch, dass das Entwicklungsgeschehen der letzten zwei Jahrzehnte eine beispielhafte, deutlich spürbare Steigerung des Selbstbewusstseins der DorfbewohnerInnen sowie deren Verbundenheit und Identifikation mit ihrem Lebensraum bewirkt und dazu geführt hat, dass Herrnbaumgarten heute landesweit bekannt ist.

Theaterspiel als Einstieg
Sierakowo Sławieńskie, Westpommern, Polen, 2004

Sierakowo, ein kleiner Ort mit rund 270 EinwohnerInnen, liegt in Westpommern in der Gemeinde Sianow und ist mit Sicherheit ein Projekt, das eine unvorstellbar schlechte Ausgangslage für einen Erneuerungsprozess hatte: 1945 wurden die deutschen BewohnerInnen vertrieben und die Siedlung neuen, aus ihrer weiter östlich gelegenen Heimat abgesiedelten ostpolnischen DörflerInnen zugewiesen. Eine bunt zusammen gewürfelte kleine Gesellschaft, entwurzelt, geschichtslos, ohne eigenständige Traditionen, in der Peripherie der Gemeinde Sianow und der Region. Eine praktisch mittelalterliche Selbstversorgerwirtschaft, brach gefallene Landschaftsteile, eine beklemmend hohe Arbeitslosigkeit, ein Leben in ärmlichsten Verhältnissen. Und gerade dort, unter den ungünstigsten Voraussetzungen, der Ansatz zu einer „Dorferneuerung", die besser „Armutsprogramm" heißen sollte. Wobei die ProjektbetreuerInnen gerade mit diesem Beispiel aufzeigen wollten, dass solch eine neue Entwicklung in jeder anderen Gemeinde nur noch leichter erreicht werden kann.

Faszinierend, wie aus diesem Nichts heraus etwas zu Stande gebracht wurde. Da keine Anbindung an Tradition und Geschichte möglich war, ist eine solche einfach erfunden worden: Tolkiens „Herr der Ringe" wurde zum Thema, Sierakowo zum Themendorf von Tolkiens Roman. Einzige Ressource war die dort situierte überörtliche Schule, wo mit den SchülerInnen und den DorfbewohnerInnen gearbeitet wurde. Eine Anlage mit etlichen Rundholzbauten als „Dorf" der Hobbits – mit dem Namen Hobbitow" – mit entsprechenden Kulissen und Objekten wie Turm, Lehmhütten, Drache, Labyrinth usw. entstand, die Geschichte vom Herrn der Ringe wurde wiederholt als englisches Rollenspiel aufgeführt, Techniken der Zirkusakrobatik wurden eingeübt, vorgeführt und an andere Kindergruppen weitervermittelt. Schulen für künstlerische Gestaltungen wurden engagiert, Themenwege mit Stationen zur Geschichte vom Herrn der Ringe angelegt und eine Art „Schule am Bauernhof" auf einfachstem Niveau (Butter rühren, Tiere pflegen) eingerichtet. Das alles zusammen ergibt mit der umgebenden Landschaft den Rahmen für ein vielfältiges Programm: Lehrgänge, Experimente und Training für Landschaftsentwicklung, Umweltbildung in den Bereichen Biodiversität und Forstwirtschaft, Schule am Bauernhof, Workshops für kunsthandwerkliches Töpfern, Flechten, Schmieden und Bildhauern, Lehrgänge, Experimente und Training für Lehmbauten im Gelände, Seminare und Gedankenaustausch über das Werk von J.R.R. Tolkien, Kurse in elbischer Sprache, Rollenspiele im Gelände, Trainingskurse für Betreuer der ländlichen Entwicklung.

Die angegebenen Programmpunkte rund um das Leitthema „Hobbitow" mit Anbindungen an Geschichte, Literatur, Natur und Kultur erscheinen noch nicht voll realisiert. Sierakowo als kleine Insel und auf sich alleine gestellt wird das auch schwer erreichen können. Das steht außer Frage. Die angeführten Aktivitäten

kommen auch nur dann voll zum Tragen, wenn es, wie beabsichtigt, gelingt, in den nächsten Jahren die geplanten vier bis fünf weiteren Themendörfer in der Nachbarschaft von Sierakowo einzurichten, miteinander zu vernetzten und inhaltlich aufeinander abzustimmen. Dieses Wissen um die mögliche Stärke aus der Bündelung ist spürbar und präsent, hofft man doch, auf diese Weise wirtschaftliche Erfolge und Einkommenschancen in neuen und flexiblen Arbeitsformen und neuen Arbeitsfeldern zu kreieren.

Der Schwerpunkt der Besucher liegt derzeit bei den Kindern und Jugendlichen, die beim Theaterspielen, bei der Artistik oder bei Rollenspielen im Wald und in der Landschaft ihr kreatives Potenzial entfalten. Dabei sind aber der Einbindung und Teilhabe aller Alters- und gesellschaftlichen Gruppen keine Grenzen gesetzt.

In der Landwirtschaft geht es weniger darum, aus den mittelalterlichen Wirtschaftsweisen einen Anschluss an das Heute zu finden, sondern gleich den Sprung in die Zukunft zu wagen. Erste Kleinstbetriebe versuchen, sich zum gewählten Leitthema des Dorfes als „Schule am Bauernhof" dazu zu fügen. Bildungsausstattung, Materialien und Tierkontakte spielen sich auf einem sehr einfachen Niveau ab und die angestrebten weiter gehenden Erwerbsmöglichkeiten rund um das Leitthema „Hobbitow" erscheinen erst am Beginn. Doch die dahinter stehende Vision besticht als interessante Alternative zum originären landwirtschaftlich geprägten Dorf: Landwirtschaft als Werkstätte und Dienstleister für inszenierte, erlebnisorientierte Bildung über Landschaft, Ökologie, Natur und Geschichte.

Zusätzlich ist an diesem Projekt höchst bemerkenswert, dass die bescheidenen, aber notwendigen Ei-

Peter Schawerda

genmittel für die Umsetzung von Projektbausteinen durch auswärtige Auftritte, Präsentationen und Trainings „hereingespielt" werden.

Sierakowo hat also einen völlig andersartigen und höchst innovativen Zugang zu einem Erneuerungsprozess in einem Dorf gewählt. Die Einfachheit der baulichen Umsetzungen und der Rauminstallationen ist bestechend, hier wird aus der materiellen Not geradezu eine Tugend gemacht. Dazu kommt der Mut, über kreatives Theater und artistische Leistungen von SchülerInnen die Entwicklung eines Prozesses auszulösen und mit Bewusstseinsbildung über Geschichte und Lebensgrundlagen DorfbewohnerInnen zu motivieren, in einem ersten bescheidenen Rahmen selbst aktiv zu werden und neue wirtschaftliche Nischen zu suchen. Trotz der Sorge, ob der notwendige lange Atem bis zum Themendorfverbund auch gegeben sein wird.

Schlüsse, die es zu ziehen gilt

Keines der drei Beispiele setzt bei den traditionellen dörflichen Funktionen an. Und trotz aller Unterschiede zwischen dem geschichtsträchtigen niederländischen Städtchen, dem Dorf an der toten Grenze in Österreich und der Situation in Polen, wo die Menschen im Dorf auf einer Geschichte sitzen, die nicht die ihre ist: Immer geht es um einen tief greifenden Funktionswechsel, nicht um eine Kurskorrektur, sondern um einen fundamentalen Wandel mit völlig neuer Richtung.

Allen drei Beispielen gemeinsam ist eine sehr starke und ideenreiche Gemeinschaft, die auch bereit ist, die Courage und das Risiko für neue und unbekannte Wege zu übernehmen. Ohne dieses humane Potenzial und ohne dieses geistige Kapital wären solche Lösungen nicht möglich.

Der Erfolg versprechende Ansatz kommt also von innen oder von unten, „buttom up", wie es im heute gängigen Fachausdruck heißt. Planung im üblichen Sinn ist bestenfalls nachträglich hinzu kommende Begleitung und Betreuung eines bereits davor entstandenen Prozesses. Aus der Perspektive von außen erscheint das wie eine „innovative Parthenogenesis". Dieser Punkt der Entstehung bleibt unklar und nicht fassbar – obwohl er sich letztlich sehr deutlich und handfest im Erreichten und Bewirkten manifestiert.

Mit Sicherheit könnte solch ein Weg niemals im Sinne erprobter Planungsschritte gegangen werden. Die klassische Herangehensweise – 1. Formulierung der Ziele, 2. Wege zum Ziel, 3. Maßnahmenplan mit Finanzierung, 4. Zeitplan und Umsetzung – kann hier jedenfalls nicht eingesetzt werden. Vielmehr entscheidet sich's bei diesen Beispielen offenbar mehr „im Gehen".

Damit stehen nicht nur zwei unterschiedliche methodische, sondern auch zwei unterschiedliche Antizipationsstrategien im Raum: Tradition plus Innovation? Oder Innovation vor Tradition? Die Antwort kann nur sein: beides! Nicht zugleich, nicht am selben Ort und nicht immer, aber doch eben auch. Und das ist gut so. Vor allem als sehr wesentliche Erweiterung unseres Horizontes hinsichtlich des Handlungsrahmens, in dem sich Landentwicklung und Dorferneuerung entfalten können.

Peter Schawerda, Europäische ARGE Landentwicklung und Dorferneuerung, Wien

"Ohne meine BürgerInnen geht gar nix!"
Bürgerbeteiligung als Erfolgsgarant

Nikolaus Juen

Für Bürgermeister Pelzer aus Weyarn bei München, Bayern, ist dieser Satz nicht eine immer wieder benutzte Worthülse, sondern das Credo für sein politisches Agieren. Keine Planungen, Überlegungen und Entscheidungen verlassen das Gemeindeamt, ohne vorher in einem gemeinsamen Prozess mit den GemeindebürgerInnen aufgearbeitet worden zu sein.

Basisdemokratie pur

Das Grundprinzip der Dorferneuerung ist die Einbeziehung der GemeindebürgerInnen in die Entwicklungsprozesse – aus Ausgegrenzten Beteiligte machen, aus ZuseherInnen AktivistInnen! Dadurch ist gesichert, dass Lösungen auf breiter Basis erarbeitet werden und so eine große Akzeptanz für wichtige Entscheidungen gegeben ist.

Dorferneuerung bietet die Chance, den eigenen Lebensraum mitzugestalten, mit Aktivitäten die Entscheidungen der Gemeinden positiv und nachhaltig zu beeinflussen. Dorferneuerung wird als Hilfe zur Selbsthilfe installiert, um engagierte BürgerInnen ins Gemeindegeschehen miteinzubeziehen, sie bei den Entscheidungen mitwirken zu lassen, sodass das Geschick der Dörfer in den Händen der Betroffenen selbst liegt. Dies führt zu mehr Identifikation mit dem Heimatort, zu einer breiten Akzeptanz, zu vielen vorher ungeahnten Projekten, die das Dorf lebendig und einmalig machen.

So hat die Dorferneuerung viele MitarbeiterInnen, die Sichtbares und Spürbares in den Dörfern schaffen und gestalten. In den Ausschüssen werden zahlreiche ehrenamtliche Arbeitsstunden geleistet, die sowohl inhaltlich wie auch volkswirtschaftlich sehr wertvoll für die Gemeinden, Länder und Regionen sind. Folge dieses enormen Engagements ist auch, dass sich Gemeinschaften vertiefen, neu bilden; gemeinsam wird gearbeitet und viele Ideen werden mit Erfolg umgesetzt.

Bildung und Know-how

Im Rahmen der Dorferneuerung und diverser „Schulen der Dorferneuerung" wurden und werden Schulungen, Vorträge und Fachseminare, die sich in weiterem Sinne mit dem Thema Gemeindeentwicklung und der Motivation der BürgerInnen auseinandersetzen, angeboten, die von den BürgerInnen gerne angenommen werden. Somit setzt die Dorferneuerung bildungspolitische Impulse, die das Spektrum traditioneller Ausbildung im ländlichen Raum verlassen und die Basis für ein neues Selbstverständnis sind, im Sinne einer „aktivierenden Entwicklung" benachteiligter Räume.

Leitbilder werden erstellt

Die Dorferneuerungswilligen erarbeiten gemeinsam Strategien und Konzepte, wohin der künftige Weg ihrer Gemeinde gehen soll. Neue Impulse erhalten und bauen die Lebens- und Erholungsqualität der Gemeinden weiter aus.

Diese Leitbilder entstehen unter breiter Beteiligung von engagierten GemeindebürgerInnen. Die Arbeit am Leitbild belebt das Miteinander, vernetzt gute Ideen, stärkt die Verantwortung, motiviert zum Handeln, bündelt Kräfte, verdichtet Zusammenhänge, lenkt Entwicklungen, gibt eine Richtung vor, setzt Ziele, eröffnet neue Horizonte, ermöglicht Visionen, schöpft aus der Vergangenheit, blickt in die Zukunft und lebt in der Gegenwart für alle DorfbewohnerInnen.

Stärken-Schwächen-Profil als Ausgang einer erfolgreichen Entwicklung

Ziel der Dorferneuerung ist es, durch Bürgerbeteiligung auf möglichst breiter Basis eine intensive Auseinandersetzung mit dem/der eigenen Dorf/Region zu erreichen, Positives und Negatives bewusst zu machen, Wertvolles zu erhalten, Mängel zu beheben und die erarbeiteten Ideen – geistige und materielle – auch umzusetzen. In den Leitbildern werden von Bestandserhebungen aus Ziele zur Verbesserung der Situation ländlicher Bereiche erarbeitet. Diese intensive Beschäftigung mit dem Leitbild, ausgehend vom Stärken-Schwächen-Profil und den Zielsetzungen im Maßnahmenkatalog, erfolgen im Dorferneuerungsausschuss und in den verschiedenen Untergruppen.

Oberndorf in Tirol – den „Stein ins Rollen bringen" ... und weiter rollen

Den „Stein ins Rollen" brachte im wahrsten Sinne des Wortes die Dorferneuerung in der Gemeinde Obern-

Vilémov, Tschechien, 2004

Vilémov präsentiert sich als Ort, dessen Einzigartigkeit vor allem in der herausragenden Eigeninitiative und dem vorbildlichen Engagement der im Ort lebenden Menschen begründet ist. An erster Stelle stehen dabei die Frauen, deren Einsatz und Einbindung in die Entwicklungsprozesse durch eine motivierte Bürgermeisterin und in einem Frauenverein forciert werden. Neben der breiten, das landesübliche Maß weit übersteigenden Bürgerbeteiligung als erfolgversprechende Methode weist auch die inhaltliche Orientierung in Richtung Nachhaltigkeit und damit Zukunftsfähigkeit, wie erste gelungene Projekte zeigen.

Kjerringøy, Norwegen, 2000

Mitte der achtziger Jahre wurde in Kjerringøy, das heute etwa 350 EinwohnerInnen zählt, der erfolgreiche Versuch gestartet, über einen Brückenkopf engagierter BewohnerInnen eine Art Animator einzusetzen, um aus den eigenen materiellen und humanen Ressourcen eine Trendwende in der Entwicklung, die auf Grund des Bedeutungsverlustes als ehemaliger Handelsplatz negativ vorgezeichnet war, einzuleiten. Ergebnis sind sieben aktive Arbeitskreise sowie neue Funktionen zur Schaffung und Erhaltung eines aufeinander abgestimmten Lebens-, Wirtschafts- und Erholungsraumes. Die Wiederbelebung der dörflichen Eigenständigkeit ist gelungen – dank der Eigeninitiative einiger VordenkerInnen, des couragierten Einsatzes breiter Bevölkerungskreise und der professionellen Begleitung des Prozesses.

dorf in Tirol. Durch diese Aktion – im Rahmen der Dorferneuerung wurde eine Bürgerbefragung durchgeführt – wurden viele Ideen geboren und in weiterer Folge auch umgesetzt. Auf die Ergebnisse sind alle stolz: ein Dorfplatz, der zum Feiern einlädt, ein Kirchenvorplatz, der genügend Raum zum Verweilen bietet, ein Kindergarten in Holzbauweise, eine Hackschnitzelheizung für eine intakte Umwelt, ein Jugendtreff am Dorfplatz ...

Die Gemeinde Oberndorf hat auch am Wettbewerb um den Europäischen Dorferneuerungspreis als offizieller Vertreter Tirols teilgenommen und eine besondere Auszeichnung für ihre vielfältigen Initiativen und engagierten Ideen erhalten. Das zehn Jahre alte Leitbild wird derzeit neu überdacht und nach dem Motto „Wie wir heute planen, werden wir morgen leben" ergänzt.

Der Stein wird weiter gerollt – die Zukunft des Dorfes gestaltet. Innovative Ideen für eine nachhaltige Entwicklung in den Bereichen Wirtschaft, Arbeitsplätze, Nahversorgung, Soziales und Natur sind gefragt. Ziel ist es, in dieser zweiten Phase auch die Vorgaben der Agenda 21 zu erfüllen und somit der von Österreich unterzeichneten Verpflichtungserklärung zu entsprechen.

Wurde zu Beginn der Dorferneuerung in Oberndorf gemeinsam mit dem externen Moderator Karlo Hujber eine aktivierende Bürgerbefragung gestartet, so wird jetzt zur „Zielprofil-Klausur" eingeladen. Bei dieser Klausur-Tagung kann jede/r GemeindebürgerIn seine/ihre Ideen und Vorstellungen für die Zukunft von Oberndorf einbringen und so am eigenen Lebensumfeld ein gutes Stück mitgestalten.

Kinder und Jugendliche bestimmen mit

Kinder und Jugendliche sind die Entscheidungsträger von morgen. Ihre Kreativität, ihr Elan, ihre Einsatzfreude für die eigene Gemeinde sind schon heute wichtig. Junge Menschen in den Gemeinden reden und gestalten mit – ein Anliegen der Dorferneuerung. Bereits die Kindergarten- und Schulkinder können aktiv in die Entwicklungsprozesse integriert werden. Die Kinder überlegen, schlagen vor, zeichnen, vermitteln, lernen und setzen sich aktiv mit den Anliegen und Problemen ihrer Heimatgemeinde auseinander.

Kinder und Jugendliche werden ernst genommen, sie bringen ihre Ideen ein und können so in verschiedenster Weise ihre Umgebung mitgestalten. Das hat den Vorteil, dass sie mehr Beziehung zu ihrer Gemeinde bekommen und mit der Bereitschaft aufwachsen, aktiv am Geschehen der Gemeinde teilzuhaben und Vorschläge einzubringen. Schüler aller Altersgruppen können an bundesweiten und europäischen Wettbewerben teilnehmen und Preise gewinnen. Dorftreffs und internationale Jugendtreffen machen Freude, fordern heraus, wirken verbindend und sind wichtig für die Zukunft der Gemeinden und ihrer EinwohnerInnen.

Die Erfahrungen der Jahre zeigen eindrucksvoll auf, dass eine nachhaltige Entwicklung in den Regionen nur dann sicher gestellt ist, wenn die BürgerInnen in diesen Prozess einbezogen werden. Das Zurückgreifen auf die vorhandenen Humanressourcen garantiert umfassende, engagierte und andauernde Entwicklungsprozesse, die mittel- und langfristig die Gemeinden formen.

Nikolaus Juen, Tiroler Landesregierung, Innsbruck

Bürgerbeteiligung als Erfolgsgarant/Nikolaus Juen

Wiersdorf, Rheinland-Pfalz, 2002

Wiersdorf zählt nur rund 230 EinwohnerInnen, besticht aber dennoch durch eine ungeheure Vielzahl und Vielfalt an qualitätsvollen Erneuerungsmaßnahmen. Sie reichen von erfolgreichen Bemühungen um die Erhaltung von alten schützenswerten Bausubstanzen über eine ressourcensparende Entwicklung zeitgemäßer neuer dörflicher Siedlungsformen bis hin zur Erhaltung und Sicherung einer hervorragenden traditionellen Streuobstlandschaft im Gleichschritt mit der Stärkung und Sicherung der Landwirtschaft durch Vernetzungen mit einem Sanften Tourismus. Das Geheimnis des Erfolges: Alle WiersdorferInnen haben an den Geschehnissen und Maßnahmen in ihrem Ort teil. Motivation, Selbstbewusstsein und Freude am Mitdenken, Mitentscheiden und Mittun sind offensichtlich grenzenlos.

Kanzem, Rheinland-Pfalz, 2000

Neuansiedlung von Handwerks- und Gewerbebetrieben unter Umnutzung ortsbildprägender Gebäude, Ressourcen schonende und ökologisch orientierte Siedlungsentwicklung, gelungene Kooperationen zwischen Winzern und gastronomischen Betrieben, Ausbau des Radtourismus, bemerkenswerte Initiativen im sozialen und kulturellen Bereich, vorbildliches Bürgerengagement – all das zeichnet Kanzem aus und findet noch Ergänzung: durch eine viel zu selten anzutreffende, besondere Qualität, nämlich eine bewusste und intensive Beteiligung der Kinder und Jugendlichen, die mittlerweile auch preisgekrönt wurde, an der Dorferneuerung.

Geburt eines Beteiligungsprozesses in der Dorferneuerung

Peter Schawerda

Der legendär gewordene Steinbacher Weg manifestiert sich in einem unglaublichen Resultat. 60 erfolgreich umgesetzte Projekte mit ihrer wirtschaftlichen Wertschöpfung und ihren Bündelungseffekten liegen zählbar, messbar und wägbar als angreif- und herzeigbare Beispiele vor. Eine stolze Bilanz, die noch gewichtiger wird, wenn man die krisenhafte Ausgangsposition des Niederganges in die Betrachtung mit einbezieht (siehe dazu den Beitrag über den 3. Europäischen Dorferneuerungspreis ab Seite 30 dieser Publikation). Aber: Wie ist diese Erfolgsbilanz möglich geworden? Wodurch ist es zu dieser hohen Identifikation der BürgerInnen gekommen? Mit welchen Methoden konnte die Breite und Nachhaltigkeit des Beteiligungsprozesses erreicht werden? Was ist das eigentlich Bewirkende rund um diese vielen umgesetzten und höchst innovativen Projekte?

Versucht man, diesen Fragen nachzugehen, kommt einem das Wort „Entbindung" in den Sinn. In der Steinbacher Nachhaltigkeitsschmiede gibt es ja auch eine Grafik, wo sich diese Gedankenverbindung bildhaft ergibt. Der darin formulierte „Anlass" könnte für Zeugung stehen, die oft konfliktbeladene Entwicklung vom „Ist" zum „Soll" für die lange Zeit der Schwangerschaft, die natürlich und gleichzeitig problematisch sein kann, „Konzept" für Geburt und letztlich die „Umsetzung" als Stillzeit. Oder anders formuliert: Projektentbindung als Kind der BürgerInnen. Klar, dass es dazu einen bestimmten Nährboden und eine professionelle Begleitung braucht.

Der Steinbacher Nährboden

„Es kommt auf das Klima, auf die Stimmung an, die verbreitet wird", sagt Altbürgermeister Sieghartsleitner und spricht damit die am Beginn in Steinbach getroffene „Vereinbarung für eine neue politische Kultur" der politischen Fraktionen des Gemeinderates an. Er sieht das rückblickend als Ausgangspunkt für den Aufbau des Nährbodens. Die Regeln dafür klingen einfach: Erfolge werden gemeinsam geteilt, rücksichtsvoller und toleranter Umgang miteinander, gleicher Informationszugang für alle, jede/r gibt sein Bestes zur Zielerreichung, der „Patentschutz" der Ideen wird gewährleistet … Diese Regeln aber nicht tönend vor sich herzutragen, sondern einfach glaubwürdig und sichtbar im politischen Alltag einer Gemeinde vorzuleben, ist wahrscheinlich viel schwieriger. Dafür jedoch viel griffiger: Nur so kann man diese Kultur auch von den Arbeitsgruppen und BürgerInnen in den einzelnen Beteiligungsprozessen einfordern und erreichen.

Mit diesem „gelebten" Beispiel wird ein Klima des Vertrauens zunächst einmal innerhalb des Gemeinderates über die parteipolitischen Grenzen hinweg entwickelt. Das braucht viel Vorarbeit zur Überwindung der parteipolitischen Einflüsse und zur Schaffung einer konsensualen politischen Kultur. In Steinbach waren es eine Klausur des Gemeinderates mit einigen bereits vorhandenen Akteuren und viele nachfolgende vertrauensbildende Aktionen.

Daraus hat sich dann der eigentliche Beteiligungsprozess entwickelt. Rein formal hat das so ausgesehen: Nach entsprechender Aktivierung und Sensibilisierung durch klassische Beteiligungsschritte (vor allem Stärken-Schwächenanalyse, Einbeziehung bei Erhebungen und kleinere Sofortprojekte wie zum Beispiel Wanderwege oder Biotoppflege) ist versucht worden, thematische oder territoriale Arbeitsgruppen zu bilden. Dabei wurden die folgenden Erfahrungen gemacht: Die erste Sitzung sollte zwecks Festlegung von Arbeitsregeln, Rollen und Funktionen professionell betreut werden. Ganz wichtig: Kurze, knapp gehaltene Ergebnisprotokolle über die Zusammenkünfte mit „Wer macht was, bis wann, mit welchem nachvollziehbaren Ergebnis?" Entscheidend ist auch eine deutliche Klarlegung, welche Funktion und welche Entscheidungskompetenz das Bürgergremium hat. Danach erfolgte die anlassbezogene Entwicklungsarbeit in den Arbeitskreisen. In den einzelnen Gruppen waren in aller Regel immer auch Gemeinderäte oder Ausschussmitglieder mit integriert. Damit gab es über diese den notwendigen Informationsfluss für die Gemeindevertretung, die ja letztlich zwischen den Projekten koordinieren und bei Projekten mit Finanzbedarf oder gesetzlichen Erfordernissen die notwendigen Beschlüsse fassen musste.

Diese formellen Strukturen sind zwar hilfreich, für sich alleine gesehen aber zu wenig. Hier ist an den Ausgangspunkt zurück zu blenden: „Es kommt auf das Klima, auf die Stimmung an, die verbreitet wird". Der Steinbacher Weg verdeutlicht, wie wichtig dafür das vorgelebte Beispiel des Bürgermeisters mit seinen Gemeinderäten ist. Man kann von den BürgerInnen schwer etwas verlangen, das man im eigenen Wirkungsbereich nicht selbst lebt. Aber wenn dieser Funke überspringt, dann füllen sich die formalen Strukturen mit Leben.

Die Rolle der BetreuerInnen

Von Entbindung war die Rede. Heutige Hebammen verstehen sich nicht nur als Geburtshelferinnen, sondern immer mehr als Fürsprecherinnen der schwangeren und gebärenden Frauen. Damit ist über die unmittelbare Betreuung bei der Geburt hinaus eine Begleitung vom Beginn der Schwangerschaft bis zur Stillzeit gemeint. Diese Sicht einer Betreuung und Begleitung könnte auf den Steinbacher Dorferneuerungsprozess übertragen werden: Es geht um Unterstützung und Hilfe bei der Entwicklung und Formulierung von Interessen, Wünschen und Werten der BürgerInnen. Lediglich begleitend wird auch die Sicht der PlanerInnen und FachexpertInnen dazu eingebracht. Und zwar mehr durch eine Überprüfung auf Vollständigkeit der Zielgruppen mit deren Anliegen und Interessen. Erst nach der Entbindung des Projektes soll – falls erforderlich – fachliches Design mit einfließen.

Es werden also der Prozess und die ideelle Beteiligung der BürgerInnen klar vor den Beginn einer eventuell erforderlichen Planung gesetzt. Diese Priorität erscheint im Steinbacher Weg deshalb wichtig, weil sich daran die Frage des „Teilhaben-Könnens" entscheidet. Damit ist einerseits das „Teilhaben-Lassen" durch eventuelle PlanerInnen und FachexpertInnen gewährleistet, die in solch einer Abfolge nicht von vornherein durch ihre Präsenz und Erfahrung die Gedankenüberschüsse lenken oder gar bremsen, andererseits wird aber auch die Komponente des „Teilhaben-Wollens" gesteigert, weil durch das „Zur-Welt-Bringen eines eigenen Kindes" auch die Identifikation und damit das Interesse an der Mitwirkung bei der Realisierung weit höher wird. Die tatsächliche und vor allem nachhaltige Bürgerbeteiligung beruht in Steinbach offenbar auf einer bestimmten Abfolge dieser drei Faktoren. Und zwar

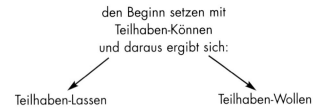

Teilhaben-Können ist nur möglich, wenn ein Grundwissen über die Zusammenhänge im Planungsbereich gegeben ist. Jeder Mitbeteiligung am Entscheidungsprozess muss diese Kenntnis voraus gehen. Das bedeutet für die mitwirkenden BürgerInnen, notwendige Informationen zu erwerben, die Bereitschaft, in bisher ungewohnten Bereichen nach- und mitzudenken und letztlich auch in Konfliktsituationen mit anderen Bürgerwünschen Lösungen zu entwickeln. In Steinbach waren das vor allem die Stärken-Schwächenanalyse und die Einbeziehung bei Erhebungen und kleineren Sofortaktionen mit der damit verbundenen Aktivierung und Sensibilisierung.

Teilhaben-Wollen entspringt aus dem Wunsch, den eigenen unmittelbaren Lebensbereich nach eigenen Vorstellungen zu gestalten. Meist ist dieses Motiv durch negative Erfahrungen unterdrückt. Spannung und Angst, sich durch mangelnde Fachkompetenz vor den MitbürgerInnen bloßzustellen, missbraucht zu werden, weil der Bürgermeister oder die Gemeindevertretung letztlich ohnedies nur nach ihren Gesichtspunkten entscheiden, oder Gefühle der Unterlegenheit gegenüber einer/einem PlanerIn, die/der mit ihren/seinen Erfahrungen über Vorschriften, Normen und Bewilligungsbedingungen immer alles besser weiß, bremsen dieses Wollen sehr oft ein. Es kann daher nicht automatisch vorausgesetzt, sondern muss, so wie in Steinbach, durch Aktivierung und Sensibilisierung mit entsprechender Entscheidungskompetenz in der entwickelten Lösung gefördert werden.

Teilhaben-Lassen ist eine Forderung, die sich an PlanerInnen und ExpertInnen richtet. Trotz asymmetrischem Wissensstand muss der Anspruch auf die volle Akzeptanz der BürgerInnen als gleichberechtigte Planungspartner gestellt werden. In ihrem Bereich sind nämlich auch BürgerInnen ExpertInnen – für ihre eigenen Bedürfnisse. Wirkliche Beteiligung kann daher nicht so aussehen, dass ein wohldurchdachter Plan zur Diskussion gestellt wird. Solch ein fertiges Gedankengebäude ist kaum mehr zu verändern. Eine „Beteiligung" beschränkt sich nur mehr auf Details. Planungspartnerschaft erfordert einen ganz anderen Weg: als Partner ohne eigenes Konzept und damit ohne vorgefasste Vorstellungen an die Aufgabe herangehen, Fragen stellen, zuhören, für alle Anregungen und Vorhaben offen sein, den BürgerInnen helfen, ihre Probleme klarer zu sehen, und erst dann die gemeinsame Lösung suchen. Auch diese Tugenden sind am Steinbacher Weg abzulesen, wenn man dabei an die Erstellung des Flächenwidmungsplanes unter massiver Einbeziehung der BürgerInnen denkt.

Zusammenfassung

Entbindung hat in der Dorferneuerung immer mit Partizipation zu tun: Man begleitet einen Prozess, ermöglicht und fördert die Einbringung von Interessen, Wünschen und Werten der BürgerInnen und hilft ihnen, Maßnahmen und Projekte zur Entwicklung ihres unmittelbaren Lebensraumes zu „gebären".

Planung hat in der Dorferneuerung immer mit Antizipation zu tun: Man versucht, auf der Basis einer fundierten Analyse voraus zu schauen, zu erfassen, wie Entwicklung verlaufen könnte, wählt die als wertvoll erkannte Richtung als Leitbild und greift gestaltend oder strukturierend ein, um ein erwünschtes Ziel zu erreichen.

Beides hat seine Berechtigung. Je nach Projekt und Ausrichtung, allerdings in unterschiedlicher Gewichtung. Wie der Steinbacher Weg zeigt, ist für einen nachhaltigen Prozess jedoch die Reihenfolge entscheidend.

Peter Schawerda, Europäische ARGE Landentwicklung und Dorferneuerung, Wien

Peter Schawerda

Zukunft für das Land im regionalen Kontext. Das Land hat aufgeholt

Josef Attenberger

Der ländliche Raum und seine Siedlungseinheiten haben in den zurückliegenden Jahrzehnten nicht nur in Bayern eine enorme Aufwärtsentwicklung erfahren. Galt früher die Devise „Nur Stadtluft macht frei", so hat sich diese urban geprägte Grundeinstellung vieler BürgerInnen auf dem Lande heute ins Gegenteil verkehrt: Was früher eher als rückständig und hinterwäldlerisch galt, nämlich das Bekenntnis zur ländlichen Heimat und Regionalität, ist heute einer Aufwertung des Lebens auf dem Lande gewichen. In der Tat hat das Land in vielen Bereichen gegenüber den Ballungsräumen aufgeholt oder sogar gewonnen. Die Gründe liegen unter anderem darin,

- dass die Bildungschancen heute ziemlich gleichmäßig über das ganze Land verteilt sind. Auch die Infrastruktur hat sich dank breiter Dorferneuerungs- und Landentwicklungsmaßnahmen im Sinne wertgleicher Lebensbedingungen den städtischen Räumen angeglichen,

- dass sich die ungebrochene Sehnsucht nach einem kostengünstigen Eigenheim und einem naturnahen Lebensumfeld leichter auf dem Lande als in der Stadt erfüllen lässt,

- dass die Dörfer in besonderer Weise, nämlich sozial direkt erspür- und erlebbar, dem wiedererwachten Bedürfnis vieler nach Einbindung in eine überschaubare Gemeinschaft und Mitbestimmung bei der Gestaltung des Lebensraumes entsprechen.

Generelle Trends gefährden Entwicklung der ländlichen Räume

Diese sehr positive Entwicklung war noch vor 50 Jahren in keiner Weise vorhersehbar und zeigt, wie schwierig es ist, zuverlässige Prognosen über die Zukunft der ländlichen Räume zu geben. Jedenfalls aber muss es darum gehen, eine gedeihliche Entwicklung der Dörfer sicherzustellen. Sie nämlich sind die Keimzellen des Landes, die auch in Zukunft atmen müssen, damit – wie es der frühere französische Ministerpräsident Edgar Faure einmal so schön formulierte – die Städte nicht ersticken. Maßgeblich für ein Zukunfts-Szenario müssen dabei generelle aktuelle Trends und Rahmenbedingungen sein, die massiv die Entwicklung der Dörfer beeinflussen, wie vor allem

- die Globalisierung und Internationalisierung der Wirtschaft sowie die Überwindung von Raum und Zeit durch die neuen Medien, die den Wettbewerb und die Standortkonkurrenz zwischen den Stadt(regionen) und den ländlichen Räumen enorm verschärfen werden,

- der fortschreitende Strukturwandel in der Landwirtschaft und den ihr vor- und nachgelagerten

Bereichen, der sich als Folge der Vorgaben der europäischen Agrarpolitik in den landwirtschaftlich kleinstrukturierten Gebieten verschärfen und leider bisher viel zu wenig diskutierte Folgen für die Funktion und Entwicklung unserer Dörfer, Landschaften und auch für die ländliche Kultur haben wird,

- die Zunahme des urbanen Charakters ländlicher Räume, die – insbesondere in stadtnahen Regionen – unter anderem zu teilweise die dörflichen Maßstäbe sprengenden neuen Wohnbau- und Gewerbegebieten führt, mit negativen Auswirkungen auf den ländlichen Charakter in räumlicher und sozialer Sicht,

- das zum Teil fehlende Angebot an Arbeitsplätzen in annehmbarer Entfernung; zigtausend ArbeitnehmerInnen, vorwiegend aus den ländlichen Räumen, pendeln tagtäglich zu zum Teil weit entfernten Arbeitsplätzen in städtischen Ballungsgebieten, mit erheblichen negativen Folgen aus ökologischer und gesundheitlicher Sicht,

- der enorme Flächenverbrauch für Siedlungs- und Verkehrsflächen (täglich ca. 17 ha in Bayern, das entspricht etwa der Fläche von 250 Fußballfeldern), dem mit einem nachhaltigeren Landmanagement und mit größerem Verantwortungsbewusstsein, insbesondere der Gemeinden, gegenüber der Zukunft und nachfolgenden Generationen begegnet werden muss,

- und last, but not least, die akute Finanznot der Kommunen, die zunehmend die Umsetzung von wichtigen Maßnahmen der Daseinsvorsorge in den Städten und Gemeinden gefährdet, von

Das Land hat aufgeholt/Josef Attenberger

Das Auerbergland

Ausgangssituation

Das Gebiet liegt im Südwesten Bayerns im voralpinen Hügelland und umfasst auf einer Fläche von 220 km² 13.000 EinwohnerInnen. Es erstreckt sich rund um den Auerberg und umfasst vier Gemeinden des Landkreises Ostallgäu (Regierungsbezirk Schwaben) und fünf Gemeinden des Landkreises Weilheim-Schongau (Regierungsbezirk Oberbayern). Wegen der hohen Niederschläge wird ein erheblicher Teil des Gebietes als Grünland genutzt. Die Rinderhaltung hat jedoch in den letzten Jahren auf Grund sinkender Nachfrage an wirtschaftlicher Bedeutung verloren.

Die Umorientierung zu alternativen Nutzungen wird durch die natürlichen Produktionsfaktoren begrenzt. Insgesamt ergeben sich für das Auerbergland durch die Randlage in den Regierungsbezirken Strukturschwächen. In ca. 30 km Entfernung produziert ein großes Traktorenwerk. Weitere Erwerbsmöglichkeiten gibt es im größeren Umfange nur in erheblicher Entfernung.

Das Gebiet um den Auerberg wird als Wohngebiet für die außerhalb dieser Region arbeitende Bevölkerung genutzt. Dementsprechend verändern sich die Ansprüche an die Infrastruktur. Zudem fließt mit der Abwanderung der Berufstätigen zunehmend Kaufkraft ab. Auch die Jugendlichen tendieren wegen des mangelnden Lehrstellen- und Freizeitangebotes dazu, in die umliegenden Städte abzuwandern. Der Fremdenverkehr wird stark durch die nahe gelegenen Königsschlösser Neuschwanstein und Hohenschwangau beeinflusst. Die Nähe zu diesen touristischen Attraktionen bietet ein Potenzial, das es zu nutzen gilt.

Arbeitskreis Auerbergland

Der Arbeitskreis Auerbergland hat sich im Zuge der Dorferneuerung in den beteiligten neun Gemeinden formiert. Auslöser dafür war eine Analyse über das Konsumverhalten der EinwohnerInnen, die zeigte, dass über 70 Prozent der Kaufkraft in die umliegenden Oberzentren abfließen. Im Herbst 1996 hat sich der Arbeitskreis eine Satzung gegeben; seit dem 29. November 1996 wird er als eingetragener Verein geführt.

Der Arbeitskreis setzt sich aus den BürgermeisterInnen der neun Gemeinden und aus VertreterInnen der überörtlichen Fachgruppen Fremdenverkehr, Landwirtschaft, Natur, Kultur, Wirtschaft und Planung zusammen. Das Steuerungsgremium ist ein überörtlicher Arbeitskreis, in dem die neun BürgermeisterInnen und die VertreterInnen der einzelnen Facharbeitskreise mitwirken. Daneben existieren überörtliche Fachgruppen, die wesentliche Beiträge zum Gesamtkonzept und zu den Umsetzungsprojekten erbringen.

Die Entwicklungsstrategie

Um den Problemen (Kaufkraftabfluss, sinkende Wertschöpfung, fehlende Lehrstellen) entgegenzuwirken, haben sich die am Arbeitskreis beteiligten Gemeinden entschlossen, ihre kulturelle und wirtschaftliche Zukunft gemeinsam zu gestalten. Trotz unterschiedlicher Verwaltungszugehörigkeit fühlen sich die neun Gemeinden eng mit dem Auerberg verbunden und zusammengehörig. Diese besondere Identität gilt es zu nutzen. Die wirtschaftlichen, kulturellen und sozialen Beziehungen sollen wieder aufgebaut und somit eine gemeinsame Wirtschaftsstruktur ermöglicht werden.

Ausgangspunkt für gemeinsame Initiativen war auch die fast 2.000 Jahre alte Römerstraße Via Claudia Augusta, die durch das Auerbergland führt. Diese historische Straße stellte vormals eine der wichtigsten Nord-Süd-Verbindungen dar. Sie ist in Teilen noch immer gut erhalten.

Beispiele für gemeinsame Aktionen

- *„Via Claudia Augusta" – 2.000 Jahre Römerstraße im Auerbergland*
  Zur Zeit der Besiedlung durch römische Legionen lag das Aktionsgebiet an der wichtigsten Nord-Süd-Achse, der Via Claudia Augusta. Die Initiativgruppe hat ein Konzept zur Wiederbelebung dieser historischen Verbindungsachse und der damit verbundenen Kultur und Geschichte entwickelt, um neue Erlebnisangebote für den Fremdenverkehr zu schaffen. In Teilbereichen der alten Römerstraße ist das Konzept bereits umgesetzt. Das Fest zur Wiederbelebung stieß auf großes überörtliches Interesse. Die Via Claudia Augusta ist jetzt der Öffentlichkeit bekannt und dient als Magnet für den ländlichen Tourismus.

- *Preisausschreiben zur Entwicklung eines regionalen Qualitätssiegels*
  Im Rahmen eines Preisausschreibens wurden Ideen für einen gemeinsamen Namen und ein gemeinsames Logo für das Gebiet/die Region Auerbergland gesammelt, um so ein regionales/lokales Qualitätssiegel zu entwickeln. Mit dieser Maßnahme wurde erreicht, dass die gemeinsame Identität sowohl nach innen als auch nach außen verstärkt wird, ein neues Qualitätsbewusstsein entsteht und die Vermarktung regionaler Produkte erleichtert wird.

- *Planung und Realisierung der „Erlebniswege Auerbergland"*
  Mit der Planung und Durchführung eines inzwischen 800 km langen vernetzten Wegesystems sowie der Auflage einer Rad- und Wanderkarte „Erlebniswege Auerbergland" wurde eine Verbesserung des Freizeitangebots erreicht. Den Erholungsuchenden oder Einheimischen werden so Erlebnisse mit Natur, Kultur, Geschichte und Landwirtschaft eröffnet.

- *„Auerbergland Spezialitäten"*
  Das Marketing der regional erzeugten landwirtschaftlichen Produkte erfolgt durch den Verein „Auerbergland Spezialitäten". Zum gemeinsamen Marketing wurden Qualitätsrichtlinien erarbeitet. Erste Schritte zur Umsetzung dieser Initiative erfolgten im Bereich Rindfleischvermarktung. Ein erster Erfolg dabei war – als Gegenstück zum Fast-Food-Burger – die Kreation des so genannten „Auerburger". Aber auch die Vermarktung von Qualitätshonig, Honigschnaps und Obstsüßmost ist erfolgreich. Insgesamt ist damit die Erhaltung bzw. Schaffung von Arbeitsplätzen in der Landwirtschaft und im Metzgerhandwerk erreicht worden.

- *Gemeinsame Gewerbeschau*

Zur Stärkung einer gemeinsamen Produktidentität sowie zur Erhaltung von Arbeitsplätzen in Handwerk, Dienstleistung und Gewerbe wird jährlich eine gemeinsame Gewerbeschau veranstaltet. Auch ist ehemals landwirtschaftliche Bausubstanz für handwerkliche Kleingewerbegründungen umgenutzt worden. Damit wird zugleich auch die gute Zusammenarbeit zwischen Handwerk und Landwirtschaft veranschaulicht.

- *Stoffkreisläufe*
  Auch Stoffkreisläufe sind im Auerbergland ein viel beachtetes Thema. Neben bewusstseinsbildenden Maßnahmen (Info-Blatt, Fachgruppe Energie, Energieberatung für Kommunen und Bürger) sind als erste konkrete Umsetzungsmaßnahmen ein Landjugendhaus mit Solarenergieversorgung und Pflanzenkläranlage, eine Photovoltaik-Anlage, der Aufbau von Wertstoffhöfen, die Umstellung einer Schule auf Holz-Pelletsheizung und ein Projekt zur Energieeinsparung an den Schulen hervorzuheben.

„Luxusmaßnahmen" wie etwa im Bereich Heimat- und Denkmalpflege gar nicht zu reden.

Dörfer und ländliche Regionen haben deshalb wahrlich keinen Anlass, sich in Anbetracht der insgesamt sehr positiven Entwicklung in den letzten Jahrzehnten selbstzufrieden zurückzulehnen. Sie müssen stets achtsam und pro-aktiv der „Zukunft auf der Spur" bleiben.

Auch wenn es natürlich keinen Automatismus im Sinne einer sich selbst erfüllenden Botschaft „Das Land hat Zukunft" (vgl. das Buch von Glück/Magel 1990) gibt, so sprechen trotz der angedeuteten aktuellen Probleme die „Megatrends", zumindest in Mitteleuropa, eindeutig für eine gleichberechtigte(re) Rolle des Landes. Der amerikanische Zukunftsforscher John Naisbitt hat schon Anfang der 80er-Jahre (und später erneut) in seinem Bestseller „Megatrends" prophezeit: „An der Schwelle zum 3. Jahrtausend wird das Leben auf dem Lande die Lebensform der Zukunft sein". Auch Leo A. Nefiodow bestätigt in seinem Bestseller „Der sechste Kondratieff – Wege zur Vollbeschäftigung im Zeitalter der Information" dem ländlichen Raum hervorragende Zukunftschancen, weil er in besonderer Weise die so genannten weichen Standortfaktoren anbieten und den wachsenden Bedürfnissen breiter Bevölkerungsschichten nach gesunder Lebensführung besser Rechnung tragen kann.

Dörfer und Gemeinden brauchen Strategien für ihre Entwicklung

Vor diesem Hintergrund gilt für Stadt und Land, hart für die und an der Zukunft zu arbeiten. „Quidquid agis, prudenter agas, et respice finem!" – „Was immer du tust, tue es klug und beachte das Ende!" Jede/r Einzelne tut erfahrungsgemäß gut daran, die-

Das Land hat aufgeholt/Josef Attenberger

se Lebensweisheit des griechischen Philosophen Epiktet zu beherzigen. Sie gilt ebenso für die Dörfer und ländlichen Gemeinden sowie für ihre Bürgerinnen und Bürger. Auch sie müssen zur Bewältigung der bestehenden Herausforderungen und Probleme klug, vorausschauend und die Folgen beachtend handeln. Entwicklung braucht Orientierung. Orientierung muss und kann aber erst aufgrund von Werten und Einstellungen erfolgen. Damit stellt sich wie selbstverständlich die Aufgabe, gemeinsame Zielvorstellungen für Siedlung und Landschaft, für die wirtschaftliche Entwicklung und das soziale Zusammenleben zu entwickeln. Ausgehend von der Geschichte und Gegenwart, den humanen, materiellen und sonstigen Ressourcen und ihrer Abwägung in einem so genannten Stärken-Schwächen-Profil gilt es, in einem intensiven Diskussionsprozess von allen mitgetragene Leitlinien zu erarbeiten, die helfen können, die gewollte zukünftige Entwicklung des heimatlichen Lebensraumes zielorientiert zu steuern. Hierzu ist unter anderem auch eine konsequente Bildungsarbeit für MandatsträgerInnen und BürgerInnen ("capacity building") notwendig. Wissen und Bildung als vierter Produktions- und zentraler Standortfaktor werden mehr als bisher zum strategischen Überlebensmittel!

Gemeinsamkeit macht stark

Initiativen zu Entwicklungen auf übergemeindlicher Ebene sind die zeitgemäße und vor allem struktur- und finanzpolitisch gebotene Antwort auf die globalen und nationalen Veränderungen und zunehmenden Standortkonkurrenzen in Stadt, Wirtschaft und Gesellschaft. Die kleinregionale Ebene als Maßstabseinheit einer interkommunalen Entwicklung gewinnt deshalb zunehmend – und zwar rapide – an Bedeutung, weil immer mehr Dörfer und Gemeinden – auch vor dem Hintergrund knapper werdender Finanzmittel – zu der Einsicht kommen (müssen), dass ihre Probleme in den Bereichen Naherholung und Fremdenverkehr, regionale Vermarktung, Siedlungs- und wirtschaftliche Entwicklung, Hochwasserschutz etc. allein nicht mehr gelöst werden können. Gemeindeübergreifend muss es um nachhaltigere Strategien und Entwicklungen gehen, das heißt, um die gleichheitliche Berücksichtigung ökologischer, ökonomischer und sozialkultureller Aspekte. Deshalb ist endgültig Abschied zu nehmen von lokaler Kirchturmpolitik! Dass dies zum Erfolg führt, haben regionale Initiativen wie das Auerbergland (siehe Kurzbeschreibung: Auerbergland, Teilnehmer 2002), das Große Walsertal oder auch das Steirische Vulkanland im Europäischen Dorferneuerungswettbewerb in den letzten Jahren sehr eindrucksvoll dokumentiert.

Neue Arbeitsplätze braucht das Land

Die größte Herausforderung für das Land wird angesichts der strukturellen Arbeitslosigkeit und des fortschreitenden Strukturwandels in Landwirtschaft, Handel und Gewerbe die Schaffung eines ausreichenden Angebotes an Arbeitsplätzen sein. Darum muss es gelingen, in den Dörfern oder zumindest in gut erreichbarer Nähe ein ausreichendes Angebot an qualifizierten Arbeitsplätzen zu schaffen, um längerfristig eine Abwanderung gerade der gut ausgebildeten erwerbsaktiven Bevölkerung zu vermeiden. Der sich verschärfende Strukturwandel in der Landwirtschaft sowie die Internationalisierung des Arbeitsmarktes, die sich vor dem Hintergrund der EU-Osterweiterung noch verstärken werden, erhöhen zweifellos die Brisanz. Die Forderung nach umweltfreundlichen Agrarprodukten, nach Erzeugung und Nutzung nachwachsender Rohstoffe und erneuerbarer Energieträger, nach Spezialprodukten anstelle von Massenware, nach Nutzung von Nischenprodukten sowie dezentralen landwirtschaftlichen Erzeugungs- und Vermarktungseinrichtungen in der Hand der Bauern gewinnt deshalb zunehmend an Aktualität. Deshalb verdienen Initiativen zur Stärkung der regionalen und lokalen Kreisläufe und der Nahversorgung die volle kommunalpolitische Unterstützung.

Erfreulicherweise ist es heute kein Naturgesetz mehr, dass geographisch entlegene Regionen immer und überall benachteiligt sein müssen – nicht mehr! Neue Informationstechnologien geben erstmals in der Menschheitsgeschichte die Hoffnung, das derzeit größte Handicap des ländlichen Raumes auszugleichen oder zu mindern – die Entfernung von Ausbildungsstätten und Arbeitsplätzen in zentralen Orten. Das Zauberwort heißt Telematik. Die Gemeinden und BürgerInnen müssen sich dieser neuen technologischen Herausforderung offensiv stellen. Sie müssen die neuen IuK-Technologien wie z. B. Internet und Intranet in ihren Alltag integrieren und im Zuge neuer Strategien nutzen. Dabei zählt jeder kleine(re) Erfolg.

Neue Bürger- und Sozialkultur

Landes- und Kommunalpolitik im 21. Jahrhundert müssen auf den Vorrang von Eigenverantwortung, auf Chancengleichheit und Solidarität setzen. Nur so ermöglichen und nutzen sie die aufkommende Bürgergesellschaft und die mehr denn je notwendige neue Bürger- und Sozialkultur. Das 21. Jahrhundert wird geprägt sein von repräsentativen und gleichzeitig partizipativen Demokratieformen sowohl im kommunalen Alltag als auch im Alltag der Verwaltungen und von der Dualität rechtlich-formalen und überwiegend informell-beliebigen Planens, Handelns und Entscheidens.

Deshalb müssen Gemeinde- und Dorfentwicklung bewusst(er) auf diese neuen Entwicklungen ausgerichtet sein. Kommunale Entwicklung muss individuell und partizipativ, nachhaltig, integrativ und zukunftsfähig sowie gemeinwohlorientiert und sozial sein. Um dies zu erreichen, braucht sie neue Formen der Planung und Entscheidungsfindung, wie z. B. Dialogplanungen, Moderation und Mediation. Damit entspricht sie der Vision einer innovativen Gesellschaft im 21. Jahrhundert, das ja bekanntlich ein Jahrhundert der Kommunen und BürgerInnen (Hill 1999) sein wird. Im Sinne einer tätigen bürgerlichen Freiheit gilt es also, „die Betroffenheit der Hoheitsunterworfenen durch die Mitgestaltung der Freiheitsberechtigten in örtlicher Verantwortung zu ersetzen" (Kirchhoff 2003). Zweifellos haben viele Gemeinden dabei die Erfahrungen, die in den letzten Jahrzehnten mit intensiver Bürgerarbeit in der Dorferneuerung gemacht worden sind, ein großes Stück auf dem Weg zur Verwirklichung einer aktiven Bürgergesellschaft vorangebracht.

Heimatgestaltung in aktiver Verantwortungsgemeinschaft

„Zur Heimat", so konstatierte einst Alexander Mitscherlich in „Die Unwirtlichkeit der Städte – Anstiftung zum Unfrieden", „wird ein allmählich dem Unheimlichen abgerungenes Stück Welt" (Mitscherlich 1965). Wie wahr – was untätig in den Schoß fällt, wir wissen es alle, wird nicht geschätzt. In diesem Sinne ist die Möglichkeit zur weitgehend eigenverantwortlichen Gestaltung des Lebensraumes und der Lebensbedingungen durch Bürgerinnen und Bürger allüberall d i e Grundlage für deren Heimatbindung. Dabei kann „Heimat nur dort entstehen, wo Menschen aneinander Anteil nehmen und sich für ihre Be-

St. Paul/St. Georgen, Kärnten, 1996

Bei St. Paul, einem Marktort, der im Wesentlichen durch das Benediktinerstift als kulturellem Mittelpunkt der Region geprägt ist, und St. Georgen handelt es sich um zwei Gemeinden, die nach einer Zusammenlegung in den siebziger Jahren seit 1992 wieder getrennt sind, aber dennoch die Zusammenarbeit suchen. Das Projekt hat sehr früh und auf beispielhafte Weise die Regionalentwicklungs-Idee aufgegriffen. Denn schon 1996 durfte die Jury feststellen:

Aus den Bemühungen, Anziehungspunkte in die strukturschwache Region zu bringen, ist das Regionskonzept Mostbarkeiten-Kostbarkeiten entstanden. Der traditionelle Obstbau wurde in den letzten Jahren durch eine Vielzahl an Aktivitäten und Projekten wieder belebt und bietet in zunehmendem Maße in Verbindung mit Produktveredelung, Selbstvermarktung, Ausflugstourismus sowie Urlaub auf dem Bauernhof für viele bäuerliche Betriebe eine wichtige Einnahmequelle. Die vorbildliche Zusammenarbeit von Landwirtschaft, Tourismus und Gastronomie und die Qualität der Produkte haben einen Sogeffekt für die gesamte Region. Neben den wirtschaftlichen Gesichtspunkten ist vor allem die Pflege der Kulturlandschaft mit Obstgärten, Alleen und Gehölzstreifen durch die Bauern für eine ökologisch stimmige Landschaft ein wichtiger Gesichtspunkt. Insgesamt ein hervorragendes Konzept, das auf vorhandenen, brach liegenden Werten aufbaut, von engagierten Personen zielstrebig verfolgt wird und damit zur Wiederbelebung einer ganzen Region geführt hat.

lange gemeinsam einsetzen" (Herzog 1997). Heimat ist also nichts Rührseliges, Heimeliges, Vertümelndes, nichts an weißblaue Fest-Ansprachen Erinnerndes oder nichts Gestriges – auch nicht im ländlichen Raum. Heimat und Heimatgefühl sind nicht das, was man sich nur in Festtagslaune gönnt, sondern sind die alltägliche Lebenswirklichkeit beim Wohnen, Arbeiten, Erholen, Kommunizieren etc.

Es stimmt sehr zuversichtlich, dass sich auf dem Felde gemeinsamer Bürger-Initiativen zur Zukunfts- und Lebensgestaltung in Dorf und Landschaft sehr viel tut: z. B. auch im Erfolgswettbewerb der Europäischen ARGE Landentwicklung und Dorferneuerung, an dem sich turnusgemäß alle zwei Jahre die Crème de la crème der Erfolgsdörfer aus vielen europäischen Ländern beteiligt und sich dabei an Beurteilungskriterien messen lassen muss, die aktuellen Erfordernissen unserer Zeit entsprechen. Dabei kann gerade dieser Wettbewerb auf Bürgerinnen und Bürger bauen, die sich höchst engagiert mit der Zukunftsgestaltung ihres Lebensraumes auseinander- und für eine nachhaltige Entwicklung und Gestaltung ihrer Heimat einsetzen.

„Der eine wartet, bis die Zeit sich wandelt, der andere packt sie kräftig an und handelt". In dieser Sentenz aus Dantes „Die göttliche Komödie" sind zwei Grundeinstellungen des menschlichen Handelns aufgezeigt. Es bedarf keiner besonderen Betonung, dass Lebensraumgestaltung im ländlichen wie auch städtischen Raum am besten durch kräftiges Anpacken und Handeln gelingen wird. Kräftiges Anpacken und Handeln – das schlägt die Brücke zu einer aktiven Bürgergesellschaft, in der Bürgerinnen und Bürger zusammen mit Staat und Kommunen eine neue Verantwortungsgemeinschaft für sich, die Mitmenschen, die Umwelt und die nachfolgenden Generationen praktizieren.

Literaturverzeichnis

- Glück Alois/Magel Holger (1990): Das Land hat Zukunft – Neue Perspektiven für die ländlichen Räume. Verlagsgruppe Jehle Rehm, 1990

- Herzog Roman (1997): Zum Bayerischen Heimattag – Grußwort des Bundespräsidenten in Bamberg am 22. Juni 1997. In: Bulletin des Bundespräsidialamtes vom 4. Juli 1997 Nr. 57/658

- Hill Hermann (1999): Die Rolle der Städte und Gemeinden im 21. Jahrhundert. In: Bayerische Gemeindezeitung Heft 10/1999

- Kirchhoff Paul (2003): Die Kommunen als unverzichtbares Fundament einer modernen Demokratie. In: Die Zeitschrift des Bayerischen Gemeindetags Nr. 2/2003 S. 39 ff.

- Mitscherlich Alexander (1965): Die Unwirtlichkeit der Städte – Anstiftung zum Unfrieden. Suhrkamp Verlag, Frankfurt a. Main 1965

Josef Attenberger, Bayerisches Staatsministerium für Landwirtschaft und Forsten, München

Über die Dörfer ...
ErFahrungen

Johanna Schmidt-Grohe

Niemand sollte sein Leben beschreiben, der nicht die Geduld aufbringt, vor dem Datieren der eigenen Existenz wenigstens der Hälfte seiner Großeltern zu gedenken. (Günter Grass, „Die Blechtrommel")

„Übrigens, dort drüben ist die Mutter von Günter Grass geboren", sagte mein Begleiter Tomasz Parteka, Professor an der Technischen Hochschule Danzig, zu mir, als wir durch die hinterpommersche Landschaft fuhren. Am Steuer des winzigen Wägelchens saß seine Assistentin, die junge Landschaftsarchitektin Bogna Lipinska. (Sein eigener Wagen war gerade in Reparatur.) Im Morgensonnenschein zog eine frühlingsgrüne Hügellandschaft vorbei, in der – Taschenspiegeln gleich – kleine Weiher blitzten: „Überreste der Ostsee-Eiszeit", wie ich lernte. Bauern bestellten die relativ schmalen Felder, auf uralten Traktoren, oder Frauen gingen hinter Pflügen, zum Teil von Kühen gezogen.

Unser Ziel war das Gut Bedomin, einst Herrensitz der Familie Wybicki. Aus ihr stammte der Adlige Jozef Wybicki, Schöpfer der polnischen National-Hymne im Jahr 1797: „Noch ist Polen nicht verloren" zur Melodie einer Mazurka. Im heutigen Sinn gehörte die Familie zu den „Dorferneuerern": Zum Gut gehörten eine Papiermühle, eine reich ausgebaute Landwirtschaft mit Viehzucht und ein Landschaftspark. Nach vielen Kriegszerstörungen – bis in den Zweiten Weltkrieg hinein, mit anschließender russischer Besatzung – wurden die breit hingelagerten Gebäude des einstigen Vorwerks zu einem Museum für den berühmten Schöpfer der Hymne ausgebaut, ergänzt durch Versammlungsräume. Immer noch wird Landwirtschaft betrieben. Im großen Erholungspark laden weiße Bänke zum Verweilen ein. Der Entwurf für diese lebendige Erneuerung wurde 1978 bis 1981 von der Technischen Universität Danzig ausgearbeitet: Unter Leitung von Tomasz Parteka und Bogna Lipinska. 1990 war es der Beitrag von Polen zum „Europäischen Dorferneuerungspreis".

Meine „Bereisung", ganz allein, am 1. April 1990, hätte leicht zum Aprilscherz werden können, denn mein Visum war nicht rechtzeitig angekommen. Doch am Flughafen von Danzig wurde ich liebevoll von meinen Gastgebern empfangen, ja man bedauerte, dass ich nur ein so kurzzeitiges Visum haben wollte. Noch am Nachmittag wurde ich der frischgebackenen Abiturientin Anna Parteka für eine Stadtführung durch Danzig anvertraut. Ihre erste forschende Frage: Ob ich mich für das „Solidarnosc"-Denkmal vor der „Lenin-Werft" interessiere. Stolz korrigierte sie mich: „Es gibt keine Lenin-Werft mehr!" – Abends im Elternhaus wurde alles aufgetischt, was es gab: von Wein, Wurst, Fisch und Käse bis zum Kunsthonig. Ein deutsches Ehepaar mit zwei Söhnen war noch zu Gast, die der hübschen Anna den Hof machten, zwei Geschwister und die Frau von Tomasz Parteka, die – wenn ich mich recht erinnere – im Wasserwirtschaftsamt für saubere Umwelt kämpfte.

Jetzt habe ich wieder ein Tonband hervorgeholt mit der Hymne, sehr rührend von einer Spieluhr im Museum von Bedomin. Neben vielen Erinnerungsstücken Fahnen, alten Dokumenten, Fotos: Natürlich eines vom Beginn des Zweiten Weltkrieges auf der „Westernplatte", aber auch eines vom großen polnischen Pianisten Arthur Rubinstein, der 1945 vor dem New Yorker UNO-Gebäude die Nationalhymne spielt, aus Enttäuschung, weil die polnische Fahne fehlte.

Ach, Bedomin, wie mag es dir heute gehen, 15 Jahre nach diesem ersten Besuch? – Oft sagen wir in der Jury des Europäischen Dorferneuerungspreises: Man müsste immer wieder hinfahren in die Dörfer unserer Wahl, ihre Entwicklung verfolgen. Ein Mal war es mir beschieden: zwei Dörfer im Hintergrund von Keszthely am Plattensee – Kapolcs und Vigantpetend.

Der erste Besuch – 1989 – fand im Rahmen einer Tagung der Europäischen ARGE in Keszthely statt. Allen, die dabei waren, wird der rauschende Festabend im auf einmal gar nicht mehr kahlen „Kulturhaus" unvergesslich bleiben. Fünf Jahre später – 1994 – hatte die begonnene Dorferneuerung einen gewaltigen Schritt vorwärts gemacht: Kleine ausgestorbene Bauernhöfe, die 1989 hoffnungslosen Steinhaufen glichen, waren wieder aufgebaut. Einige sogar fast zu perfekt „kunstgewerblich" restauriert. Treibende Kräfte waren nach wie vor zugereiste Künstler und junge Architekten, nicht zu vergessen ein alter Pfarrer, der den Kontakt zur einheimischen Bevölke-

ErFahrungen/Johanna Schmidt-Grohe

rung auch während der Zeit des „Eisernen Vorhangs" gehalten hatte. Mit den alten Häusern wurde auch bäuerlicher Hausrat gerettet, privat und in einem kleinen Dorfschulhaus, das sich zu einem Museum gemausert hatte.

Weiterentwickelt hatten sich soziale Einrichtungen: Schon 1989 gab es im Kulturhaus einen Mittagstisch nicht nur für die Kindergartenkinder, sondern auch die Möglichkeit für alte Mitbürger, sich eine Mahlzeit abzuholen. Eine alte Schmiede – mit Esse und riesigem Blasbalg – war zusammen mit historischem Ackergerät museal restauriert worden, im benachbarten Wohnhaus war ein Seniorenzentrum eingerichtet worden.

Weiter ausgebaut war auch ein Hügel über dem Mühlental, wo im nahen Vigantpetend eine Gruppe befreundeter Architektenfamilien große alte Gebäude restauriert und durch Neubauten ergänzt hatte: immer rücksichtsvoll auf die dramatische dunkle Waldlandschaft.

Lebendig wurden Kapolcs und Vigantpetend nach wie vor durch Theater- und Konzertveranstaltungen gehalten. Ausstellungen und Bildhauer-Symposien trugen zum Kultur-Tourismus bei. Eine Volkshochschule versuchte damals bereits mit Kursen auch die einheimische Bevölkerung zu interessieren. Große Sorge machte es, die junge Bevölkerung am Ort zu halten. Wir hofften, dass Sanfter Tourismus und ökologische Landwirtschaft neue Arbeitsmöglichkeiten in Privatinitiative schaffen würden. Ursprüngliche Arbeitsplätze in Mühlenbetrieben waren verloren gegangen, denn nahe Bauxit-Bergwerke hatten durch rücksichts-

losen Abbau ihre Lebensader, das Flüsschen Eger, ausgetrocknet: Ein Mahnmal für Umweltraubbau in einer Märchenlandschaft!

Zur damaligen Bereisung gehörte auch das tschechische Hnanice, nahe der österreichischen Grenze: Auf den ersten Blick ein „graues Dorf". Und doch gehört ihm immer noch – nach elf Jahren – mein Herz. Was war hier alles durch einen alten, schwer gehbehinderten Bürgermeister und einen jungen Pfarrer bewegt worden: Eine sanft gewölbte Hügellandschaft, Heimat seltener Pflanzen und Tiere, war unter Naturschutz gestellt und vor dem nahen Tourismus aus dem österreichischen Thaya-Nationalpark bewahrt worden. Ein Fischteich zu Füssen blieb für die Wochenend-Angler. Leider hatten Nachbarn damals schon die kleinen „Presshäuser" entlang der Weingärten entdeckt, alte Hollerbüsche abgeholzt und schöne alte Holztore durch Türen aus sogenannten Fertig-Türstudios ersetzt. Unvergesslich eine Brotzeit im aromatisch duftenden Kellergewölbe des Bürgermeisters (der die Wende überdauert hatte) mit hausgemachten Wurstwaren, Bauernbrot, kühlem Wein und den berühmten „Gurkerln" aus Znaim, der mir bis dahin unbekannten „Gurkenstadt"!

Zur Wiederbelebung der Gemeinde gehörte die Sanierung und Restaurierung des vergleichsweise gewaltigen St. Wolfgang-Domes. Mit dem jungen Pfarrer hatte sich die Bevölkerung selbst mit Handanlegen ans Werk gemacht, archäologische Schätze ausgegraben, während in einer Ecke weiter Gottesdienste gehalten wurden. In einer nicht mehr benötigten Villa hatte der Kindergarten Platz gefunden, ergänzt durch eine Art Gesundheitszentrum mit Krankengymnastik, Massage, Fußpflege und Friseur. (Auch eine neue Frisur kann neuen Lebensmut geben!)

Hnanice erschien uns als eine Gemeinde in Rekonvaleszenz: Nach 1945 lag sie im Grenzstreifen hinter Stacheldraht, Häuser mussten der toten Zone weichen, die deutschsprachige Bevölkerung wurde durch tschechische Neusiedler ausgetauscht, die erst heimisch werden mussten. Umso bewunderungswerter war die Aufbauarbeit innerhalb von drei Jahren: Stein auf Stein (Naturstein) waren die verwahrlosten Straßen hergerichtet worden, nach Anlage der Kanalisation. Hausfronten waren in zarten Farben verputzt worden, die mich damals an die hellhäutigen Gesichter der jungen Leute erinnerten, die uns begegneten. Was mag aus ihnen geworden sein? – Ach, Hnanice!

Nicht zuletzt durch meine Beschäftigung mit der „Europäischen Dorferneuerung" und die zahlreichen Reisen mit den Jury-Gefährtinnen und -Gefährten für den schwierig auszuwählenden Preis habe ich mir angewöhnt, den Begriff „Vaterland" durch „Heimat" zu ersetzen. Denn auch das zeigte sich immer wieder: Wie viele Völker – „Heerscharen" zumeist – sind im Laufe der Zeit über Landschaften und Dörfer hinweggezogen. Sie haben erobert und zerstört, mit Gewalt ihre Kultur der geknechteten Bevölkerung aufgedrängt, haben sich aber auch mit ihr vermischt und – wenn Liebe und Sympathie im Spiel waren – auch kulturelle Anregungen zurückgelassen. Ich habe immer bevorzugt unsere östlichen Nachbarn besucht, nach ihrer schweren Zeit.

Nicht nur die Grausamkeiten haben die osmanischen Eroberer zurückgelassen, auch den Luxus orientalischer Lebensart, der sich nicht nur im Kaffeegenuss ausdrückt. Manche Gemeinden haben in dicken Büchern ihre Geschichte aufgearbeitet, die auch zu meinen „Geschichtsbüchern" geworden sind. Originelles ergibt sich am Rande: Ich weiß nun, dass, im Gegensatz zum „Kruzifix noch amoi!", „Kruzitürken" kein Fluch ist, den man als Christ nicht gebrauchen sollte.

Wir alle, die wir für die Jury ausgeschwärmt sind, waren uns immer wieder darüber einig, dass die Reisen – die Begegnungen, die „Er-Fahrungen" – von Landschaften mit ihren Menschen das Wesentliche dieses Preises sind: „Globalisierung" in einem neuen Sinn!

Ich erinnere mich an das kleine ungarische Dorf, das nur aus acht Häusern bestand, ausgestorben bis auf eine alte Frau mit Hund: Szanticska, das Bürger aus der Nachbarschaft zusammen mit Kunsthandwerkern wieder belebten. Als wir abfuhren, zeigte einer meiner wesentlichen Reisegefährten und „Lehrmeister", Peter Schawerda, zurück: Er zeigte uns, wie klimatisch überlegt das kleine Dorf in die Landschaft komponiert war: Nach Süden, an einen waldigen Hügel gelehnt, mit Obstbäumen und Streuwiesen von BewohnerInnen, die niemals etwas von „Klimaschutz" und ökologischem Landbau gehört hatten. Sie fühlten ihre Umwelt ganz einfach!

Später, als Grenzkontrollen gefallen waren, merkten wir an Landschaften und Architektur, wenn wir ein Gebiet wechselten.

Es war 1998, als wir, schon als bewährtes „Dreiergespann" Běla Vlčková, Josef Attenberger und ich, von München über Rheinland-Pfalz, Luxemburg, Belgien bis ins „Bergische Land" von Nordrhein-Westfalen vordrangen. Es war Frühling und in Rheinland-Pfalz vergoldete der blühende Ginster die Landschaft zum Jubel unserer tschechischen Freundin. Dann wurde die Strecke „einschleichend" ernster, grüner, wir näherten uns

Luxemburg. Das abendliche Arlon empfing uns städtisch, französisch angehaucht, ein filmisches 19. Jahrhundert. Hinter uns gelassen hatten wir das rheinlandpfälzische Metterich, eine Gemeinde im Aufbruch, in dem allen voran eine Frauen-Initiative heftig mitredete und plante, sowohl im Ausbau der Gemeinde als auch in der Jugendförderung und bei kulinarischen Produkten aus der Landwirtschaft, in vorbildlichem Design verpackt. Die „Erste unabhängige Dorfzeitung Rheinland-Pfalz ‚Heana Blaad'" (Hörner-Blatt) mit schnaubendem Stierkopf, zitiert Brecht: „Wie lange dauern die Werke? So lange, als bis sie fertig sind. So lange sie nämlich Mühe machen, verfallen sie nicht."

Von Arlon, dem belgischen Grenzort, ging es weiter ins wallonische Hinterland ins Tal von Attert. Große, breit hingelagerte landwirtschaftliche Bauten erinnerten „irgendwie" an Österreich: Tatsächlich waren zur Zeit von Maria Theresia hier Aussiedler untergebracht: Österreichische „Gastarbeiter" würden wir heute wohl sagen. Im Zuge der Dorferneuerung wurden diese fast barock anmutenden gewaltigen Baukomplexe saniert und vorsichtig zu neuer Nutzung umgebaut. Manchmal kombiniert als Wohnhaus und Wirtschaftsgebäude: Schöne alte Türen wurden erhalten, neue, nicht „tümelnd" aus Holz eingebaut, mit Fensterausschnitten, um dunkle Hausgänge zu belichten. Vorbildlich gestaltete Hefte, mit Planzeichnungen für Umbauten und Fotos, z. B. auch mit Anregungen für gepflasterte Straßen und Plätze, wurden von der „Fondation Rurale de Vallonie" (mit Unterstützung des „Ministère de la Région Wallone et du Ministère de l'Emploi du Travail") herausgegeben. Ein ähnlich ausgestattetes Heft (hervorragend grafisch gestaltet, auf gutem Papier) weist auf alte Kapellen und Bildstöcke im Umland hin: „Nos Chapelles racontées".

Die Übergänge von Luxemburg nach Belgien und umgekehrt waren so fließend, dass es schwer fällt, sie auseinander zu halten. War die vorbildliche moderne Schule – Gesamtschule, mit integriertem Kindergarten – in Belgien oder in Luxemburg? Ich weiß es nicht mehr, aber ich sehe den Bau – mit viel Holz unter zeltartigem, behütendem Dach – noch vor mir, das Innere mit vielen Kinderzeichnungen, Kindern verschiedener Altersgruppen, freundlichen Lehrern.

Ganz bestimmt in Luxemburg aber war der Naturpark „de la Hautesûre" von „Ober-Sauer" mit dem Fluss „Sauer". Immer weiter ging es in die Tiefe, hüllten grüne Waldwände das Tal in den Schatten. Ohne die Blechlawinen von Campingplätzen hätte man sich nicht gewundert, wenn Elfen, Nixen und Trolle erschienen wären. Ganz unten im Flusstal das „Maison du Parc", eine alte Tuchfabrik, ein Museum für alte Textilmaschinen, die alle noch funktionieren. Es riecht nach Schafwolle und Schmieröl. Man kann Gewebtes kaufen, als Souvenir, und Führungen wahrnehmen, wie hier noch bis 1975 Tuch gewalkt wurde. Draußen duftet es vom Flussbett herauf, die Luft ist kühl und labend. Natürlich gibt es auch ein Restaurant, das seine charakteristischen Speisen mit Rindfleisch, Hühnern, Beeren und Kräutern aus der Region anbietet.

Aber auch die beiden Höfe werde ich nicht vergessen: Es war dunstig und kalt geworden, windig vom Ardennerwald her. Auf den Wiesen die großen, fast weißen Charolais-Rinder. Die benachbarten Höfe modernisiert. Auf einem bemühte sich der junge Bauer um eine besondere Kompostierungsanlage. Bei den Nachbarn konnte man Molkereiprodukte kaufen, landwirtschaftliche Erzeugnisse überhaupt. Immer noch sehe ich die Bäuerin vor mir, Mutter von Kindern im Schulalter: abgemagert und angestrengt! Werden die Kinder einmal den großen Hof übernehmen, wird der Jungbauer vom Nachbarn erfolgreich werden mit seinen Experimenten zur Umweltpflege? – Wir übernachten in einem modernisierten Landgasthof, leider üblich auf schick eingerichtet. Wir genießen das berühmte Fleisch. Am nächsten Morgen treffe ich den Wirt: Er ist dabei, frisches Brot für unser Frühstück zu backen – nach dem Rezept der Vorfahren: Es duftet warm und einladend.

Und dann empfangen uns „Die Leute von Eiershagen" im Bergischen Land von Nordrhein-Westfalen: Ein Musterdorf, getragen von der Initiative intellektueller Städter, von Künstlern, die sich in die großartigen Fachwerkhäuser zurückgezogen haben, in ihren Gärten vergessene Pflanzen anbauen, auch zum „Blaufärben". Ohne Frage haben sie ansässige Landwirte befeuert, sich mit Ökoprodukten zu beschäftigen, besonders eine Molkerei mit würzigem Käse, mit Topfen und Sauermilch, mit Joghurt in vielen Variationen. Sie verkaufen im Dorfladen und auf Bestellung im Umkreis. Das Risiko ist groß. Mit dem Pferdefuhrwerk geht es über die Felder in den Wald: Ein Wiehern, dass die Bäume wackeln, macht uns mit einem schweren „Rückepferd" bekannt. Dann werden wir in der Scheune des schönsten Fachwerkhauses zu einer „Bergischen Kaffetafel" geladen, von der es mit Recht heißt: „Mehr als eine Mahlzeit!" – von frischen Sahnewaffeln über hunderterlei Kuchen und Torten, bis hin zu Würsten, Schinken, Käse, Brot – alle haben mitgebacken und -gebraten. In einem „Info-Blättchen" für Touristen wird empfohlen: „Den Abschluss der Mahlzeit sollte ein Korn oder ‚Aufgesetzter' bilden – schon der besseren Verträglichkeit wegen." – Wohl wahr! Dabei sind die Eiershagener keineswegs dick.

Der Fotograf Johannes Booz hat sie nämlich für ein Fotobuch porträtiert, ergänzt von Texten seiner Lebensgefährtin Cornelia Filter, einer Journalistin. Die beiden haben ein altes Fachwerkhaus mit einem neuen Atelierbau geschickt kombiniert. Was sie natürlich auch nicht verhindern konnten, dass sich am Rand des alten Dorfkerns „Stadtflüchtlinge" angesiedelt haben, deren „Zweitwohnsitze" (?) wie üblich keine Rücksicht auf die Landschaft nehmen, die überall stehen könnten!

Natürlich hat jede Reisegruppe „ihren Ort", dem sie den eigentlichen „Europäischen Dorferneuerungspreis", nicht nur einen Listenpreis, zuerkennen möchte. Vergleiche zwischen Ost und West fallen immer noch schwer. Dann liegen wir uns – wie man sagt – „in den Haaren". Trotzdem sind wir Freunde geworden, sagen uns „Du". Und bei der feierlichen Preisverleihung bin ich jedes Mal gerührt, wie glücklich auch die Gemeinden sind, die nur einen „Listenpreis" bekommen haben, mit Urkunde und Plexiglasschild. Es geht um Anregungen untereinander – von Dorf zu Dorf. Natürlich können nicht immer alle zur Preisverleihung anreisen. Manches geht verloren: Wenn ich z. B. im luxemburgischen Heiderscheid an die große alte Hofanlage denke, wo sozial abgerutschte Jugendliche Schritt für Schritt in ein normales Leben zurückgeholt werden, bis sie am Ende ein eigenes, abschließbares Appartement beziehen können. Auch wir mussten erst anfragen.

Welche Reise war die schönste? Schwer zu sagen! War es Archanes auf Kreta, so nahe bei Knossos und doch fernab des üblichen Griechenland-Tourismus? Von eigenartigen Weinbergen vor dramatischer Fel-

senkulisse eingerahmt, ist hier eine Gemeinde auf dem Weg in die Zukunft. Die Erde der Weinberge ist weiß, ihre kristalline Substanz intensiviert die Sonnenstrahlen. Je nach Alter zeichnen die Rebstöcke ein grafisches Muster in die Hügel. Archanes lebt vom Weinbau: Tafeltrauben, Weintrauben, Rosinen! Ein junger Bürgermeister bestimmt die Dorferneuerung, zusammen mit dem Popen machen alle mit. Ein buntes Farbkonzept bestimmt die Sanierung der klassisch einfachen Häuser. Zwei Drittel des Gemeinderates sind Frauen, im Bauamt trafen wir nur einen Mann. Die jungen Frauen – eine schöner als die andere, von lichtem Blond bis dunkelhäutig, einen Hauch Afrika auf den Backenknochen. Liebevoll hergerichtete Kirchen, eine mit kostbaren alten Ikonen und einem Priestergewand, gleich einer bestickten Blumenwiese. Ein bedeutendes Archäologen-Ehepaar hat ein Museum mit minoischer Kunst eingerichtet. Die Geschichte der Ausgrabungen ist sorgfältig dokumentiert, noch längst nicht abgeschlossen. Als wir im Jahr 2000 in Archanes waren, wurde ein Kulturzentrum über die Erzeugnisse der Region vorbereitet.

Alle im Ort haben an der Geschichte des Ortes mitgearbeitet: Alt und Jung hat Dokumente gesammelt, Fotos gemacht, Texte geschrieben und in Ordnern abgeheftet. In einer großen Truhe wird alles verwahrt. Tages-Tourismus ist erwünscht. Übernachtungsmöglichkeiten gibt es keine. Wir waren in Heraklion untergebracht. Am letzten Abend treffen wir uns in einem verborgenen Gasthaus. Zwei junge Griechen machen Musik. An der Reaktion der Tischgenossen merke und erfahre ich, dass es sich um Scherzlieder handelt. Wir sind Freunde geworden. Zu Dritt waren wir zunächst nach Thessaloniki geflogen: Matthias Reichenbach-Klinke vom Lehrstuhl für Ländliches Bauen der TU-München, seit dem Tod von Wilhelm Landzettel Vorsitzender der Jury, und Karl Paradeiser, Bürgermeister von Dorfbeuern im Land Salzburg, als Leiter der Schule für Dorferneuerung ein Pionier auf diesem Gebiet. Mit dem Leihwagen ging es zunächst nach Joanina, mit einer berühmten medizinischen Fakultät. Noch vor den USA hat man dort abgetrennte Gliedmaßen wieder „angenäht". In dieser bergigen Gegend kommen Chirurgen wohl nicht aus der Übung. Schon die Hinfahrt war ein Traum: Erst lächelte mit weißem Haupt der Olymp herüber, dann ein Abstecher zu Füßen der Meteora-Felsen: goldene Skulpturen im schrägen Sonnenlicht. Und immer wieder Gebirgszüge, dass uns Dreien, doch an Berge Gewöhnte, der Atem wegblieb.

Von Joanina holten unsere Gastgeber uns nach Monodendri, unserem ersten Dorf in den Felsen: Formationen aus einer Art Schieferplatten, wie Azteken-Monumente. Alle Häuser im Dorf sind aus diesem Naturstein. Doch zum gelungenen Restaurieren der alten Bausubstanz importiert man die Steine, weil die Felsen unter Naturschutz stehen! Ein Jurist und ein Geschichtsprofessor sind die intellektuellen Köpfe der Dorferneuerung, gemeinsam mit der Bevölkerung, ein Bauingenieur gehört zu den treibenden Kräften und – wie immer – der Pope, voller Fröhlichkeit. Der Ort will klein bleiben. In einem großen alten Haus entsteht ein überschaubares Kongresszentrum mit einem Blick, weit über's duftende Land. Touristischer Anziehungspunkt ist eine Schlucht, von einer Wildheit, dass einem der Rücken kribbelt.

Ein alter Gemeindebau, wo wir in einem Saal bewirtet werden, hat noch eine Galerie, auf der früher Musikanten zur Hochzeit aufspielten. Jetzt ist im anschließenden

Wirtschaftsteil eine Handwerkerschule untergebracht, wo vor allem junge Mädchen nach alten Mustern Weben lernen. Lohnend als Souvenirs. Daneben eine Volksschule mit Internat für albanische Kinder aus dem zerstörten Nachbarland. Zwischen den Säulen der Terrasse hängen Kindersöckchen. Plötzlich stürmen sie heraus. Einer rollt mir einen kleinen Fußball vor die Füße, dann bin ich eingerahmt von der ganzen Schar. Sie lernen Englisch und trotz meines eigenen schwachen Sprachschatzes unterhalten wir uns ganz wunderbar. Auch sie werde ich nie vergessen.

Anschließend treibt es uns weiter zur albanischen Grenze, nach Nimfeo (unterhalb Florina). Manchmal müssen wir halten, um diese dramatische Berglandschaft vor dem Rücken des Pindos zu bewundern, aber um dort zu leben: zu erdrückend, zumal wir im Dorf Nimfeo Winterbilder gezeigt bekommen mit meterhohen Schneemassen. Der Bürgermeister, mit großem weißem Schnauzbart wie ein alter Türke, ist ein politisch einflussreicher Mann. In der Geschichte des Landes, von den Befreiungskämpfen an, fehlt auch sein Bild nicht. Auch dieses Dorf will nicht ausufern. Es gibt Räume für Jugendtreffen und überschaubare Kongresse. Ein Anziehungspunkt: das Bärental, ein wildes Waldgebiet, wo ehemalige Tanzbären sozusagen in Pension leben. Ein besonderes Erlebnis: das Bürgermeisterhaus! Um einen Hof ursprünglich Stall und Küche, als Nebengebäude. Im Vorraum der Villa ein vergittertes Fenster, geeignet, um auf unwillkommene Besucher zu schießen. Der große Wohnraum, unter gemalter Zimmerdecke, mit Kamin und zierlichen 19. Jahrhundert-Möbeln wird zur Hälfte von einem riesigen Diwan ausgefüllt. Die Türkei lässt grüßen! Beim Abendessen im Hotel mit den Gastgebern klopft plötzlich ein Pferd an die Glastür, das wir vorher hinter einem Zaun gesehen hatten. Nach ein paar Brotstücken vom Bürgermeister trollt es sich mampfend. Nachts schluchzen Nachtigallen.

2004, als die Verleihung des Europäischen Dorferneuerungspreises im Biosphärenpark des Großen Walsertals gefeiert wurde, wünschte man wieder einmal, die Vorarlberger Architekten möchten ganz allgemein im europäischen Raum Schule machen, wie man alte Bausubstanz mit zeitgenössischen Bauten „weiterentwickelt". Umkehrung des Denkmalpflege-Mottos in „Ohne Zukunft keine Vergangenheit"! Eine Schule und ein Gemeindehaus haben sich mir eingeprägt: Helle Holzskelettkonstruktionen, konfrontiert mit würdigen Bürgerhäusern, Meisterwerken der Vergangenheit, mit den Mitteln ihrer Zeit den klimatischen Bedingungen der Landschaft angepasst.

Heimfahrt unter strahlender Oktobersonne. Mittagsrast in einem recht anständig hergerichteten alten Gasthof. Eine grüne Ranke schaute zum Fenster herein mit einer blauen Blume.

Es sind diese „zweiten Wege", die zu den ausgewählten Dörfern führen, wie sie der niederösterreichische Dichter Theodor Kramer beschreibt:

„Einen zweiten Weg hat jeder Flecken
zwischen Hintergärten, Feld und Rain;
und es sieht durch Schleh- und Weißdornhecken,
wer ihn geht, dem Dorf ins Herz hinein."

Theodor Kramer
(Der zweite Weg)

Johanna Schmidt-Grohe, Bayerischer Rundfunk, München

Ländlicher Raum. Schicksalsraum

Theres Friewald-Hofbauer

Jahrzehntelang war es verpönt, weil zu viel Schindluder mit ihm getrieben wurde. Langsam darf es und muss es wieder in den Sprachschatz zurückkehren, dieses kurze, klangvolle Wort, das allein auszudrücken vermag, wonach wir uns alle sehnen: Heimat. Nicht von der Heimat, die vor feindbildreichem Chauvinismus trieft, die in einem engen Korsett, das nur Raum lässt für Ignoranz und Intoleranz, zu ersticken droht, die die geografische Dimension über die menschliche stellt, ist hier die Rede. Heimat, wie ich sie meine, ist eine inspirierende, täglich aufs Neue zu gewinnende Melange aus Ort, Gefühl und Geist.

Heimat findet sich dort, wo die sich kreuzenden und auseinander driftenden Spuren der Geschichte in ihrer ganzen Vielfalt bewahrt werden und als kollektives Gedächtnis das Lebensgefühl nachfolgender Generationen prägen, wo aber zugleich auch manch ausgetretene Pfade verlassen und neue Spuren gezogen werden als Schneisen in die Zukunft. Heimatgefühle wachsen dort, wo die Sehnsucht nach den Wurzeln gestillt, das Vertrauen in die eigenen Kräfte gestärkt und die Courage zur Zukunftsgewinnung genährt wird.

Dorf ist Heimat. Die Versuchung ist groß, diese simple Gleichung in den Raum zu stellen, ohne den Wahrheitsbeweis anzutreten. Aber nicht zulässig und vielleicht auch gefährlich, weil satte Selbstzufriedenheit und eitle Selbstgefälligkeit keine brauchbaren Wegbegleiter sind auf einer Reise, die die Entwicklung der ländlichen Räume Europas zum Ziel hat. Auf einer Reise, die keine einfache Fahrt ins Blaue ist, die mit unzähligen Hürden und Kreuzungen, mit Hohlwegen und Sackgassen aufwartet. Wie bereits die Geschichte gelehrt hat.

Wachsen. Wanken. Weichen.

Technologischen Revolutionen. Wirtschaftliche Dynamik. Kein Stein schien auf dem anderen zu bleiben, kein Rad still zu stehen, kein Flecken Boden ungenutzt zu bleiben. Die Menschen wurden mobiler, die Wege weiter, die Zeiten schneller. Der Fortschritt, längst allgegenwärtiges Lieblingswort, gönnte sich keine Pause, nahm vom Land und seinen BürgerInnen Besitz, segensreich und gnadenlos. In unvorstellbarem Maß erleichterte, verschönerte er das Leben und erschütterte es zugleich in seinen Grundfesten.

Die Bilanzen stimmten, summa summarum, wie so oft lag der Teufel aber im Detail. Während die einen fette Gewinne einstreiften, schrieben andere rote Zahlen, ökonomisch wie kulturell. Allen voran Bauern und Handwerker, ländliche Regionen, periphere Räume, wo sich die Industrialisierung der Land- und Forstwirtschaft in Trab setzte und immer weniger Bauern immer größere Flächen bewirtschafteten. Das Wirt-

schaftsleben gestaltete sich zunehmend arbeitsteiliger, neue Berufe entstanden, alte verschwanden und mit ihnen auch kulturelle Eigenarten und traditionelle Geisteshaltungen. Ein gewaltiger Exodus aus dem Dorf in Richtung Stadt nahm seinen Lauf und hinterließ deutliche Spuren.

Etliche gingen frohen Mutes, manche mit gemischten Gefühlen, nicht wenige schweren Herzens. Gelockt oder getrieben, von einem Zeitgeist, der das Große, das Neue, das Städtische verherrlichte, und von einer Regionalpolitik, die sich als sein eifriger Wasserträger erwies. Die bedingungslose Zentralisierung, die ausschließliche Konzentration auf Ballungsräume und die finanzpolitische Benachteiligung der kleinen Gemeinwesen trugen Früchte, saure Früchte für die Dörfer, die zunehmend ins Hintertreffen gerieten. Wirtschaftlich ausgeblutet, mit einer Bevölkerung, deren Überlebenswille unter den Trümmern geplatzter Hoffnungen und versiegter Eigeninitiative tief verschüttet lag, war der ländliche Raum aussichtsreicher Kandidat, als Opferlamm auf den Altären kurzsichtiger Urbanitätseuphorien zu enden.

Während in den Dörfern das Lachen der Kinder zu verstummen drohte, weil vornehmlich nur die Alten

und eine Handvoll Bauern blieben, büßten die Städte Stück für Stück an Lebensqualität ein. So eng, so laut, so anonym waren sie geworden, dass immer mehr danach drängten, ihnen, zumindest am Wochenende, den Rücken zu kehren. Sie fuhren aufs Land, suchten Erholung und Ausgleich – und fanden, was die generelle Ausrichtung nach städtischen Leitbildern, der Versuch der Industrialisierung des ländlichen Raumes und eine ohnmächtige dörfliche Gesellschaft hinterlassen hatten: ausgeräumte Produktionssteppen statt gepflegter Kulturlandschaften und autogerecht zugerichtete Dörfer, gesichts- und seelenlos.

Von der Kraft des Kleinen

Denkmale einer identitätsarmen, fremdbestimmten und orientierungslosen ländlichen Gesellschaft, die Fühlmale weckten und den nachdrücklichen Wunsch, etwas zu bewegen, zu verändern. An den Fassaden der Häuser und in den Köpfen der Menschen. Die Zeit war reif: Dorferneuerung und Ortsentwicklung nahmen ihren Lauf, von Anfang an nicht als bloße Kosmetik gedacht, sondern als Initialzündung für einen umfassenden, dynamischen Entwicklungsprozess, für eine neue geistig-kulturelle Grundhaltung mit dem Ziel, die Lebens- und Wirtschaftsbedingungen in den ländlichen Räumen nachhaltig zu verbessern. Und mit dem Anspruch, die Betroffenen selbst, die Menschen in den Dörfern, zu Beteiligten zu machen.

Dorferneuerung – eine Idee, ein Programm, das ab den Siebzigern Fuß fasste und seit den Achtzigern ungebrochen, freilich ständig erneuert, erweitert und vertieft, Europas ländlichen Regionen Prägung und Richtung gibt, ist zu einer Erfolgsmarke avanciert, zu einem dominierenden regionalpolitischen Instrument, zu einem Synonym für effiziente Lösungsansätze im weiten Feld jener Probleme, die die ländliche Lebenswelt betreffen, berühren und bewegen, zu einem vorrangigen Hoffnungsträger einer politisch mündigen Bevölkerung, zu einer treibenden, innovativen Kraft.

Hinter allem steht eine Philosophie, eine Ideologie, faszinierend und fordernd zugleich: Nicht die Gewaltakte eines allmächtigen Staates, sondern die kleinen Taten verantwortungsvoller Menschen vermögen das Gesicht der Welt, vor allem das der kleinen eigenen Lebenswelt, nachhaltig zum Besseren zu verändern. Weg von der Versorgungsgesellschaft, hin zur Verantwortungsgesellschaft, in der jeder Einzelne eine Bringschuld zu erfüllen hat, in der Eigeninitiative, Bürgerengagement und Selbsthilfe durch ein Klima der Inspiration, der Offenheit und der Toleranz ermöglicht, zugelassen und erwünscht sind.

Bürgschaft für die Mitwelt

Vieles wurde in die Gänge gebracht, harrt der Fortsetzung oder bedarf eines Kurswechsels. Manches muss erst in Angriff genommen werden, damit die Entwicklung eine nachhaltige und positive ist. Den Zweiflern und Pessimisten sei in Erinnerung gerufen, was ein kluger Geist einst sagte: Wir müssen das Unmögliche versuchen, um das Mögliche zu erreichen.

Wer jemals Gelegenheit hatte, sich in die Projekte der Wettbewerbe um den Europäischen Dorferneuerungspreis zu vertiefen, kann des Staunens nicht müde werden. Und muss ihnen Hochachtung zollen, den „DörflerInnen", für ihren Weitblick, ihre Courage, ihr Werk. Da wird Partei ergriffen für die Anliegen der

Umwelt und die Bürgschaft übernommen für die Mitwelt. Da marschieren Ökologie und Ökonomie Schulter an Schulter, manchmal ein wenig drängelnd, aber ohne sich gegenseitig den Ellenbogen in die Seite zu rammen, weil sie als kommunizierende Gefäße, als unverzichtbare Teile eines gemeinsamen Ganzen begriffen werden. Da bekennt man sich dazu, dass nicht alles, was machbar, auch wünschenswert ist, da handelt man nach der Überzeugung, dass Ökologie die beste Langzeitökonomie ist, dass gerade in den neuen Technologien die größten Chancen für die Bewältigung der Umweltprobleme und in der Ökologie ein zentrales Arbeitsplatzpotenzial und eine enorme Chance für den Tourismus schlummern.

Die Projekte zeugen auch von einer offensiven Wirtschaftspolitik in den Dörfern und Regionen, die auf standortgerechte Betriebsansiedelungen und innovative Arbeitsmarktbelebung, auf Hightech ebenso wie auf Handwerk und Gewerbe setzt. Und von kreativen Bemühungen um die Stärkung einer multifunktionalen Landwirtschaft, oft in Verschränkung und Vernetzung mit Handwerk, Gewerbe und Tourismus, als Produzentin erneuerbarer Energie, als kommunale Dienstleisterin, als Pflegerin von Naturraum und vor allem Kulturlandschaft.

Die dominierenden Leitlinien dabei: Jede Region hat ihren ganz speziellen Reiz und Reichtum, den es sichtbar zu machen, lieben zu lernen und zu nutzen gilt. Nicht durch von oben verordnete Projekte, sondern in dem ein Klima geschaffen wird, ein kreatives Milieu, das Gründerpotenziale und unternehmerische Courage stimuliert, Fantasie, Ideenreichtum und Innovationsgeist der Bevölkerung weckt, Menschen als wertvollste Ressource und Investitionen in deren Bildung und Gesinnung als nachhaltig und zinsenträchtig begreift, Kooperationen als einen Startvorteil versteht und Veränderungen als Chancen für einen neuen Aufbruch erkennt.

Spiegelbilder einer bewegten Vergangenheit

Landschaft und Kulturraum in Europa sind geprägt von Facettenreichtum und Vielfalt. Sie geben Zeugnis von Jahrtausende alter Siedlungstätigkeit, von Landnahme und Urbarmachung, vom mühevollen Kampf unserer Ahnen gegen die Härte der Natur und ihrem unbändigen Überlebenswillen. Sie spiegeln ihre Leistungen, Irrungen und Hoffnungen und das manchmal friedliche, dann wieder kriegerische Aufeinandertreffen und Verschmelzen verschiedenster Völker, Lebenshaltungen und Kulturen wider. Je jünger die Geschichte, umso zahlreicher ihre Zeugen. Erbgut von Weltrang, manchmal wenig spektakulär, hineingeduckt in verborgene Winkel und dunkle Nischen, nicht selten aber auch herausragend und dominant. Patrimonien, die bereichern, aber auch in die Pflicht nehmen. Eine Pflicht, der sich die DorfbewohnerInnen nicht entziehen. Sie restaurieren, renovieren, revitalisieren und gewinnen daraus Identität.

Und sie sorgen für geordnete Räume, verweisen Gebautes und Gewachsenes an ihren Platz, so dass sanfte und bizarre, romantische und atemberaubende Landschaften Bestand haben neben Siedlungen, die sich bescheiden einfügen und schlichten Charme verströmen, da und dort auch herausragen als strahlende Attraktionen, gezeichnet von Respekt vor dem Gestaltungswillen der Vorfahren, von Sensibilität im Umgang mit dem Bestehenden, aber auch von Courage zu qualitätvoller Zeitgemäßheit. Immer aber mit dem Anspruch, ein Höchstmaß an Lebensqualität zu bieten, für Alteingesessene ebenso wie für Zugezogene und für Gäste. Wozu auch das Entzünden zahlreicher kultureller Glanzlichter, Traditionelles und zunehmend auch Avantgardistisches beleuchtend, ihr Teil beiträgt.

Tatort der Humanität

Ihre wahre Kraft können Dorfgemeinschaften besonders dann entfalten, wenn es soziale Kompetenz zu beweisen gilt. Ein weites Feld, das vielerorts brach gefallen und neu zu bestellen ist, was mancherorts auch bereits gelungen ist.

Die öffentliche Hand hat eine Bringschuld zu erfüllen, wenn es um die Absicherung zentraler Lebensrisiken geht. Zweifellos. Aber wo Rechenstift und Humanität staatlichen Sozialsystemen ein Ende setzen, ist Hilfe zur Selbsthilfe am Platz, bedarf es kommunaler und regionaler Initiativen und Einrichtungen, oft auch des bürgerschaftlichen Engagements, damit sichergestellt wird, dass Altwerden und Kinderhaben Gnade, nicht Fluch bedeuten und jene, die sich sozialen Aufgaben stellen, dafür nicht mit Selbstaufgabe bezahlen müssen. Eine der seltenen Win-win-Situationen: Einem Mehr an Würde und Lebensqualität auf der einen Seite stehen die Herausbildung neuer Berufsbilder, zusätzliche Beschäftigungsimpulse und, als besonders

wertvolle Begleiterscheinung, eine Öffnung des Blicks für die Ängste, Hoffnungen, Bedürfnisse und Sehnsüchte anderer gegenüber.

So fällt es leichter, Gräben zuzuschütten, die Arbeitende und Arbeitslose, Arme und Reiche, im Leben Fortgeschrittene und im Zenit Stehende, Männer und Frauen, Begünstigte und Benachteiligte von einander trennen, den anderen nicht als Bedrohung, sondern als Ergänzung des Eigenen zu begreifen und aus diesem Verständnis heraus neue Formen einer breiten und kraftvollen Solidarität zu entwickeln, die die Dörfer zu Tatorten humaner BürgerInnen, die sich dem Miteinander verpflichtet fühlen, werden lassen.

Das Dorf. Ein Zukunftsprojekt

Schwierige Bedingungen, sagt man, sind ein Kompliment des Schicksals an die Fähigkeiten der Betroffenen. Europas Dörfer wurden im Laufe einer bewegten Geschichte mit derartigen Komplimenten geradezu überhäuft. Sie nahmen sie ohne Koketterie an und erwiesen sich ihrer oft als würdig, weil sie sich nicht darauf beschränkt haben, die Vergangenheit zu verwalten, sondern danach streben, mit den Mitteln der Gegenwart die Zukunft zu gewinnen.

Und dennoch: Der ländliche Raum ist längst nicht am Ziel und bestimmt kein Schlaraffenland. Vielmehr ein Zukunftsprojekt, nicht weniger anspruchsvoll und herausfordernd als gestern. Denn nahezu täglich ändert die Welt ihr Gesicht, sind wir Zeugen, Beteiligte und Betroffene von Umbrüchen und Aufbrüchen, konfrontiert mit grenzenlosen Problemen und globalen Trends, die Einfluss nehmen auf unsere Lebensgestaltung und nach Orientierung und Positionierung verlangen. Stolpersteine für jene, denen es dabei die Schweißperlen lähmender Angst auf die Stirn treibt,

die sich resignierend ihrem Schicksal ergeben, die in kritikloser Selbstaufgabe den Strudeln des Zeitgeistes blind hinterher laufen.

Bewährungsproben mit Chancen auf Erfolg aber für all jene, die den Blick auf das eigene Spiegelbild wagen, die aus dem Windschatten anderer heraustreten und auf unbekannten Pfaden zu neuen Ufern aufbrechen. Die bereit sind und befähigt, ihre Geschichte selbst zu schreiben. Die dort hin hören, wo leise Zukunftsmusik erklingt und die Zeichen der Zeit richtig zu deuten wissen. Die sich der Herausforderung des Wandels stellen, ohne sich selbst untreu zu werden, und ihre Sinne weniger auf die Gefahrenpotenziale als auf die neuen Hoffnungsfelder, die am Horizont sichtbar werden, richten.

Zum Erfolg verdammt

Europas ländliche Räume, seine Dörfer, seine kleinen und mittelgroßen Städte bleiben ein Schicksalsraum. Ein Schicksalsraum, in dem sich die Zukunft der gesamten Gesellschaft entscheidet, und eine permanente Herausforderung, bei der wir zum Erfolg verdammt sind. Scheitern wir, verkommen sie zu leblosen Haufen aus Stein und Sand, gemessen in Quadrat- und Kubikmetern, dann ändern sich nicht nur Landschaften und Landkarten. Dann wird unsere Welt um vieles ärmer und fragiler – weiß die Kybernetik und spürt der Mensch.

Die Lebenskraft einer Epoche zeigt sich in ihrer Aussaat, nicht in ihrer Ernte, schrieb uns der deutsche Publizist Ludwig Börne schon vor rund 200 Jahren ins Stammbuch. Was auch bedeutet, dass unsere Taten im Heute über Wohl oder Weh unserer Nachkommen entscheiden und das Dorf von Morgen mitgestalten.

Es wird eines großen Maßes an Kreativität, Pioniergeist und Engagement bedürfen, um seine Standortqualitäten nachhaltig zu entwickeln. Und es wird ebenso wichtig sein, auch zukunftsfähige Standpunkte zu definieren, Standpunkte, die proklamieren, dass Lebensqualität nicht nur eine Frage von Wirtschaftsbilanzen und Wertschöpfungsdaten ist. Dass Sinnerfüllung und wahrer Lebensreichtum nur dort erfahren werden, wo es gelingt, Wurzeln zu schlagen, wo soziale Netze und nachbarschaftliche Beziehungen dabei helfen, die verborgenen Ängste, Hoffnungen und Sehnsüchte der Menschen ins Licht zu tauchen, und wo dank Kunst und Kultur das Weinen über die Wunden und das Staunen über die Wunder des Lebens Raum finden.

Wir leben in einer faszinierenden Zeit. In einer Zeit, in der die Seiten in den Geschichtsbüchern der Menschheit schneller gewendet werden denn je, in der es tragfähiger Brücken des Aufeinanderzugehens, Brücken der Begegnung bedarf, um Antworten zu finden auf die kleinen Fragen des Einzelnen und auf die großen der Gesellschaft. In einer Zeit, in der die Ohnmacht und die Schwermut und die Furcht vor dem Morgen dem Land endgültig den Rücken kehren müssen, damit sich Selbstvertrauen, Phantasie und Zukunftsmut immer wieder aufs Neue zum Rendezvous verabreden können. In einer Welt, in der wir dem Denken und dem Tun, der Hoffnung und den Träumen Heimat geben müssen – Heimat geben, um Heimat zu finden.

Theres Friewald-Hofbauer, Europäische ARGE Landentwicklung und Dorferneuerung, Wien

erwähnensWERT

Jury der Europäischen Dorferneuerungspreise 1990 – 2004

Josef ATTENBERGER
Bayerisches Staatsministerium für Landwirtschaft und Forsten
München, Bayern
Jurymitglied 1998, 2000, 2002, 2004

Endre BOGNÁR
Architekt
Gödöllő, Ungarn
Jurymitglied 1990

Georges CALTEUX
Ministerium für Kultur
Abteilung Landschaftspflege und Denkmalschutz
Luxemburg
Jurymitglied 1990

Beatrix DRAGO
Direktion für Ländliche Entwicklung
München, Bayern
Vorprüferin 1996, 1998
Jurymitglied 2002, 2004

Alfons DWORSKY
Universität Hannover, Fachbereich Architektur
Hannover, Niedersachsen
Jurymitglied 2000, 2002, 2004

Jury

Hannjörg FASTNACHT
Ministerium für den ländlichen Raum, Ernährung,
Landwirtschaft und Forsten
Stuttgart, Baden-Württemberg
Jurymitglied 1990

Péter FAZAKAS
Architekt, Komitatsrat des Komitats Vas
Szombathely, Ungarn
Jurymitglied 1990

Camille GIRA
Bürgermeister von Beckerich
Beckerich, Luxemburg
Jurymitglied 1998, 2000, 2002, 2004

Christel HABBE
Institut für regionale Architektur und
Siedlungsplanung, Universität Hannover
Hannover, Niedersachsen
Vorprüferin 1990, 1992, 1994
Jurymitglied 1996

Alfons HAUSEN
Vorstandsmitglied der Association internationale
Ruralité – Environnement – Développement
Trier, Rheinland-Pfalz
Jurymitglied 2000

Peter JAHNKE
Bayerisches Staatsministerium für Landwirtschaft und
Forsten
München, Bayern
Vorprüfer 1990, 1992, 1994, 1996, 1998
Jurymitglied 2000, 2002

Jury

Michal JAROLÍMEK
Ministerium für Regionalentwicklung
Česke Budejovice, Tschechien
Jurymitglied 2002, 2004

Franz JOCHUM
Oberdrauburg, Kärnten
Jurymitglied 1996, 1998

Nikolaus JUEN
Tiroler Landesregierung
Innsbruck, Tirol
Vorprüfer 1998
Jurymitglied 2000, 2002, 2004

Iveta KAVCÁKOVÁ
Slowakische Umweltagentur
Banská Bystrica, Slowakei
Jurymitglied 2002, 2004

Charles KONNEN
Präsident des Office National du Remembrement
Luxemburg
Jurymitglied 1996, 1998, 2000, 2002, 2004

Matija KOVAČIČ
Biotechnische Fakultät der Universität Ljubljana
Ljubljana, Slowenien
Jurymitglied 1990, 1992

Angela KUNZ
Sächsisches Ministerium für Landwirtschaft
Ernährung und Forsten,
Dresden, Sachsen
Jurymitglied 1998, 2000, 2002

Jury

Wilhelm LANDZETTEL †
Universität Hannover,
Gehrden, Niedersachsen
Juryvorsitzender 1990, 1992, 1994

Carlo LEJEUNE
Koordinator des Dorfwettbewerbes in der
Deutschsprachigen Gemeinschaft
Bullingen, Belgien
Jurymitglied 2004

Hubert LIEBL
Lehrstuhl für Entwerfen und Ländliches Bauwesen der
Technischen Universität München
München, Bayern
Vorprüfer 1998
Jurymitglied 2002

Holger MAGEL
Lehrstuhl für Bodenordnung und Landentwicklung der
TU München
München, Bayern
Jurymitglied 1990, 1992, 1994, 1996, 1998,
2000

Kerstin MAHNEL
Lehrstuhl für Entwerfen und Ländliches Bauwesen der
Technischen Universität München
München, Bayern
Vorprüferin 1996

Marija MARKEŠ
Direktorin des Triglav Nationalparks
Bled, Slowenien
Jurymitglied 1994, 1996, 1998, 2000, 2002,
2004

Jury

Rasa MARTINAVIČIENE
Departement für ländliche Entwicklung
Ministerium für Landwirtschaft
Vilnius, Litauen
Jurymitglied 2004

Karl MAYR
Niederösterreichische Agrarbezirksbehörde
St. Pölten, Niederösterreich
Vorprüfer 1996, 1998
Jurymitglied 2000, 2002, 2004

Max MAYR
Kleine Zeitung Graz
Graz, Steiermark
Jurymitglied 1990

Manfred MOSEL
Bayerisches Landesamt für Denkmalpflege München,
Bayern
Jurymitglied 1990, 1992, 1994

Karl PARADEISER
Gemeindeentwicklung im Salzburger Bildungswerk
Salzburg, Salzburg
Jurymitglied 1992, 1994, 1996, 1998, 2000,
              2002, 2004

Matthias REICHENBACH-KLINKE
Lehrstuhl für Entwerfen und Ländliches Bauwesen der
Technischen Universität München
München, Bayern
Jurymitglied 1994
Juryvorsitzender 1996, 1998, 2000, 2002, 2004

Jury

Heike ROOS
Freie Landschaftsarchitektin BDLA,
Freie Stadtplanerin DASL
Denstedt bei Weimar, Thüringen
Jurymitglied 2004

Peter SCHAWERDA
Konsulent der Europäischen ARGE Landentwicklung
und Dorferneuerung
Wien
Jurymitglied 1990, 1992, 1994, 1996, 1998,
    2000, 2002, 2004

Johanna SCHMIDT-GROHE
Bayerischer Rundfunk
München, Bayern
Jurymitglied 1990, 1992, 1994, 1996, 1998,
    2000, 2002
Ehrenmitglied der Jury seit 2004

Dieter SCHOELLER
Steirisches Volksbildungswerk
Graz, Steiermark
Jurymitglied 1990

Karl SIEGHARTSLEITNER
Bürgermeister der Gemeinde Steinbach an der Steyr
Steinbach an der Steyr, Oberösterreich
Jurymitglied 1996

Géza TOMPAI
Ministerium für Umweltschutz und Raumentwicklung
Budapest, Ungarn
Jurymitglied 1990, 1992, 1994

Jury

Běla VLČKOVÁ
Wirtschaftsministerium der Tschechischen Republik
Brünn, Tschechien
Jurymitglied 1996, 1998, 2000

Hartwig WETSCHKO
Bezirkshauptmannschaft St. Veit/Glan
Baubezirksamt
St. Veit/Glan, Kärnten
Jurymitglied 2000, 2002, 2004

Funktionen und Dienststellen der Jurymitglieder entsprechen dem Stand zum Zeitpunkt ihrer letztmaligen Tätigkeit als JurorInnen.

ORGANISATION & KONZEPTION

Theres FRIEWALD-HOFBAUER
Europäische ARGE Landentwicklung und
Dorferneuerung
Wien

Ernst SCHEIBER
Europäische ARGE Landentwicklung und
Dorferneuerung
Wien

Jury

Beurteilungskriterien der Europäischen Dorferneuerungspreise 1990 – 2004

Europäischer Dorferneuerungspreis 1990
Motto: *„Internationaler Erfahrungsaustausch"*

BEURTEILUNGSKRITERIEN

1. Umgang mit dem Bestand des Dorfes
   – Landschaft
   – Siedlung und Architektur

2. Umgang mit neuen technischen, ökonomischen, ökologischen und sozialen Entwicklungen, z. B.:
   – in der Landschaft
   – in der Landwirtschaft
   – beim Wohnen
   – bei den sonstigen Einrichtungen zur Verbesserung funktional bedingter Lebensqualität/z. B. Arbeitsstätten, Verkehr, Ver- und Entsorgung, Freizeit usw.)
   – bei den kulturellen Einrichtungen der Gemeinschaft

3. Bemühungen zur harmonischen Integration neuer Entwicklungen mit dem kulturellen Erbe, die geeignet sind, das Dorf und seine Landschaft lebenswert zu gestalten. Dabei sind besonders jene Leistungen interessant, die aus dem Potenzial des Raumes und seiner Menschen entwickelt wurden und dadurch den unverwechselbaren Charakter des Dorfes sowie das eigenständige Wesen seiner Bewohner bewusst werden lassen.

Europäischer Dorferneuerungspreis 1992
Motto: *„Dabei sein ist alles"*

BEURTEILUNGSKRITERIEN

1. Umgang mit dem Bestand des Dorfes
   – Landschaft
   – Siedlung und Architektur

2. Umgang mit neuen technischen, ökonomischen, ökologischen und sozialen Entwicklungen, z. B.:
   – in der Landschaft
   – in der Landwirtschaft
   – beim Wohnen
   – bei den sonstigen Einrichtungen zur Verbesserung funktional bedingter Lebensqualität/z. B. Arbeitsstätten, Verkehr, Ver- und Entsorgung, Freizeit usw.)
   – bei den kulturellen Einrichtungen der Gemeinschaft

3. Bemühungen zur harmonischen Integration neuer Entwicklungen mit dem kulturellen Erbe, die geeignet sind, das Dorf und seine Landschaft lebenswert zu gestalten. Dabei sind besonders jene Leistungen interessant, die aus dem Potenzial des Raumes und seiner Menschen entwickelt wurden und dadurch den unverwechselbaren Charakter des Dorfes sowie das eigenständige Wesen seiner Bewohner bewusst werden lassen.

Europäischer Dorferneuerungspreis 1994

Motto: *„Eigeninitiative ist Trumpf"*

BEURTEILUNGSKRITERIEN

1. Umgang mit dem Bestand des Dorfes
   - Landschaft
   - Siedlung und Architektur

2. Umgang mit neuen technischen, ökonomischen, ökologischen und sozialen Entwicklungen, z. B.:
   - in der Landschaft
   - in der Landwirtschaft
   - beim Wohnen
   - bei den sonstigen Einrichtungen zur Verbesserung funktional bedingter Lebensqualität/z. B. Arbeitsstätten, Verkehr, Ver- und Entsorgung, Freizeit usw.)
   - bei den kulturellen Einrichtungen der Gemeinschaft

3. Bemühungen zur harmonischen Integration neuer Entwicklungen mit dem kulturellen Erbe, die geeignet sind, das Dorf und seine Landschaft lebenswert zu gestalten. Dabei sind besonders jene Leistungen interessant, die aus dem Potenzial des Raumes und seiner Menschen entwickelt wurden und dadurch den unverwechselbaren Charakter des Dorfes sowie das eigenständige Wesen seiner Bewohner bewusst werden lassen.

Europäischer Dorferneuerungspreis 1996

Europäische Auszeichnung für Landentwicklung und Dorferneuerung

Motto: *„Umfassende Dorferneuerung"*

BEURTEILUNGSKRITERIEN

1. Umgang mit dem Bestand des Dorfes
   - Landschaft
   - Siedlung und Architektur
   - soziokulturelles Erbe
   - Wegenetz

2. Umgang mit neuen technischen, ökonomischen, ökologischen und sozialen Entwicklungen
   - in der Kulturlandschaft
   - in der Landwirtschaft
   - Ortsentwicklung und neue dörfliche Bauformen
   - erneuerbare Energiekreisläufe
   - überörtliche Anbindungen und Verflechtungen
   - Verbesserung funktional und sozial bedingter Lebensqualität
   - soziale und kulturelle Einrichtungen

3. Bemühungen zur harmonischen Integration neuer Entwicklungen mit dem kulturellen Erbe, die geeignet sind, das Dorf und seine Landschaft lebenswert zu gestalten. Dabei sind besonders jene Leistungen interessant, die aus dem Potenzial des Raumes und seiner Menschen entwickelt wurden und dadurch den unverwechselbaren Charakter des Dorfes sowie das eigenständige Wesen seiner Bewohner bewusst werden lassen. Grundlagen dafür sollten die angestrebten Entwicklungsschwerpunkte und eine gelungene Einbindung der Dorfbewohner sein.

Europäischer Dorferneuerungspreis 1998
Europäische Auszeichnung für Landentwicklung und Dorferneuerung
Motto: *„Kreativ – innovativ – kooperativ"*

BEURTEILUNGSKRITERIEN

Bewertet werden Aktivitäten und Initiativen, die zu einer Hebung der ökosozialen Qualität des Dorfes und seiner umgebenden Landschaft führen.

Gemäß dem „Leitbild für Landentwicklung und Dorferneuerung in Europa" zählen dazu vor allem:

1. Stärkung der bäuerlichen Land- und Forstwirtschaft
2. Erhaltung und Aufbau standortbezogener Arbeitsplätze
3. Dezentrale Energieversorgung mit erneuerbaren Energieträgern
4. Symbiose von alter, schützenswerter und neuer, zeitgemäßer Bausubstanz
5. Ressourcensparende und ortstypische Siedlungsentwicklung
6. Entwicklung und Erhaltung der Kulturlandschaft unter Berücksichtigung der ökologischen Zusammenhänge
7. Stärkung der Identität und des Selbstbewusstseins der Dorfbewohner
8. Kulturinitiativen und Weiterbildung im Dorf
9. Wiederbelebung traditioneller und Schaffung zeitgemäßer soziokultureller und sozialer Qualitäten und Einrichtungen
10. Verbesserung funktional bedingter Lebensqualität

Maßgeblich sind dabei:

– umfassende, ganzheitliche Konzepte
– nachhaltige Entwicklung

Darüber hinaus finden die Strategien und Methoden, die zur Erreichung der Ziele verfolgt werden, also

– Eigeninitiative
– Innovation und Kreativität
– Dialog der Politiker, Experten und Behörden mit den Bürgern sowie
– Kooperationen in kommunalen Allianzen und regionalen Partnerschaften,

besondere Berücksichtigung.

Europäischer Dorferneuerungspreis 2000
Europäische Auszeichnung für Landentwicklung und Dorferneuerung der ARGE Landentwicklung und Dorferneuerung veranstaltet in Kooperation mit Association internationale Ruralité – Environnement – Développement
Motto: *„Ohne Zukunft keine Vergangenheit"*

BEURTEILUNGSKRITERIEN

Bewertet werden Aktivitäten und Initiativen, die im Sinne der Agenda 21 zu einer Hebung der ökosozialen Qualität des Dorfes und seiner umgebenden Landschaft führen.

Gemäß dem „Leitbild für Landentwicklung und Dorferneuerung in Europa" zählen dazu vor allem:

A. INHALTE

1. Stärkung und Einbindung der Land- und Forstwirtschaft in regionale Kreisläufe
2. Erhaltung und Aufbau standortgerechter Erwerbsmöglichkeiten
3. Ökologisch verträgliche Ver- und Entsorgung sowie Nutzung erneuerbarer Rohstoffe
4. Symbiose von alter, schützenswerter und neuer, zeitgemäßer Bausubstanz sowie ressourcensparende und ortstypische Siedlungsentwicklung
5. Entwicklung und Erhaltung der Kulturlandschaft unter Berücksichtigung der ökologischen Zusammenhänge
6. Stärkung der Identität und des Selbstbewußtseins der Dorfbewohner insbesondere durch Kulturinitiativen und Weiterbildung im Dorf
7. Wiederbelebung traditioneller und Schaffung zeitgemäßer soziokultureller und sozialer Qualitäten und Einrichtungen

B. ZUSAMMENSCHAU DER MASSNAHMEN

Maßgeblich sind dabei für alle Bereiche

– umfassende, vernetzte und ganzheitliche Konzepte, die auf eine
– nachhaltige Entwicklung ausgerichtet sind und von
– Vision, Phantasie und Courage gekennzeichnet sind.

C. METHODEN/STRATEGIEN

Darüber hinaus finden die Strategien und Methoden, die zur Erreichung der Ziele verfolgt werden, also

– Eigeninitiative und Bürgerbeteiligung
– Dialog der Politiker, Experten und Behörden mit den BürgerInnen und
– Kooperationen in nachbarschaftlichen und kommunalen Allianzen sowie in regionalen Partnerschaften,

besondere Berücksichtigung.

Europäischer Dorferneuerungspreis 2002
Europäische Auszeichnung für Landentwicklung und Dorferneuerung der Europäischen ARGE Landentwicklung und Dorferneuerung
Motto: *„Grenzen überschreiten"*

BEURTEILUNGSKRITERIEN

Bewertet werden beispielhafte Aktivitäten und Initiativen, die im Sinne der Agenda 21 zu einer Stärkung der Zukunftsfähigkeit ländlicher Räume beitragen und entsprechend dem Motto besonders auf mutige, innovative und engagierte räumliche, inhaltliche und ideologische "Grenzüberschreitungen" setzen.

Gemäß dem „Leitbild für Landentwicklung und Dorferneuerung in Europa" zählen dazu vor allem:

A. INHALTE

1. Stärkung und Einbindung der Land- und Forstwirtschaft in regionale Kreisläufe
2. Erhaltung und Aufbau standortgerechter Erwerbsmöglichkeiten
3. Ökologisch verträgliche Ver- und Entsorgung sowie Nutzung erneuerbarer Rohstoffe
4. Symbiose von alter, schützenswerter und neuer, zeitgemäßer Bausubstanz sowie ressourcensparende und ortstypische Siedlungsentwicklung
5. Entwicklung und Erhaltung der Kulturlandschaft unter Berücksichtigung der ökologischen Zusammenhänge
6. Stärkung der Identität und des Selbstbewusstseins der DorfbewohnerInnen insbesondere durch Kulturinitiativen und Weiterbildung im Dorf
7. Wiederbelebung traditioneller und Schaffung zeitgemäßer soziokultureller und sozialer Qualitäten und Einrichtungen

B. ZUSAMMENSCHAU DER MASSNAHMEN

Maßgeblich sind dabei für alle Bereiche

– umfassende, vernetzte und ganzheitliche Konzepte, die auf eine
– nachhaltige Entwicklung ausgerichtet sind und von
– Vision, Phantasie und Courage gekennzeichnet sind.

C. METHODEN/STRATEGIEN

Darüber hinaus finden die Strategien und Methoden, die zur Erreichung der Ziele verfolgt werden, also

– Eigeninitiative und Bürgerbeteiligung
– Dialog der PolitikerInnen, ExpertInnen und Behörden mit den BürgerInnen und
– Kooperationen in nachbarschaftlichen und kommunalen Allianzen sowie in regionalen Partnerschaften,

besondere Berücksichtigung.

Europäischer Dorferneuerungspreis 2004

Europäische Auszeichnung für Landentwicklung und Dorferneuerung der Europäischen ARGE Landentwicklung und Dorferneuerung unter dem Motto: *„Aufbruch zur Einzigartigkeit"*

BEURTEILUNGSKRITERIEN

A. INHALTE

1. Stärkung und Einbindung der Land- und Forstwirtschaft in regionale Kreisläufe
2. Erhaltung und Aufbau standortgerechter Erwerbsmöglichkeiten
3. Verantwortungsvoller Umgang mit den Ressourcen, ökologisch verträgliche Ver- und Entsorgung sowie Nutzung erneuerbarer Rohstoffe
4. Symbiose von schützenswerter alter und qualitätvoller zeitgemäßer Bausubstanz sowie Ressourcen sparende und ortstypische Siedlungsentwicklung
5. Entwicklung und Erhaltung der Kulturlandschaft unter Berücksichtigung der ökologischen Zusammenhänge
6. Stärkung der Identität und des Selbstbewusstseins der DorfbewohnerInnen, insbesondere durch Kulturinitiativen und Weiterbildung im Dorf
7. Wiederbelebung traditioneller und Schaffung zeitgemäßer soziokultureller und sozialer Einrichtungen
8. Förderung der Teilhabe aller Generationen, Geschlechter, Nationalitäten sowie der Behinderten am wirtschaftlichen, gesellschaftlichen und kulturellen Leben.

B. ZUSAMMENSCHAU DER MASSNAHMEN

Maßgeblich sind dabei für alle Bereiche

– vernetzte und ganzheitliche Konzepte, die auf eine
– nachhaltige Entwicklung ausgerichtet sind,
– Vision, Phantasie und Courage erkennen lassen,
– auf einer Bündelung der Kräfte und eingesetzten Ressourcen basieren sowie
– dem Motto „Aufbruch zur Einzigartigkeit" gerecht werden.

C. METHODEN/STRATEGIEN

Besondere Berücksichtigung finden weiters die Strategien und Methoden, die zur Erreichung der Ziele verfolgt werden, also

– Eigeninitiative und Bürgerbeteiligung,
– Dialog der PolitikerInnen, ExpertInnen und Behörden mit den BürgerInnen,
– Kooperationen in nachbarschaftlichen und kommunalen Allianzen sowie in regionalen Partnerschaften und
– Nutzung der neuen Kommunikations- und Informationstechnologien.

Ergebnisse der Europäischen Dorferneuerungspreise 1990 – 2004

1. Europäischer Dorferneuerungspreis 1990

EUROPÄISCHER DORFERNEUERUNGSPREIS 1990

Dorfbeuern, Salzburg, Österreich

EUROPÄISCHE DORFERNEUERUNGSPREISE
FÜR BEISPIELHAFTE LEISTUNGEN

Bedomin, Polen
Estorf, Niedersachsen, Deutschland
Györkony, Ungarn
Markt Leuchtenberg, Bayern, Deutschland
Niederstrahlbach, Niederösterreich, Österreich
Tannau, Baden-Württemberg, Deutschland

LOBENDE ANERKENNUNG BESONDERER LEISTUNGEN

Flaurling, Tirol, Österreich
Lellingen, Luxemburg
Lüsen, Südtirol, Italien
Monte di Buia, Friaul, Italien
Oberdrauburg, Kärnten, Österreich
St. Martin, Rheinland-Pfalz, Deutschland
Steinbach an der Steyr, Oberösterreich, Österreich

2. Europäischer Dorferneuerungspreis 1992

EUROPÄISCHER DORFERNEUERUNGSPREIS 1992

Illschwang, Bayern, Deutschland

EUROPÄISCHE DORFERNEUERUNGSPREISE
FÜR BESONDERE LEISTUNGEN

Gröbming, Steiermark, Österreich
Kaufungen, Hessen, Deutschland
Kautzen, Niederösterreich, Österreich
Kössen, Tirol, Österreich
Neukirchen am Großvenediger, Salzburg, Österreich
Sternenfels-Diefenbach, Baden-Württemberg, Deutschland
Szanticska, Ungarn

LOBENDE ANERKENNUNG BESONDERER LEISTUNGEN

Braslovče, Slowenien
Eisenkappel-Vellach, Kärnten, Österreich
Krzeszow, Polen

3. Europäischer Dorferneuerungspreis 1994

EUROPÄISCHER DORFERNEUERUNGSPREIS 1994

Steinbach an der Steyr, Oberösterreich, Österreich

EUROPÄISCHE DORFERNEUERUNGSPREISE FÜR BESONDERE LEISTUNGEN

Albeck, Kärnten, Österreich
Bohlsen, Niedersachsen, Deutschland
Hnanice, Tschechien
Kapolcs, Ungarn
Kerpen, Rheinland-Pfalz, Deutschland
Mildenau, Sachsen, Deutschland
Möringen, Sachsen-Anhalt, Deutschland
Rambach, Hessen, Deutschland
Rühstädt, Brandenburg, Deutschland
Söll, Tirol, Österreich
Tetenbüll, Schleswig-Holstein, Deutschland
Windhag/St. Georgen an der Klaus, Niederösterreich, Österreich

LOBENDE ANERKENNUNG BESONDERER LEISTUNGEN

Buchschachen, Burgenland, Österreich
Mörsdorf, Thüringen, Deutschland
Nettersheim, Nordrhein-Westfalen, Deutschland
Rieshofen, Bayern, Deutschland
St. Veit am Vogau, Steiermark, Österreich

4. Europäischer Dorferneuerungspreis 1996

EUROPÄISCHER DORFERNEUERUNGSPREIS 1996

Beckerich, Luxemburg

EUROPÄISCHE DORFERNEUERUNGSPREISE FÜR BESONDERE LEISTUNGEN

Blankensee, Brandenburg, Deutschland
Burgau, Steiermark, Österreich
Deutschkreutz, Burgenland, Österreich
Ditfurt, Sachsen-Anhalt, Deutschland
Huså, Schweden
Irsee, Bayern, Deutschland
Katzelsdorf, Niederösterreich, Österreich
Knežja Vas, Slowenien
Licherode, Hessen, Deutschland
Naturns, Südtirol, Italien
Ottenhausen, Stadtgemeinde Steinheim, Nordrhein-Westfalen, Deutschland
Pusztamérges, Ungarn
Sehndorf, Saarland, Deutschland
St. Paul/St. Georgen, Kärnten, Österreich
Stepfershausen, Thüringen, Deutschland
Tamsweg, Salzburg, Österreich
Telnice, Tschechien
Vrees, Niedersachsen, Deutschland
Waidring, Tirol, Österreich

LOBENDE ANERKENNUNG BESONDERER LEISTUNGEN

Bük, Komitat Vas, Ungarn
Cartoceto, Provincia di Pesaro e Urbino, Italien
Emmelsbüll-Horsbüll, Schleswig-Holstein, Deutschland
Erfweiler, Rheinland-Pfalz, Deutschland
Kippenhausen, Baden-Württemberg, Deutschland
Schönau-Berzdorf, Sachsen, Deutschland

5. Europäischer Dorferneuerungspreis 1998

EUROPÄISCHER DORFERNEUERUNGSPREIS 1998

Obermarkersdorf, Niederösterreich, Österreich

EUROPÄISCHE DORFERNEUERUNGSPREISE
FÜR GANZHEITLICHE, NACHHALTIGE UND MOTTOGERECHTE
DORFENTWICKLUNG VON HERAUSRAGENDER QUALITÄT

Attert, Belgien
Bredevoort, Niederlande,
Donndorf, Thüringen, Deutschland
Eiershagen, Nordrhein-Westfalen, Deutschland
Heiderscheid, Luxemburg
Hennersdorf, Sachsen, Deutschland
Seekirchen, Salzburg, Österreich
Westerloy, Niedersachsen, Deutschland

EUROPÄISCHE DORFERNEUERUNGSPREISE
FÜR BESONDERE LEISTUNGEN IN EINZELNEN ODER MEHREREN
BEREICHEN DER DORFENTWICKLUNG

Cumlosen, Brandenburg, Deutschland
Glodu, Rumänien
Götzis, Vorarlberg, Österreich
Güttenbach (Pinkovac), Burgenland, Österreich
Klietznick, Sachsen-Anhalt, Deutschland
Metterich, Rheinland-Pfalz, Deutschland
Oberndorf, Tirol, Österreich
Ratten, Steiermark, Österreich
Somogydöröcske, Ungarn
Svatý Jan nad Malší, Tschechien

LOBENDE ANERKENNUNG BESONDERER LEISTUNGEN

Lauterbach-Maar, Hessen, Deutschland
Moosburg, Kärnten, Österreich
Raab, Oberösterreich, Österreich
Stefling, Bayern, Deutschland

6. Europäischer Dorferneuerungspreis 2000

EUROPÄISCHER DORFERNEUERUNGSPREIS 2000

Kirchlinteln, Niedersachsen, Deutschland

EUROPÄISCHE DORFERNEUERUNGSPREISE
FÜR GANZHEITLICHE, NACHHALTIGE UND MOTTOGERECHTE
DORFENTWICKLUNG VON HERAUSRAGENDER QUALITÄT

Alheim-Oberellenbach, Hessen, Deutschland
Archanes, Griechenland
Blumau, Steiermark, Österreich
Hinterstoder, Oberösterreich, Österreich
Kanzem, Rheinland-Pfalz, Deutschland
Kirchscheidungen, Sachsen-Anhalt, Deutschland
Kjerringøy, Norwegen
Redange, Luxemburg
Reinsberg, Niederösterreich, Österreich
Terherne, Niederlande
Windberg, Bayern, Deutschland

EUROPÄISCHE DORFERNEUERUNGSPREISE
FÜR BESONDERE LEISTUNGEN IN EINZELNEN ODER MEHREREN
BEREICHEN DER DORFENTWICKLUNG

Assling, Tirol, Österreich
Baitz, Brandenburg, Deutschland
Bejan, Rumänien
Diedenshausen, Nordrhein-Westfalen,
   Deutschland
Gmünd in Kärnten, Kärnten, Österrreich
Jiřetín pod Jedlovou, Böhmen, Tschechien
Kamień Śląski (Groß Stein), Polen
Mattsee, Salzburg, Österreich
Monodendri, Griechenland
Niedergailbach, Saarland, Deutschland

Nymfaion, Griechenland
Olešnice, Mähren, Tschechien
Sausedlitz, Sachsen, Deutschland
Steinsdorf, Thüringen, Deutschland
Szalkszentmárton, Komitat Bàcs-Kiskun, Ungarn
Szentgyörgyvölgy, Komitat Zala, Ungarn
Veliki Nerajec, Slowenien
Wilstermarsch, Schleswig-Holstein, Deutschland
Wolfurt, Vorarlberg, Österreich
Zurndorf, Burgenland, Österreich

LOBENDE ANERKENNUNG BESONDERER LEISTUNGEN

Keine der Teilnehmergemeinden platzierte sich in dieser Bewertungsstufe.

7. Europäischer Dorferneuerungspreis 2002

EUROPÄISCHER DORFERNEUERUNGSPREIS 2002

Großes Walsertal, Vorarlberg, Österreich

EUROPÄISCHE DORFERNEUERUNGSPREISE FÜR GANZHEITLICHE, NACHHALTIGE UND MOTTOGERECHTE DORFENTWICKLUNG VON HERAUSRAGENDER QUALITÄT

Auerbergland, Bayern, Deutschland
Bellersen, Nordrhein-Westfalen, Deutschland
Germerode, Hessen, Deutschland
Großschönau, Niederösterreich, Österreich
Kötschach-Mauthen, Kärnten, Österreich
Munshausen, Luxemburg
St. Lambrecht, Steiermark, Österreich
Werfenweng, Salzburg, Österreich
Wiersdorf, Rheinland-Pfalz, Deutschland

EUROPÄISCHE DORFERNEUERUNGSPREISE FÜR BESONDERE LEISTUNGEN IN EINZELNEN ODER MEHREREN BEREICHEN DER DORFENTWICKLUNG

Brożec, Woiwodschaft Opole, Polen
Hinterhermsdorf, Sachsen, Deutschland
Kameničky, Böhmen, Tschechien
Lana, Südtirol, Italien
Lanz, Brandenburg, Deutschland
Lewkowo Stare, Woiwodschaft Podlaskie, Polen
Lontzen, Deutschsprachige Gemeinschaft, Belgien
Meana Sardo, Sardinien, Italien
Öriszentpéter, Komitat Vas, Ungarn
Ostrowiec, Woiwodschaft Zachodniopomorskie, Polen
Ottenstein, Niedersachsen, Deutschland
Panaci, Rumänien
Sloup, Mähren, Tschechien
Soblahov, Slowakei
Špitalič, Slowenien
Steckby, Sachsen-Anhalt, Deutschland
Thiersee, Tirol, Österreich

LOBENDE ANERKENNUNG BESONDERER LEISTUNGEN

Amt Breitenfelde, Schleswig-Holstein, Deutschland
Dunapataj, Komitat Bács-Kiskun, Ungarn
Jasienica, Woiwodschaft Śląskie, Polen
Langenwetzendorf, Thüringen, Deutschland
Lübow, Mecklenburg-Vorpommern, Deutschland
Ottenschlag im Mühlkreis, Oberösterreich, Österreich

8. Europäischen Dorferneuerungspreis 2004

Europäischer Dorferneuerungspreis 2004

Ummendorf in Sachsen-Anhalt, Deutschland

Europäische Dorferneuerungspreise
für ganzheitliche, nachhaltige und mottogerechte
Dorfentwicklung von herausragender Qualität

Bertsdorf-Hörnitz, Sachsen, Deutschland
Dobbertin, Mecklenburg-Vorpommern, Deutschland
Griffen, Kärnten, Österreich
Heinerscheid, Luxemburg
Höfen, Nordrhein-Westfalen, Deutschland
Rodaki, Woiwodschaft Małopolskie, Polen
St. Alban, Rheinland-Pfalz, Deutschland
Steirisches Vulkanland, Steiermark, Österreich
Vilémov, Mähren, Tschechien
Weyarn, Bayern, Deutschland
Zwischenwasser, Vorarlberg, Österreich

Europäische Dorferneuerungspreise
für besondere Leistungen in einzelnen oder mehreren
Bereichen der Dorfentwicklung

Amönau, Hessen, Deutschland
Bildein, Burgenland, Österreich
Gompertshausen, Thüringen, Deutschland
Herrnbaumgarten, Niederösterreich, Österreich
Hrušov, Slowakei
Mils, Tirol, Österreich
Nečtiny, Westböhmen, Tschechien
Neumarkt, Salzburg, Österreich
Sierakowo Sławieńskie, Woiwodschaft Zachodniopomorskie, Polen
Thyrow, Brandenburg, Deutschland
Wiesteniederung, Niedersachsen, Deutschland
Wolfersheim, Saarland, Deutschland
Zengövárkony, Südtransdanubien, Ungarn

Lobende Anerkennung besonderer Leistungen

Gołczewo, Woiwodschaft Pomorskie, Polen
Magyarszombatfa-Velemér, Westungarische Region, Ungarn
Mauren, Liechtenstein
Obststraße Javor-Janče, Ljubljana, Slowenien
Rodt in St. Vith, Deutschsprachige Gemeinschaft Belgiens, Belgien
Wijster, Niederlande
Żyrowa, Woiwodschaft Opole, Polen

Wettbewerbsteilnehmer der Europäischen Dorferneuerungspreise 1990 – 2004

Albeck, Kärnten, Österreich
A-9571 Albeck

Alheim-Oberellenbach, Hessen, Deutschland
D-36211 Alheim

Amönau, Hessen, Deutschland
D-35083 Wetter-Amönau

Amt Breitenfelde, Schleswig-Holstein, Deutschland
D-23881 Breitenfelde

Archanes, Griechenland
GR-70100 Archanes

Assling, Tirol, Österreich
A-9911 Thal-Assling

Attert, Belgien
B-6717 Attert

Auerbergland, Bayern, Deutschland
D-86975 Bernbeuren

Baitz, Brandenburg, Deutschland
D-14806 Baitz

Beckerich, Luxemburg
L-8523 Beckerich

Bedomin, Polen
PL-82422 Bedomin

Bejan, Rumänien
RO-337452 Bejan

Bellersen, Nordrhein-Westfalen, Deutschland
D-33034 Brakel-Bellersen

Bertsdorf-Hörnitz, Sachsen, Deutschland
D-02763 Bertsdorf-Hörnitz

Bildein, Burgenland, Österreich
A-7521 Bildein

Blankensee, Brandenburg, Deutschland
D-14959 Blankensee

Blumau, Steiermark, Österreich
A- 8282 Blumau

Bohlsen, Niedersachsen, Deutschland
D-29581 Gerdau-Bohlsen

Braslovče, Slowenien
SL-63310 Braslovče

Bredevoort, Niederlande
NL-7126 Bredevoort

Brożec, Woiwodschaft Opole, Polen
PL-47344 Brożec

Buchschachen, Burgenland, Österreich
A-7411 Markt Allhau

Bük, Komitat Vas, Ungarn
H-9737 Bük

Burgau, Steiermark, Österreich
A-8291 Burgau

Cartoceto, Provincia di Pesaro e Urbino, Italien
I-61030 Cartoceto

Cumlosen, Brandenburg, Deutschland
D-19322 Cumlosen

Deutschkreutz, Burgenland, Österreich
A-7301 Deutschkreutz

Diedenshausen, Nordrhein-Westfalen, Deutschland
D-57319 Bad Berleburg-Diedenshausen

Ditfurt, Sachsen-Anhalt, Deutschland
D-06484 Ditfurt

Dobbertin, Mecklenburg-Vorpommern, Deutschland
D-19399 Dobbertin

Donndorf, Thüringen, Deutschland
D-06571 Donndorf

Dorfbeuern, Salzburg, Österreich
A-5152 Dorfbeuern

Dunapataj, Komitat Bács-Kiskun, Ungarn
H-6328 Dunapataj

Eiershagen, Nordrhein-Westfalen, Deutschland
D-51580 Reichshof-Eiershagen

Eisenkappel-Vellach, Kärnten, Österreich
A-9135 Eisenkappel-Vellach

Emmelsbüll-Horsbüll, Schleswig-Holstein, Deutschland
D-25924 Emmelsbüll-Horsbüll

Erfweiler, Rheinland-Pfalz, Deutschland
D-66996 Erfweiler

Estorf, Niedersachsen, Deutschland
D-31629 Estorf

Flaurling, Tirol, Österreich
A-6403 Flaurling

Germerode, Hessen
D-37290 Meißner-Germerode

Glodu, Rumänien
RO-727409 Glodu

Gmünd in Kärnten, Kärnten, Österrreich
A-9853 Gmünd in Kärnten

Gołczewo, Woiwodschaft Pomorskie, Polen
PL-77124 Parchowo

Gompertshausen, Thüringen, Deutschland
D-98663 Gompertshausen

Götzis, Vorarlberg, Österreich
A-6840 Götzis

Griffen, Kärnten, Österreich
A-9112 Griffen

Gröbming , Steiermark, Österreich
A-8962 Gröbming

Großes Walsertal, Vorarlberg, Österreich
A-6721 Thüringerberg

Großschönau, Niederösterreich, Österreich
A-3922 Großschönau 80

Güttenbach (Pinkovac), Burgenland, Österreich
A-7535 Güttenbach

Györkony, Ungarn
H-7045 Györkony

Heiderscheid, Luxemburg
L-9157 Heiderscheid

Heinerscheid im Kanton Clervaux, Luxemburg
L-9753 Heinerscheid

Hennersdorf, Sachsen, Deutschland
D-09573 Hennersdorf

Herrnbaumgarten, Niederösterreich, Österreich
A-2171 Herrnbaumgarten

Hinterhermsdorf, Sachsen, Deutschland
D-01855 Hinterhermsdorf

Hinterstoder, Oberösterreich, Österreich
A-4573 Hinterstoder

Hnanice, Tschechien
CZ-66902 Hnanice

Höfen, Nordrhein-Westfalen, Deutschland
D-52156 Monschau-Höfen

Hrušov, Slowakei
SK-99142 Hrušov

Huså, Schweden
S-83005 Järpen

Illschwang, Bayern, Deutschland
D-92278 Illschwang

Irsee, Bayern, Deutschland
D-87660 Irsee

Jasienica, Woiwodschaft Śląskie, Polen
PL-43385 Jasienica

Javor-Janče, Obststraße
SL-1000 Ljubljana

Jiřetín pod Jedlovou, Böhmen, Tschechien
CZ-40756 Jiřetín pod Jedlovou

Kameničky, Böhmen, Tschechien
CZ-53941 Kameničky

Kamíen Śląski (Groß Stein), Polen
PL-47325 Kamíen Śląski

Kanzem, Rheinland-Pfalz, Deutschland
D-54441 Kanzem

Kapolcs, Ungarn
H-8294 Kapolcs

Katzelsdorf, Niederösterreich, Österreich
A-2801 Katzelsdorf

Kaufungen, Hessen, Deutschland
D-34260 Kaufungen

Kautzen, Niederösterreich, Österreich
A-3851 Kautzen

Kerpen, Rheinland-Pfalz, Deutschland
D-54578 Kerpen-Loogh

Kippenhausen, Baden-Württemberg, Deutschland
D-88909 Immenstaad

Kirchlinteln, Niedersachsen, Deutschland
D-27308 Kirchlinteln

Kirchscheidungen, Sachsen-Anhalt, Deutschland
D-06636 Kirchscheidungen

Kjerringøy, Norwegen
N-8093 Kjerringøy

Klietznick, Sachsen-Anhalt, Deutschland
D-39319 Klietznick

Knežja Vas, Slowenien
SL-8211 Knežja Vas

Kössen, Tirol, Österreich
A-6345 Kössen

Kötschach-Mauthen, Kärnten, Österreich
A-9640 Kötschach-Mauthen

Krzeszow, Polen
PL-58405 Krzeszow

Lana, Südtirol, Italien
I-39011 Lana

Langenwetzendorf, Thüringen, Deutschland
D-07857 Langwetzendorf

Lanz, Brandenburg, Deutschland
D-19309 Lanz

Lauterbach-Maar, Hessen, Deutschland
D-36341 Lauterbach

Lellingen, Luxemburg
L-9760 Lellingen

Lewkowo Stare, Woiwodschaft Podlaskie, Polen
PL-17221 Lewkowo Stare

Licherode, Hessen, Deutschland
D-36211 Alheim-Licherode

Lontzen, Deutschsprachige Gemeinschaft, Belgien
B-4710 Lontzen

Lübow, Mecklenburg-Vorpommern, Deutschland
D-23972 Lübow

Lüsen, Südtirol, Italien
I-39040 Lüsen

Magyarszombatfa-Velemér, Westungarische Region, Ungarn
H-9946 Magyarszombatfa

Markt Leuchtenberg, Bayern, Deutschland
D-92705 Leuchtenberg

Mattsee, Salzburg, Österreich
A-5163 Mattsee

Mauren, Liechtenstein
FL-9493 Mauren

Meana Sardo, Sardinien, Italien
I-08030 Meana Sardo (Nuoro)

Metterich, Rheinland-Pfalz, Deutschland
D-54634 Metterich

Mildenau, Sachsen, Deutschland
D-09456 Mildenau

Mils, Tirol, Österreich
A-6068 Mils

Monodendri, Griechenland
GR-44007 Monodendri

Monte di Buia, Friaul, Italien
I-33030 Buia

Moosburg, Kärnten, Österreich
A-9062 Moosburg

Möringen, Sachsen-Anhalt, Deutschland
D-39599 Möringen/Altmark

Mörsdorf, Thüringen, Deutschland
D-07646 Mörsdorf

Munshausen, Luxemburg
L-9766 Munshausen

Naturns, Südtirol, Italien
I-39025 Naturns

Nečtiny, Westböhmen, Tschechische Republik
CZ-33163 Nečtiny

Nettersheim, Nordrhein-Westfalen, Deutschland
D-53947 Nettersheim

Neukirchen am Großvenediger, Salzburg, Österreich
A-5741 Neukirchen am Großvenediger

Neumarkt, Salzburg, Österreich
A-5202 Neumarkt a. W.

Niedergailbach, Saarland, Deutschland
D-66453 Gersheim-Niedergailbach

Niederstrahlbach, Niederösterreich, Österreich
A-3910 Niederstrahlbach

Nymfaion, Griechenland
GR-53078 Nymfaion

Oberdrauburg, Kärnten, Österreich
A-9781 Oberdrauburg

Obermarkersdorf, Niederösterreich, Österreich
A-2073 Obermarkersdorf

Oberndorf, Tirol, Österreich
A-6372 Oberndorf/Tirol

Olešnice, Mähren, Tschechien
CZ-679 74 Olešnice

Öriszentpéter, Komitat Vas, Ungarn
H-9941 Öriszentpéter

Ostrowiec-Sławieński, Woiwodschaft Zachodniopomorskie, Polen
PL-76129 Ostrowiec-Sławieński

Ottenhausen, Nordrhein-Westfalen, Deutschland
D-32839 Steinheim-Ottenhausen

Ottenschlag im Mühlkreis, Oberösterreich, Österreich
A-4204 Ottenschlag im Mühlkreis

Ottenstein, Niedersachsen, Deutschland
D-31868 Ottenstein

Panaci, Rumänien
RO-727405 Panaci

Pusztamérges, Ungarn
H-6785 Pusztamérges

Raab, Oberösterreich, Österreich
A-4760 Raab

Rambach, Hessen, Deutschland
D-37299 Weißenborn

Ratten, Steiermark, Österreich
A-8673 Ratten

Redange, Luxemburg
L-8501 Redange

Reinsberg, Niederösterreich, Österreich
A-3264 Reinsberg

Rieshofen, Bayern, Deutschland
D-85137 Rieshofen

Rodaki, Woiwodschaft Małopolskie, Polen
PL-58084 Rodaki

Rodt in St. Vith, Deutschsprachige Gemeinschaft Belgiens, Belgien
B-4780 Sankt Vith

Rühstädt, Brandenburg, Deutschland
D-19322 Rühstädt

Sausedlitz, Sachsen, Deutschland
D-04509 Löbnitz

Schönau-Berzdorf Sachsen, Deutschland
D-02899 Schönau-Berzdorf

Seekirchen, Salzburg, Österreich
A-5201 Seekirchen

Sehndorf, Saarland, Deutschland
D-66706 Perl

Sierakowo Sławieńskie, Woiwodschaft Zachodniopomorskie, Polen
PL-76004 Sianów

Sloup, Mähren, Tschechien
CZ-679 13 Sloup

Soblahov, Slowakei
SK-913 38 Soblahov

Söll, Tirol, Österreich
A-6306 Söll

Somogydöröcske, Ungarn
H-7284 Somogydöröcske

Špitalič, Slowenien
SL-1221 Špitalič

St. Alban, Rheinland-Pfalz, Deutschland
D-67813 St. Alban

St. Lambrecht, Steiermark, Österreich
A-8813 St. Lambrecht

St. Martin, Rheinland-Pfalz, Deutschland
D-67487 St. Martin

St. Paul/St. Georgen, Kärnten, Österreich
A-9423 St. Georgen

St. Veit am Vogau, Steiermark, Österreich
A-8423 St. Veit am Vogau

Steckby, Sachsen-Anhalt, Deutschland
D-39264 Steckby

Stefling, Bayern, Deutschland
D-93149 Stefling/Nittenau

Steinbach an der Steyr, Oberösterreich, Österreich
A-4594 Steinbach an der Steyr

Steinsdorf, Thüringen, Deutschland
D-07570 Steinsdorf

Steirisches Vulkanland, Steiermark, Österreich
A-8330 Feldbach

Stepfershausen, Thüringen, Deutschland
D-98617 Stepfershausen

Sternenfels-Diefenbach, Baden-Württemberg, Deutschland
D-75447 Sternenfels

Svatý Jan nad Malší, Tschechien
CZ-37323 Svatý Jan nad Malší

Szalkszentmárton, Komitat Bàcs-Kiskun, Ungarn
H-6086 Szalkszentmárton

Szanticska, Ungarn
H-3815 Szanticska

Szentgyörgyvölgy, Komitat Zala, Ungarn
H-8975 Szentgyörgyvölgy

Tamsweg, Salzburg, Österreich
A-5580 Tamsweg

Tannau, Baden-Württemberg, Deutschland
D-88069 Tettnang-Tannau

Telnice, Tschechien
CZ-66459 Telnice

Terherne, Niederlande
NL-8493 Terherne

Tetenbüll, Schleswig-Holstein, Deutschland
D-25882 Tetenbüll

Thiersee, Tirol, Österreich
A-6335 Thiersee/Tirol

Thyrow, Brandenburg, Deutschland
D-14974 Trebbin

Ummendorf in Sachsen-Anhalt, Deutschland
D-39365 Ummendorf

Veliki Nerajec, Slowenien
SL-8343 Veliki Nerajec

Vilémov, Mähren, Tschechien
CZ- 58283 Vilémov

Vrees, Niedersachsen, Deutschland
D-49757 Vrees

Waidring, Tirol, Österreich
A-6384 Waidring

Werfenweng, Salzburg, Österreich
A-5453 Werfenweng

Westerloy, Niedersachsen, Deutschland
D-26655 Westerloy

Weyarn, Bayern, Deutschland
D-83629 Weyarn

Wiersdorf, Rheinland-Pfalz, Deutschland
D-54636 Wiersdorf

Wiesteniederung, Niedersachsen, Deutschland
D-27367 Horstedt

Wijster, Niederlande
NL-9418 TL Wijster

Wilstermarsch, Schleswig-Holstein, Deutschland
D-25554 Wilster

Windberg, Bayern, Deutschland
D-94336 Windberg

Windhag/St. Georgen an der Klaus,
Niederösterreich, Österreich
A-3340 Waidhofen/Ybbs

Wolfersheim, Saarland, Deutschland
D-66440 Blieskastel-Wolfersheim

Wolfurt, Vorarlberg, Österreich
A-6922 Wolfurt

Zengövárkony, Südtransdanubien, Ungarn
H-7720 Zengövárkony

Zurndorf, Burgenland, Österreich
A-2424 Zurndorf

Zwischenwasser, Vorarlberg, Österreich
A-6832 Zwischenwasser

Żyrowa, Woiwodschaft Opole, Polen
PL-47330 Zdzieszowice

Europäische ARGE Landentwicklung und Dorferneuerung

Die Europäische ARGE Landentwicklung und Dorferneuerung wurde 1988 gegründet und versteht sich als unbürokratischer Zusammenschluss von Regierungsvertretern, Wissenschaftern sowie Dorferneuerungsexperten und mittlerweile auch Kommunalpolitikern und Repräsentanten von Nichtregierungsorganisationen (NGOs). Sie umfasst zur Zeit 19 europäische Mitgliedsländer bzw. Mitgliedsregionen, nämlich Bayern, Deutschsprachige Gemeinschaft Belgiens, Burgenland, Hessen, Kärnten, Luxemburg, Niederösterreich, Opole, Rheinland-Pfalz, Sachsen, Slowakei, Slowenien, Südtirol, Steiermark, Thüringen, Tirol, Tschechien, Ungarn und Vorarlberg sowie als weitere Mitglieder die Gemeinde Hinterstoder und die Niedersächsische Akademie Ländlicher Raum.

Ziele & Aktivitäten

Ziel der ARGE ist es vor allem, den internationalen Erfahrungsaustausch, insbesondere auch zwischen den Ländern und Regionen der EU-Mitgliedstaaten und den Reformländern des Ostens, zu fördern, die Motivation der Betroffenen zu heben, die Schaffung einer positiven öffentlichen Meinung für die Probleme der Menschen in den ländlichen Räumen zu stärken und damit die Erhaltung und Gestaltung lebensfähiger, attraktiver Dörfer bestmöglich zu unterstützen.

Davon ausgehend wurde mittlerweile eine Fülle von Aktivitäten in verschiedenen europäischen Regionen gesetzt, die sich schwerpunktmäßig auf ökologische, ökonomische, soziologische und kulturelle Fragen des Dorflebens konzentriert haben. Neben internationalen Kongressen, Fachtagungen und Diskussionsveranstaltungen, zahlreichen Publikationen und regelmäßigen Exkursionen sind hier vor allem die Wettbewerbe um einen Europäischen Dorferneuerungspreis, die im Zwei-Jahres-Rhythmus durchgeführt werden, zu nennen.

Organisationsstruktur

Die Europäische ARGE Landentwicklung und Dorferneuerung hat ihren Sitz in Wien, und zwar im Ökosozialen Forum Österreich. Einziges beschließendes Organ der ARGE ist der Offizielle Beirat, dem pro Mitgliedsland bzw. -region ein politischer und ein beamteter Vertreter angehören. Der Beirat tagt mindestens einmal jährlich und entscheidet darüber, welche Aktivitäten und inhaltlichen Schwerpunkte gesetzt werden. Präsident der Europäischen ARGE Landentwicklung und Dorferneuerung ist der niederösterreichische Landeshauptmann Erwin Pröll.

Die Mitgliedschaft bei der Europäischen ARGE Landentwicklung und Dorferneuerung setzt die Zahlung eines Mitgliedsbeitrages voraus, die Höhe orientiert sich an der wirtschaftlichen Leistungsfähigkeit sowie an der Einwohnerzahl des betreffenden Landes. Eine Mitgliedschaft kann jederzeit formlos beantragt werden.

Vorteile einer Mitgliedschaft

Eine Mitgliedschaft bei der Europäischen ARGE Landentwicklung und Dorferneuerung bedeutet:

- Information: Die ARGE recherchiert, sammelt, dokumentiert und publiziert Wissenswertes und Aktuelles zum Thema Landentwicklung und Dorferneuerung in der Europäischen Union und in den verschiedenen europäischen Ländern und Regionen. Mitglieder werden zu Kongressen und Tagungen eingeladen, erhalten die Zeitschrift „Dorferneuerung international" und können an Fachexkursionen teilnehmen.

- Kontakte: Die ARGE ist im Beratenden Ausschuss für „Ländliche Entwicklung" der Europäischen Kommission vertreten und verfügt daher über beste Kontakte zu den Entscheidungsträgern in der Europäischen Union sowie zu verschiedenen Institutionen in Europa, die sich mit Fragen der Dorfentwicklung auseinandersetzen. Besonders nennenswert sind aber auch die Kontakte zu den verantwortlichen und maßgeblichen Persönlichkeiten in den einzelnen Mitgliedsländern der ARGE, die nicht zuletzt durch die alljährlichen Beiratssitzungen gepflegt werden.

- Erfahrungsaustausch: Der Wettbewerb um den Europäischen Dorferneuerungspreis, der alle zwei Jahre durchgeführt wird und an dem Mitgliedsregionen zu erheblich ermäßigten Gebühren teilnehmen können, aber auch die Offiziellen Beiratssitzungen, Arbeitstreffen und verschiedensten Veranstaltungen, die von der ARGE für ihre Mitglieder organisiert werden, ermöglichen den Zugang zu den Erfahrungen anderer, den Aufbau von internationalen Partnerschaften und die Weitergabe von eigenem Wissen und Können.

- Öffentlichkeitsarbeit: Das große internationale Ansehen und die professionelle Pressearbeit der ARGE sorgen dafür, dass die Anliegen, die Bedürfnisse und insbesondere auch die Leistungen ihrer Mitgliedsregionen und deren Bewohner in Printmedien, Hörfunk und Fernsehen transportiert, publiziert und damit der gesamten Gesellschaft und den politischen Verantwortungsträgern auf deutliche Weise zur Kenntnis gebracht werden.

Landentwicklung und Dorferneuerung haben sich nahezu europaweit zu einer breiten Bürgerbewegung emanzipiert und gleichzeitig auch als politischer Faktor etabliert. Dazu haben die vielfachen und zahlreichen Aktivitäten der Europäischen ARGE Landentwicklung und Dorferneuerung ihr Teil beigetragen.

Europäische ARGE
Landentwicklung und Dorferneuerung
A-1010 Wien, Franz Josefs-Kai 13
www.landentwicklung.org